Camp Regulations.

American servicemen participating in the war of aggression by U.S. administration in Vietnam and caught in the act while perpetrating barbarous crims against the vietnamese land and peaple, should have been duly punished according to their criminal acts; but the Governement and peaple of Vietnam, endowed with noble and humanitarian traditions, have given those captured American service men the opportunity to benefit a lenient and generous policy by affording them a normal life in the detensions-camp as practical conditions of Vietnam permit it and conforming to the situation in which the war is still on.

Detainees are to observe and carry out the following regulations of the camp.

I. Detainees must strictly obey orders and follow instructions given them by Vietnames officers and army men on duty in the camp.

II. Detainees must be polite toward every Vietnames in the camp.

III. Inside the detention-rooms, as well as outside when allowed, detainees must not make noise or create noise. Quarrel and fighting between detainees are forbidden. In time of rest, total silence is imposed.

IV. Detainees must not bring back to detension rooms any objekt whatsoever without the camp authority permit it.

V. In case of sickness or sign of sickness is felt, detainees must immediately inform the camp for the medical officer to check and cure.

VI. Detainees must assure hygiene of the camp, take care of personal items provided by the camp as well as of any other things for collective use.

VII. In case of air alarm, detainees must keep order and silence and follow the camp regulations on security.

VIII. In need of something, detainees should address themselves to Vietnamese army men standing nearby by announcing two words "Bao cao" (means: "report") and should wait if no English-speaking peaple was available yet.

IX. In the detension rooms every detainees are equal with each other. Any one does have the right to free thinking, feeling, praying etc... and no one is permitted to coerce any other into following his own opinion.

X. Violation of the regulations shall be punished.

The camp authorities.

Monika Schwinn · Bernhard Diehl

Eine Handvoll Menschlichkeit

Herausgegeben von Hans Herlin

Droemer Knaur

1. bis 40. Tausend

© Droemersche Verlagsanstalt
Th. Knaur Nachf. München/Zürich 1973
Umschlag- und Einbandgestaltung Typobild Günter Becker
Satz und Druck E. C. Baumann KG, Kulmbach
Aufbindung Verlagsbuchbinderei Conzella, München
Printed in Germany · 2 · 10 · 73
ISBN 3-426-05587-2

*Für Georg, Marie-Luise und Rika —
die drei Verstorbenen*

Inhalt

Vorbemerkung

Fünf junge Menschen zwischen neunzehn und achtundzwanzig Jahren, die Malteserhelfer Georg Bartsch, Bernhard Diehl, Marie-Luise Kerber, Hindrika Kortmann und Monika Schwinn, brechen am 27. April 1969, einem Sonntagmorgen, von An Hoa zu einer Landpartie auf. Sie können nicht ahnen, wie tragisch diese Fahrt enden wird.
Fünf junge Menschen gehen aus den verschiedensten Motiven nach Vietnam. Sie arbeiten in den Hospitälern des Malteser-Hilfsdienstes in Da Nang und An Hoa. Sie sind gekommen, um zu helfen, Leiden zu mildern, und erleben selbst das Schrecklichste. Drei von ihnen sterben. Zwei überleben vier Jahre Gefangenschaft. Und darüber berichten sie.
Sie berichten selber, in ihren eigenen Worten; diese Vorbemerkung ist zu machen, in einer Zeit, in der in Erinnerungen und Selbstzeugnissen nicht immer die Betreffenden allein zu Wort kommen. Bernhard Diehl ist zur Zeit seiner Gefangennahme gerade zweiundzwanzig und seit fast einem Jahr in Vietnam. Monika Schwinn ist vier Jahre älter, sechsundzwanzig also, und seit acht Monaten in einem Lande, von dem sie bei ihrer Gefangennahme nicht viel mehr kennt als die Kinderstation von Da Nang.
Über den Zeitraum bis zu ihrer Gefangennahme gibt es ausführliche Aufzeichnungen, Tagebücher, Briefe. Aus der Gefangenschaft rettet nur Monika Schwinn einen Teil ihrer Notizen. Die meisten Berichte sind also Nacherzählungen,

Gespräche, in einer langen und für die Beteiligten oft qual-vollen Klausur, denn der Abstand zu dem Erlebten ist noch nicht groß; es ist kein Nacherzählen, sondern ein Wieder-erleiden.

Dem Herausgeber blieb die Aufgabe, das Material zu ord-nen, zusammenzustellen; die Kapitelüberschriften sind von ihm hinzugefügt. Wer jeweils berichtet, wird am Beginn der Kapitel durch die Initialen ihrer Namen angezeigt.

Vietnam, der Krieg, das ist nur die äußerliche Fassade die-ses Berichtes. Was Bernhard Diehl und Monika Schwinn er-leben, hat mit einer Erfahrung zu tun, die ganz allgemein ist, die an den Kern unserer Existenz rührt: Das Überleben, das Existieren in einer Zeit anonymer Bedrohungen, in ab-soluter Einsamkeit und Verlassenheit. Was ist der Mensch, was bleibt von ihm, von seinen Bindungen auf ein paar Quadratmeter einer nackten Dunkelzelle?

Vielleicht läßt Gefangenschaft sich nicht »beschreiben«. Vielleicht hat jener Amerikaner, Captain Edward Alan Brudno, recht, der fast acht Jahre in nordvietnamesischer Gefangenschaft verbrachte, mit den anderen im März 1973 entlassen wurde und sich drei Monate später das Leben nahm. »Gefangenschaft«, so schrieb er in einem Brief vor seinem Tod, »das war eine Leere, die man nie beschreiben kann – captivity was an emptiness that could never be described«.

Hier wird der Versuch gemacht, Gefangenschaft zu beschrei-ben. Es scheint, als habe der oft vor Augen stehende Tod die Beobachtungsgabe dieser beiden Menschen geschärft. Was entsteht, ist ein Lebensdokument von seltener Aussagekraft, roh oft, unbeholfen nach Worten ringend, aber ohne alle falschen Zutaten, die Wirklichkeit. Die Fragen und Zweifel des Menschen und seine nie versagende Hoffnung.

Hans Herlin

Der Reisbauer

M. S.

Vor uns, in der Ferne, erhoben sich die Berge, dunkelblau, hinter uns lag der Fluß, der Khe-Le, und meine Füße waren davon noch ganz schlammgelb. Eine Zeitlang waren wir in seinem flachen Wasser flußaufwärts gegangen, die Schuhe in den Händen. Aber die Sonne schien heiß, schon jetzt am Vormittag, und so hatten wir den Schatten eines Gehölzes aufgesucht. Auch dort war es heiß, die tiefhängenden dunkelgrünen Blätter der Bananen schienen zu dampfen.

Von dieser Stelle aus konnte ich die Reisfelder sehen und den Bauer. Es waren viele Felder, von schmalen Dämmen abgeteilt. Das Wasser auf den Feldern war grau, sehr matt, nur die Spitzen der Pflanzen schauten heraus, wehende Büschel. Es ging ein bißchen Wind, aber den merkte man sonst nicht. Man hatte mir erzählt, daß buddhistische Vietnamesen ihre Toten auf den Reisfeldern bestatten und daß ihnen, weil es so viele Tote gab, oft nicht genug Platz blieb für den Reis, weil es immer mehr Tote wurden und die Ernte immer kleiner wurde — aber die Toten gingen vor.

Das hatte ich nicht gewußt, wie so vieles andere auch nicht. Im Grund wußten wir alle kaum etwas von diesem Land, auch nach acht Monaten war es sehr wenig, was *ich* wußte. Die Arbeit im Hospital der Malteser in Da Nang ging bei mir von morgens bis abends, dann fiel man todmüde ins

Bett, schlief, wenn man Glück hatte, wachte auf, sah sich von neuem seinen Aufgaben gegenüber — alle diese Kinder, all dieses Elend! Was man auch tat, es war zu wenig, dafür war kein Tag lang genug, und so hatte ich mich auf diesen Ausflug gefreut. Deshalb hatte ich die Filmkamera dabei, 8 mm, in Hongkong gekauft, ein paar Bilder wollte ich wenigstens mit nach Hause bringen, die man allen zeigen konnte, nicht von den napalmverbrannten Kindern, nicht von dem Elend des Krieges, *schöne* Bilder: So wie die lachenden Kinder auf dem schwarzen Wasserbüffel, die ich noch vom Fluß aus gefilmt hatte, die ersten Meter des Films. Und dieser Reisbauer in seinem Feld, der zu uns herübersah, das war auch so ein Motiv: Wie er sich gerade aufrichtete, sich den spitzen Strohhut auf dem Rücken zurechtrückte und langsam und zögernd auf uns zukam.

Ich weiß nicht, warum ich ihn dann doch nicht gefilmt habe. Er war kein junger Mann mehr. Aber es fiel mir immer schwer, das Alter der Vietnamesen zu schätzen. Er trug eine schwarze Bluse, auf der Brust offen, die Hosen hochgekrempelt bis über die Waden, die Beine waren graugelb vom Schlamm. Seine Füße steckten in Ho-Tschi-Minh-Sandalen, Sohlen aus Autoreifen. Sein Haar war lang und so grau wie der Dreck an den Beinen. Sein Gesicht war breit, eckig, aber das wichtigste war, er lächelte! Er lächelte uns zu, als er uns entgegenging, immer noch zögernd, aber lächelnd, über das ganze Gesicht, so als müsse er damit alles sagen, als sähe er uns an, daß wir etwas anderes doch nicht verstehen würden. Bernhard, der ein paar Worte, ein paar Redewendungen, kannte, sagte: »Chao ông! – Guten Tag!«

Dieser Reisbauer sagte nichts, lächelte nur, zeigte dabei, daß er kaum noch Zähne hatte, nur ein paar dunkelbraune Stummel. Wir nickten und lachten. Es ist schon traurig, dachte ich, daß du nichts von ihrer Sprache gelernt hast, daß du ihm nichts Freundliches sagen kannst.

Wir hatten zuvor in der Ferne ein Dorf gesehen. Dort wollten wir hin, die Bambushütten, das Leben der Bauern, das wollte ich filmen. Als wir uns jetzt wieder auf den Weg machten, blieb der Reisbauer zurück. Er stand da, sah uns nach, plötzlich unentschlossen, nachdenklich; jedenfalls lächelte er nicht mehr.

Wir gingen langsam weiter. Wir hörten in der Nähe die laute Unterhaltung von Männern, die in einem Wäldchen Holz schlugen. Und dann vernahm ich hinter mir, ich ging am Schluß, dieses Klatschen seiner Gummisandalen, patsch, patsch, seine Füße waren noch naß, so kam der Reisbauer hinter uns hergelaufen.

Er lächelte nicht mehr, er war ein ganz anderer Mensch, sein Gesicht war sorgenvoll, er redete und gestikulierte mit den Händen: »Om! Om! Om!« Und er deutete dabei in eine andere Richtung, weg von dem Dorf, in das wir wollten. Und immer wieder kam dieses eine Wort über seine Lippen.

Das kannte ich nun, dieses: »Om! Om!« Es war das erste Wort, das ich auf vietnamesisch gelernt hatte, es heißt »krank«. Mit diesem Wort brachten uns die Eltern ihre Kinder auf die Krankenhausstation. Nichts sonst konnten sie erklären, aber das war nicht notwendig, wenn man die Kinder sah. Ich kannte dieses Wort, es ging mir in den Träumen nach, und deshalb sagte ich sofort zu den anderen: Da müssen wir wohl hingehen! Wenn jemand krank ist, müssen wir ihm helfen. Wir können das unmöglich ablehnen!

Für mich gab es keinen Zweifel, für mich stand das fest, vom ersten Augenblick an, daß wir diesem Bauern helfen mußten, denn wozu wären wir sonst in dieses Land gekommen. Wir können das unmöglich ablehnen! Denn die anderen zögerten, sie waren unschlüssig.

Der Reisbauer lief vor, blieb stehen, als wir ihm nicht folgten, kam zurück. Er redete, flehte, gestikulierte, machte ein wildes Geschrei: »Om! Om! Om!«

So gingen wir hinter ihm her, und er dreht sich immer wieder um und schaut, ob wir auch wirklich nachkommen. »Hoffentlich führt er uns nicht in Vietkong-Gebiet«, sagte Rika. Wie Schafe sind wir hinter ihm hergetrottet, und er umkreiste uns wie ein Hund, vor und zurück, in richtigen Sprüngen. Wir gingen immer zögernder, denn er führte uns vom Weg ab, immer weiter weg von diesem Dorf, und schließlich blieben wir stehen. Der Reisbauer lief noch ein paar Schritte voraus, aber wir kamen nicht nach, und er stürzte wieder auf uns zu, und seine Stimme wurde immer lauter und eindringlicher: »Om! Om!« Wir sollten doch kommen! Er legte seine ganze Leidenschaft da hinein, sein Mienenspiel zeigte, wie schlecht es dem Kranken ging, daß er verloren sei, ohne unsere Hilfe. Er trieb uns richtig weiter, versuchte es; es hat nicht viel gefehlt, daß er uns angestoßen, angestupst hätte, in die Flanken gefahren wäre, wie ein Hund, dessen Schafe nicht so wollten wie er.

Wir alle wurden stutzig, plötzlich mißtrauisch. Wir beratschlagten und entschlossen uns, nicht weiterzugehen. Aber wir wollten hier warten, wir gaben ihm zu verstehen, daß er den Kranken zu uns bringen solle, hierher.

Da fing der Reisbauer an zu schreien. Mit einer hohen Stimme, die sich ein paarmal überschlug. Und dann hob er zwei Finger an den zahnlosen Mund und stieß einen Pfiff aus. Und plötzlich stand da einer mit einem Gewehr.

Ich sehe ihn jetzt noch, wie er da aus dem hohen Gras auftauchte, das Gewehr in Anschlag. Es war ein langer schwarzer Karabiner, schwer und groß, wie mir schien, fast größer als der Mann, der da kaum über das Gras herausragte, eine schmale Gestalt. Die beiden sprachen miteinander, der alte Reisbauer und der andere mit seinem Gewehr. Er trug eine verwaschene, hellbeige Jacke, ein Zivilist, ein Guerilla vielleicht, jedenfalls kein Militär. Der Reisbauer war immer noch entsetzlich aufgeregt, seine Stimme überschlug sich immer wieder. Und dann sagte der alte Bauer zu uns: »Di, di, di — vorwärts!« Und der Junge unterstrich mit dem schwarzen Karabiner seine Worte: Geht! Tut, was er sagt! Das ist ein Gewehr, ein gutes chinesisches Gewehr, und ich habe gelernt, damit umzugehen, geht! Er deutete stumm mit dem Gewehr in eine Richtung, vom Pfad weg; und als ich mich umdrehte, sah ich, daß dieser eine nicht allein war. Es waren noch zwei andere bei ihm, auch sie trugen die schwarzen Karabiner.

Wir liefen hintereinander, im Gänsemarsch. Der alte Reisbauer ging voraus, führte uns an, die Bewacher waren an unserer Seite, einer hinter uns. Marie-Luise Kerber, Zahnarzthelferin in An Hoa – die jüngste von uns – ging vor mir. Sie drehte sich um und sah mich fragend an. »Hast du Angst?« Ich schüttelte den Kopf. Sie sagte: »Wir hätten sofort weglaufen sollen.« Ich sagte: »Wie konnten wir weglaufen! Wie kann man weglaufen, wenn man uns zu einem Kranken ruft. Du wirst schon sehen, alles ist in Ordnung.« »Hast du wirklich keine Angst?«
Ich wiederholte: »Nein, ich habe keine Angst.« Und es war wirklich so, oder vielleicht wollte ich es nicht eingestehen. Ich konnte mir das einfach nicht vorstellen, daß dieser Bauer uns eine Falle gestellt hatte, das wollte ich nicht glauben.
Inzwischen hatte man uns auf einen freien Platz geführt, der von dichtem Gestrüpp umgeben war, zwei Meter hoch, fast undurchdringlich. Es war eine kleine Wiese, die nur ein wenig grün war, denn es hatte lange nicht geregnet. Noch immer dachte ich, daß sie den Kranken vielleicht hierher bringen würden. Aber da war etwas, was dagegen sprach, ich sah, daß mich meine Hoffnung getrogen hatte, und ich hatte das Gefühl, als gebe der Boden unter mir nach: Wir waren umstellt von zwölf bis fünfzehn Männern mit Gewehren. Wieder fiel mir auf, wie groß diese Gewehre waren. Einer von ihnen konnte seinen Karabiner nur mit der rechten Hand halten, weil der andere Arm amputiert war, hoch an der Schulter, der Ärmel der Bluse war einfach abgeschnitten. In der rechten Hand hielt er das Gewehr, halbhoch, in

der Hüfte, den Finger am Abzug, und ich bemerkte noch, wie diese Waffe mit einem Lederriemen an seinem Handgelenk festgebunden war, so als sei es das Wertvollste, was er besitze, etwas, das er nie verlieren dürfe! Sie waren alle schmächtig, schlecht gekleidet in ihren Pyjamahosen. Ich hatte gehört, wie die Amerikaner die vietnamesischen Guerillas nannten, »Pyjamaboys«, »Charlies«, und das war abfällig gemeint, Pyjamaboys, mit denen man leicht fertig werden kann; aber ich dachte etwas ganz anderes, wie sie so dastanden mit ihren Karabinern und den Finger am Abzug.

Hindrika Kortmann, die mit mir in Da Nang arbeitete und erst vor kurzem begonnen hatte, ein paar Stunden Vietnamesisch zu nehmen – sie und Bernhard versuchten den Männern klarzumachen, daß wir Deutsche seien, Krankenpfleger. Aber das wußten sie ja, das sahen sie ja an unserer Kleidung, denn wir alle trugen auf diesem Ausflug unsere offizielle Malteseruniform. Sie reagierten auch nicht, sie warteten auf etwas. Der Reisbauer war weggelaufen. Als er zurückkam, brachte er einen Mann mit, der in einen grünen Pyjama gekleidet war, olivgrüne Hose, olivgrüne Bluse aus einem einfachen Leinen. Er war klein, nicht so hager wie die anderen und sah gepflegt aus. Er trug keine Waffe, über seiner Schulter hing eine Segeltuchtasche, wie eine Kartentasche sah sie aus; ich wußte damals noch nicht, daß die Tasche wirklich Karten, Papier, Schreibzeug und ein paar Propagandaschriften enthielt, daß diese Tasche eine Art Auszeichnung war und nur Funktionäre sie trugen.

Dieser Mann wußte anscheinend über uns Bescheid, denn er – das konnte man aus seinem Verhalten sehen – wollte uns laufen lassen. Er versuchte, diese Bauern, diese Partisanen oder Guerillas oder was auch immer sie waren davon zu überzeugen, daß man uns laufen lassen solle, da wir Deutsche und aus dem Malteserhospital in An Hoa seien. So wie der Reisbauer zuvor auf uns eingeredet hatte, so redete *er* nun auf den Reisbauern und die anderen Vietnamesen ein. Sie diskutierten heftig. Es ging hin und her. Aber je mehr er sich für uns einsetzte, desto lauter und erregter wurden die anderen. Anstatt uns zu helfen, machte er es also nur noch schlimmer. Ich dachte, gleich verlieren sie die Nerven und schießen uns nieder!

Doch dann resignierte dieser Mann mit der Tasche. Man merkte ihm seine Hilflosigkeit plötzlich an. Er sah zu mir, zuckte mit den Schultern, so als wolle er sagen, ich habe alles versucht, mehr kann ich nicht tun; er gab auf.

Inzwischen hatten wir Zuschauer bekommen, ich weiß nicht woher, immer mehr waren es geworden, alte Männer, Frauen und viele, viele Kinder. Sie standen schweigend dabei, nahmen keine Partei, auf ihren Gesichtern stand weder Haß noch Mitgefühl, nur, wie es mir schien, Gleichgültigkeit mit unserem Schicksal.

Die Diskussion war zu Ende. Der Funktionär war überstimmt. Da zeigte einer nach oben, auf einen Papajabaum, wie ich meinte, und in diesem Augenblick stand für mich fest, daß sie uns umbringen würden, hier auf der Stelle. Wenn er so auf diesen Baum zeigt, dachte ich, dann kann das nur eines heißen, und ich hoffte nur: Hängt mich als erste auf.

Die Hand zeigte immer noch nach oben, und jetzt hörten wir alle das Flugzeug, das Knattern eines Hubschraubers. Vielleicht hatte der Guerilla nur darauf gezeigt ...

Wir sind dann weitergegangen, bewacht von den Männern mit den schwarzen Karabinern. Der Funktionär mit der Kartentasche hatte sich von uns verabschiedet, uns noch Hoffnung gemacht, zu Bernhard hatte er gesagt, daß man uns zurück nach An Hoa bringen werde; ich habe ihm geglaubt, noch immer. Auch der alte Reisbauer war verschwunden, aber an den sollte ich noch oft denken, er sollte mir immer wieder in den Träumen erscheinen, wie er uns da lächelnd in die Gefangenschaft lockte. Warum? Was haben wir ihm getan?

Der Weg führte über freies Feld, durch hohes Schilfgras, durch gewässerte Reisfelder, immer so, daß wir in der Nähe von Gebüsch und Dickicht blieben, wo wir uns vor Aufklärern verstecken konnten. Die Sonne brannte, sie stach herab, es war Mittag vorbei, meine Füße schmerzten; die dünnen Riemchen-Sandaletten, die ich trug, waren nichts für einen solchen Marsch, ich hatte Durst, und selbst unsere Bewacher wurden müde, gingen langsamer; ja, es schien, als wüßten sie nicht, was sie nun mit uns anfangen sollten, wohin sie uns führen sollten.

Wir kamen durch mehrere Dörfer, wir machten jetzt keinen Bogen mehr darum. Ich hatte immer eine ganz bestimmte romantische Vorstellung gehabt von einem vietnamesischen Dorf: Bambushütten, aufsteigender Rauch, Schweine und Hühner, die herumliefen, Frauen, die ihre Kinder auf dem Rücken trugen. Das hatte ich ja schließlich filmen wollen. Aber die Hütten, die ich jetzt sah, waren verfallen, einige niedergebrannt. Die Kinder hatten die typischen Zeichen der Unterernährung, aufgeblähte Bäuche, dünne Arme und dünne Beine und diese eingefallenen Gesäßmuskeln.

Es gab immer einen kurzen Aufenthalt, wenn die Männer, Frauen und Kinder zusammenliefen, so als wollten unsere Bewacher ihnen die Gelegenheit geben, uns zu bestaunen, zu begaffen, zu beschimpfen – uns, diese schrecklichen weißen Wesen, die sie da gefangengenommen hatten. Einmal kam eine alte Frau auf uns zugelaufen, freudestrahlend, in der Hand eine der Ambulanzkarten, die vom Hospital in An Hoa ausgegeben wurden; auf der Karte stand ihr Name, ihre Krankheit und womit sie behandelt worden war. Da führten unsere Bewacher uns schnell weiter.

Das Stechen der Sonne wurde immer schlimmer. Ich habe mir von einer Bananenstaude eines dieser dunkelgrünen Blätter abgebrochen und über den Kopf gelegt. Hier und da kamen wir an Bombenkratern vorbei. Wir liefen durch ein Gelände, das erst vor kurzer Zeit von Napalm getroffen worden sein mußte – alles war verbrannt, ein entsetzlicher Gestank hing in der Luft, man mußte den Atem anhalten. Auf einem Feld lag ein abgeschossener amerikanischer Hubschrauber, einer dieser großen Dinger, die sie »Bananen« nennen.

Und einmal begegneten wir einer anderen bewaffneten Gruppe. Sie waren in helle, graugrüne verwaschene Uniformen gekleidet. Sie versperrten uns den Weg, riefen: »Cac maô! Cac maô!« was, die begleitenden Handbewegungen unterstrichen das, soviel hieß wie, was plagt ihr euch mit ihnen ab, schneidet ihnen die Hälse ab! Aber unsere Bewacher hatten inzwischen so etwas wie Besitzerstolz entwickelt: Laßt die Finger von ihnen. Das ist unsere Beute! Wenn, dann bringen wir sie schon selber um. – So kann es gewesen sein, so jedenfalls verstand ich ihre Antworten.

Wir liefen danach noch eine gute Stunde und kamen zu einer Pagode. Der Khe-Le lag weit hinter uns, wir waren immer weiter in dieses Tal hineingegangen, auf die blaugrauen Berge zu, und die Stelle war schon dicht bewaldet. Da waren noch andere Hütten, verfallen und unbewohnt. Man sagte uns, wir sollten uns in die Pagode setzen und warten. Es war die erste Rast. Wir legten uns auf den Boden, erschöpft und müde.

Es muß gegen 5 Uhr gewesen sein, als ein kleiner dünner Vietnamese auftauchte. Er trug eine Uniform aus einfachem, olivgrünem Leinen; man hatte ihn anscheinend gerufen, er übernahm nun das Kommando.

Bis dahin hatte sich niemand darum gekümmert, wer wir waren, was wir bei uns trugen, aber jetzt wurde ein Tisch herbeigeschafft, und wir wurden aufgefordert, nacheinander vorzutreten und alles, was wir besaßen, darauf abzulegen. Unsere Ausweise, Uhren, Autoschlüssel, Geld, meine Filmkamera, Marie-Luises grünes Täschchen, von dem sie sich nie trennte: Puder und Lidschatten, Spiegel und Kamm waren darin. Und es war dieses Täschchen, sein Inhalt, über den es zu einem Zwischenfall kam, ganz nichtig und doch typisch. Als der dünne Vietnamese das Täschchen untersuchte, fiel ihm ihr Kamm in die Hand, ein Stielkamm mit einer langen Nadel. Er hatte den Kamm kaum in der Hand, da schleuderte er ihn von sich, mit allen Anzeichen des Entsetzens, so als habe ihn eine Schlange gebissen. Ich versuchte zu erklären, daß es nur ein Kamm sei, ich bückte mich und hob ihn auf und wollte ihm demonstrieren, wie man den Kamm gebraucht. Da wich der Vietnamese mit einem Entsetzensschrei zurück, ein Mann, der sicher sonst keine Furcht kannte, er sprang förmlich zurück, und sein Blick und die Blicke der anderen sagten klar, daß das, was ich da in der Hand hielt, nichts anderes als ein teuflisches Folterinstrument sei, um damit anderen die Augen auszustechen. Daß sie das glauben konnten! Daß das möglich war, in diesem Jahrhundert, was mußte da alles geschehen sein! Sie sammelten die ganzen Sachen ein und stopften sie in einen Sack, einen einfachen grauen Leinensack, den sich später einer der Wache an einer Schnur über die Schulter hing. Weitere Erklärungen gab es nicht. Sie brachten uns zu einer abgelegenen Hütte, in der wir zusammengepfercht waren. Es gab eine durchlöcherte Bambuspritsche, auf der wir uns abwechselnd hinlegen konnten, zum erstenmal waren wir allein. Aber niemand sagte etwas.

Es wurde schnell dunkel. Sie ließen eine Frau zu uns in die Hütte. Sie machte ein Feuer, ein Erdloch, zwischen zwei Steinen, obendrauf kam ein verrußter Topf. Sie kochte Reis, verteilte ihn an uns in kleinen Plastikschalen, dann kochte sie Wasser ab, packte ihre Sachen zusammen, verschwand wieder, alles ohne ein Wort.

Ich konnte nichts essen. Ich trank nur. Wir sprachen immer noch nicht viel, es war so, als hätten wir noch gar nicht begriffen, was mit uns geschah, und Rika meinte besorgt:

Wenn wir morgen früh nicht zurück sind, dann muß Dr. Kröger schon wieder einen neuen Dienstplan entwerfen; darum machte sie sich Sorgen. Wir hatten immer zu wenig Schwestern in Da Nang, und Dr. Kröger haßte es, Dienstpläne zu entwerfen. Einmal hörte ich Marie-Luise weinen. Sie sagte: »Ich bin doch nur hierhergekommen, um zu helfen. Meine armen Eltern. Was werden sie denken, wenn sie hören, daß ich gefangen bin.«

Gefangen. Es war das Wort, das etwas Seltsames in mir auslöste. Es war ein Wort, das etwas Schreckliches für mich bedeutete, Gefangenschaft, es war ein Wort, das meine früheste Kindheit geprägt hat. Ich bin 1942 geboren worden, mitten im Krieg, an seinem Ende war ich kaum drei Jahre alt, und doch war dieses Wort immer da, immer um mich, die Erinnerung an meinen Vater, der in russische Gefangenschaft geriet und nie mehr zurückkehrte.

Ich stamme aus Lebach, einem kleinen Ort an der Saar, und wir wohnten direkt dem Bahnhof gegenüber, von unserem Küchenfenster aus konnte man das Bahnhofsgebäude sehen, die ein- und abfahrenden Züge, die Menschen, die ankamen und abreisten, und in meiner Erinnerung, da bestand der Krieg nur aus diesen zwei Dingen: Der Bunker, in dem ich bei Fliegeralarm in einem Wäschekorb schlief; und meine Mutter, die Nacht für Nacht an diesem Küchenfenster saß, dabei nähte, Wäsche flickte und auf meinen Vater wartete, daß er dort drüben plötzlich auftauchte. Das ist die Erinnerung. Einmal, sie hatte nicht abgedunkelt, weil sie ja immer wieder hinausblickte, da kam die Polizei, es gab einen Mordskrach, immer wieder, aber sie ließ sich nicht beirren. Sie wartete ja schließlich auf meinen Vater! Sie wartete im Grunde noch 1956 auf ihn, als sie selber starb, Vater galt ja nur als vermißt. Aber er ist nie mehr gekommen, ich habe ihn nie kennengelernt. Ich wußte nur von ihm, alle wußten von ihm, alle redeten von ihm, das ganze Haus, selbst die Wände redeten zu dem Kind: Gefangenschaft!

Ich konnte mir davon kein Bild machen, konnte das nicht verstehen. Ich habe meine Mutter mit Fragen bestürmt: Warum lassen sie den Papa nicht nach Hause? War das zu verstehen? Meine Mutter hatte mir nur Gutes erzählt über meinen Vater. Ich konnte nicht verstehen, daß man einen Menschen einfach gefangenhielt. Und was bedeutet das? Wie leben sie dort? Ich malte gern als Kind. Ich hatte die Rechnungen aus der Autowerkstatt meines Vaters, auf der Rückseite war herrlich viel Platz zum Malen. Ich wollte meinen Vater in Gefangenschaft malen, und so stellte ich meine Fragen. Wie ist das nun? Da erzählte mir meine Mutter: In der Gefangenschaft leidet man Hunger. Aber Mutter – sagte ich, warum geht Vater dann nicht 'raus und holt sich vom Feld Kartoffeln und kocht sie? – Er wird erschossen, wenn er sich irgend etwas holt. Aber wie kann man einen Menschen töten, nur weil er etwas nimmt, aus Hunger?

Das hat mich lange Zeit beschäftigt, immer wieder. Als mein Bruder in die Schule kam, bekamen wir einen Atlas. Ich suchte immer nur Rußland, dort war mein Vater: Auf der Karte war alles so klein, so nah, gar nicht weit weg, und ich fragte: Warum können wir denn nicht dorthin fahren und unseren Vater zurückholen. Warum läuft er denn nicht davon? Meine Mutter sah mich an, schüttelte den Kopf und sagte: »Mein Gott, Kind, was verstehst du von Gefangenschaft.«

Jetzt war ich also auch in Gefangenschaft. Jetzt sollte ich also auch lernen, wie das war. Vielleicht würde es mich meinem Vater näherbringen, an diesen Gedanken klammerte ich mich, dort oben in der Hütte.

Es war jetzt ganz dunkel. Grillen zirpten. Durch eine kleine Öffnung sah man Sterne, und dann diese an Fallschirmen hängenden Leuchtkugeln der Amerikaner. Ob sie uns suchten?

Unsere Bewacher scheinen dasselbe gedacht zu haben. Wir hörten Schritte, Taschenlampen flackerten, in ihrem Licht-

schein waren die Gewehre noch schwärzer, und Stimmen
schrien: »Di di mau! Di di mau!«
Bernhard flüsterte: »Es geht weiter. Wir sollen uns beeilen.«
Ich dachte, so, jetzt lernst du doch noch ihre Sprache, was für
einen Wortschatz wirst du da wohl zusammenbekommen...

Amo, amas, amat

B. D.

An Hoa, das Dorf, von dem aus wir fünf unseren Ausflug gestartet hatten, ist ein richtiges »Tal des Friedens«, und das, glaube ich, bedeutet es auch. In Wirklichkeit war es, als ich dorthin kam, Frontgebiet, und es war für die Lebenden wie die Toten nur auf dem Luftweg zu erreichen.

Die ersten Toten, die ich dann auch in Vietnam sah, waren drei Amerikaner, die aus An Hoa ausgeflogen worden waren: Ich konnte nicht sofort in den Helikopter steigen, der mich von Da Nang weiterbringen sollte, weil sie erst drei Gummisäcke ausladen mußten, an denen drei knallgelbe Zettel hingen. In diesen Gummisäcken befanden sich die sterblichen Überreste, das ist Umgangssprache, von drei getöteten Marine-Infanteristen.

Da Nang, die Küstenstadt, liegt achthundert Kilometer nördlich von Saigon und gut hundert Kilometer südlich des 17. Breitengrades, aber bis An Hoa ist es dann von dort nur noch ein Viertelstundenflug. In Da Nang, Hoi An, ebenfalls am Meer, und in An Hoa in dem Distrikt Duc-Duc, lagen die drei Malteserstationen.

Das Gebiet dazwischen ist vom Vietkong kontrolliertes beziehungsweise umstrittenes Gebiet. Die Amerikaner schraffierten kontrollierte Gebiete auf ihren Karten rot, und dieses Gebiet war damals rot schraffiert, wenn sich das auch immer wieder änderte: Durch das Gebiet führt die berühmt-berüchtigte Straße Nr. 1, die von Saigon an der Küste entlang nördlich bis Hué führt, eine der heiß umkämpften Straßen des Vietnamkrieges; schon die Franzosen hatten damit nicht gerade ihre Freude gehabt und sie so *la rue sans joi*, die freudlose Straße, genannt.

Damals, als ich nach An Hoa kam, waren gerade die großen Kämpfe der Tetoffensive 1968 zu Ende gegangen, und das Gebiet um An Hoa galt wieder als »pazifiziert«. Das Hospital lag am Rande eines künstlich angelegten Sees, dahinter lagen die Berge. Die Landschaft hatte einen ganz bestimmten Zauber, und Neuankömmlinge verfielen ihm immer wieder.

Ich erinnere mich an einen Tag, der typisch dafür war, etwa sechs Monate vor unserem Ausflug. Am Nachmittag stand ein Regenbogen über den Bergen, der mit klaren Farben den Himmel bespannte; so, als sei er wirklich zur Begrüßung der neuen Schwester von uns »Alten« bestellt worden. Die Ankunft einer »Neuen« war immer ein Ereignis, das gefeiert werden mußte, denn der Alltag für sie kam schnell genug. Und diese war ganz hingerissen: Der Regenbogen, die Landschaft um An Hoa, der See, die Berge, alles »rief ihr ganzes Entzücken hervor«.

Nach dem Abendessen saßen wir auf der Terrasse der Unterkunft, der Arzt, der Dentist, die Krankenhelfer und die neue Krankenschwester, die gerade aus Deutschland gekommen war – ihr Entzücken war keineswegs zu Ende. Die Luft, nach dem Regen, war lau, die Grillen zirpten, vor uns standen Bier- und Colabüchsen. Aber die »Neue« hatte nur Augen für die herrliche Nacht, und es gab immer neue Gelegenheiten für sie, auf etwas hinzuweisen, kleine Freudenschreie auszustoßen.

Ein Zug fuhr durch die Nacht – mit erleuchteten Wagen! – Wir »Alten« sahen uns nur schweigend an. »Und die Sternschnuppen!« Nie hatte sie so große Sternschnuppen gesehen; und sie fielen nicht eilig nieder, einem kaum Zeit lassend, sich etwas zu wünschen, nein, sie stiegen auf in den Himmel! Auch dazu schwiegen wir noch. Aber dann, als der Anblick eines Glühwürmchens sie entzückte, es war schon Mitternacht geworden, der ganze Horizont erglühte in bunten Würmchen – da wurde es mir zuviel. Denn mittlerweile war eine kleine Gruppe Vietkongs bedenklich nahe an das amerikanische Camp herangekommen, und was sie für Glühwürmchen gehalten hatte, war ein Feuergefecht, das sich amerikanische und chinesische MGs mit Leuchtspur lieferten. Die aufsteigenden Flairs – an Fallschirmen herabschwebende Leuchtkugeln, mit denen die Marine-Infanteristen ihr Schußfeld ausleuchteten – hatte sie mit Sternschnuppen verwechselt. Und der Zug, der da »so friedlich erleuchtet durch die Nacht glitt«, war auch nichts anderes gewesen als die langen Garben eines chinesischen Maschinengewehrs. Wir klärten die »Neue« auf, und nach zwei Tagen reiste sie ab, buchte sich selber ihren Flug zurück nach Deutschland. Ein Arzt trat nach acht Tagen den Rückweg an, auch er war mit ganz anderen Vorstellungen nach An Hoa gekommen: Im Hospital gab es kein EKG; in seinem Zimmer funktionierte die Klimaanlage nicht; der Abfluß seines Waschbeckens war verstopft; nachts klirrten die Scheiben in seinem Zimmer, wenn die Ledernacken und Vietkongs sich ihre Gefechte lieferten.

Ich schrieb damals bissige Bemerkungen in mein Tagebuch, aber dann, als ich zurückblätterte, zu meinen ersten Eintragungen, mußte ich schnell feststellen, daß ich mit ähnlicher Ahnungslosigkeit in dieses Land gekommen war.

Die *Mission*, im Sinne von Sendung, Auftrag, Botschaft, das war mein Jugendtraum, und Missionar wollte ich werden, Heidenbekehrer. Das war der Traum, der Ausgleich zu einem Elternhaus, in dem Zucht und Ordnung das erste Gebot waren. Ich stamme aus Worms, der Kaiserstadt. In meiner Schule, der Westendschule, gab es noch Schläge mit dem Rohrstock. Auch bei uns zu Hause lag ein Rohrstock in der Kammer.

Mein Vater war Studienrat, unterrichtete Griechisch und Latein, und jeden Nachmittag kamen meine Brüder und ich in sein Arbeitszimmer, er sah unsere Schulaufgaben nach. Er saß dann dort, hinter dem Schreibtisch, auf dem sich Bücher und Schreibhefte stapelten, und während er rhythmisch auf den Tisch schlug, hatten wir dazu die Stammformen aufzusagen oder Verben zu konjugieren: Amo, amas, amat...

Es waren vor allem zwei Leitsätze in seinem Leben, nach denen wir erzogen wurden. Der erste: Das Gute im Leben bedarf keiner Erwähnung, aber das Schlechte muß euch immer vor Augen geführt werden, damit ihr es erkennt. Und der andere lautete: Zehn Minuten auf der Straße können zehn Jahre Erziehung zunichte machen.

Aber es gab eine andere Welt, von der niemand etwas ahnte; vier alte Damen, darunter die Großmutter, hatten sich der Mission verschrieben und hatten mich in ihren Kreis aufgenommen. Sie sammelten für die Mission Briefmarken, sie nähten Rosenkranztäschchen aus Kunststoffresten, sie fertigten unzählige Buchhüllen und Lesezeichen an. Das alles ging nach Afrika, zu den Heidenkindern, so wie das Negerlein am Opferstock in der Pauluskirche, das nickte, wenn man ihm ein Geldstück in das Kästchen warf. Ich hörte fasziniert den Geschichten der vier alten Damen zu: Von Patres, die den Eingeborenen vom lieben Gott erzählen, die Kirchen, Schulen und Häuser bauen und gegen wilde Tiere kämpfen müssen. Sie sahen meinen Eifer, und eines Tages überraschten sie mich. Sie kauften mir ein Heidenkind!

Kann man ein Heidenkind kaufen? Es schien ganz einfach, man bezahlte einen bestimmten Betrag, und dafür wurde ein Kind getauft, eines dieser unglücklichen Geschöpfe, und es war plötzlich kein Heidenkind mehr, sondern ein Christ, aufgenommen in die Gemeinschaft der Gläubigen. Mein Cousin Michael hatte schon ein Heidenkind, und nun bekam auch ich eines, das auf meinen Namen getauft wurde, Bernhard. Es gab nun einen zweiten kleinen Bernhard in Afrika, und es kamen laufend Nachrichten von ihm. Das waren aufregende Stunden, wenn die Briefe aus Afrika vorgelesen wurden. »Mein« Bernhard lernte den Katechismus. »Mein« Bernhard lernte lesen und schreiben. »Mein« Bernhard war von einer Schlange gebissen worden. »Mein« Bernhard brauchte noch mehr Hilfe. Und dann kam auch ein Bild von ihm, er war kohlrabenschwarz, hatte dünne Beine und trug eine kurze Hose, die Großmutter ihm geschickt hatte, nur daß sie ihm viel zu groß war. Es stand fest für mich, daß ich eines Tages selbst dorthin fahren würde, zu »meinem« Bernhard, wo ich so notwendig gebraucht wurde, um tatkräftig zu helfen. Das war die Zukunft, die der Zwölfjährige vor sich sah: ein Leben im Dschungel unter Gefahren und Opfern. Ich würde einer dieser Patres werden, in den schönen weißen Umhängen, und ganz selbstverständlich würde auch mein Bernhard Priester werden müssen, und ich sah uns gemeinsam auf einer Missionsstation arbeiten. Ein schwarzer und ein weißer Priester!!

Aber dann kam Pater Kasimir, und mit ihm die Chinesen, die nicht so schwarz waren, und mein Bernhard trat in den Hintergrund. Ich war Ministrant im Dominikanerkloster, und Pater Kasimir war Dominikaner, ein großer Mann in seinem weißen Ordensgewand mit schwarzem Umhang. Er hatte schneeweißes Haar, ein gelbes Gesicht; er sah selber fast wie ein Asiate aus, ein Chinese; in China hatte er fast sein ganzes Leben zugebracht, bis zur Revolution; jetzt leitete er eine Missionsstation auf Formosa.

Einmal zeigte er uns Dias: Das Licht geht aus, da ist seine Stimme, weich, ein fremdartiges Deutsch, und da sind die Bilder: Gelber Sand, gelbe Menschen, und wieder Missionsstationen, Krankenhäuser und Kindergärten. Wieder ist von Aufopferung die Rede, doch *sein* Gott ist realer: Pater Kasimir spricht vom Glauben, aber auch von einer Schreinerei, von Krankheiten und von Menschen, die Hilfe brauchen.

Es gibt ein drittes Erlebnis, das wie es mir heute scheint, meinen Weg nach An Hoa vorgezeichnet hat, das schwere Eisenbahnunglück bei Abenheim, ganz in der Nähe von Worms. Im Sommer, wenn das Korn hoch steht, kann man die Gleise des unbewachten Bahnübergangs vor Abenheim kaum überblicken. Der Omnibusfahrer jedenfalls muß den herankommenden Zug zu spät gesehen haben: Es gab viele Tote. Aber ich habe das Unglück nicht dort miterlebt, sondern in unserer Straße bei Frau G., eine der vier alten Damen und Vorsitzende im Ortsverein des Roten Kreuzes.

Vor ihrem Haus hatte man die Einsatzwagen abgestellt — man wollte sie reinigen, nachdem die Verletzten darin abtransportiert worden waren. Ein Wagen nach dem anderen fuhr vor, und ich war dabei, ein Junge von elf Jahren damals. Die Sanitäter drückten mir die blutgetränkten Wolldecken in die Hand, blutige Kopfkissen. Ich schleppte sie ins Haus, dort wurden sie gewaschen. Ich schleppte Eimer voll Wasser hinaus, Lappen, mit denen das Blut im Heckraum herausgeschrubbt wurde. Überall war Blut, selbst die gewaschenen Decken, die dann über dem Zaun hingen, hatten noch dunkle Flecken. Ich sah zum erstenmal Blut, Blut von Menschen. Ich soll kreidebleich gewesen sein, aber Frau G. lobte mich am Abend und meinte, du wirst einmal ein guter Arzt!

Von diesem Tag an stand mein Ziel endgültig fest. Ich wollte Arzt und Priester zugleich werden.

Nach dem Abitur meldete ich mich freiwillig zur Bundeswehr. Nach zwei Jahren wurde ich als ausgebildeter Sanitätsunteroffizier entlassen. Die letzten Monate dieser Zeit arbeitete ich an der Kölner Universitätsklinik, und dort lernte ich einen Malteser kennen.

Er war ein Mann über vierzig, machte als Krankenpfleger freiwilligen Sonntagsdienst, leerte Urinflaschen, teilte Essen aus und half den Schwestern betten. Damals hörte ich zum erstenmal vom Einsatz der Malteser in Vietnam. Er war selbst nie dort, aber er wußte alles über seine Freunde: Denen redete niemand drein, sie hätten ihre eigenen Krankenstationen, ja bisweilen sei die Sache dort unten sogar aufregend und gefährlich. Noch war ich unentschlossen Vietnam oder Medizinstudium?

Den letzten Ausschlag gab dann eine Studentendemonstration auf dem Ring in Köln. Da zog eine Gruppe in Richtung Innenstadt mit Ho-Ho-Ho-Tschi-Minh-Rufen. Es war alles recht friedlich, sie schlenderten mehr dahin, hatten ihre Coca-Cola-Flaschen dabei, ihre belegten Brötchen, eine Studentin links am Arm, eine rechts. Küßchen links, Küßchen rechts: »Ho-Ho-Ho-Tschi-Minh!«

Ich hatte mich bereits um einen Studienplatz beworben, aber ich wollte eine zweite Kugel ins Rollen bringen. Und ich wollte wissen, was ist die Wahrheit? Ich wollte meine Erfahrungen an Ort und Stelle sammeln. Ich ging von der Demonstration direkt zum Generalsekretariat der Malteser in Köln. Nach langem Nachdenken unterschrieb ich meinen Vertrag für Vietnam. Ich war gerade einundzwanzig geworden.

Mein Entschluß rief bei vielen Verständnislosigkeit hervor. Am normalsten reagierte ein Freund: Das finde ich eine gute Idee. Ich hab' gehört, die zahlen ein irres Gehalt. Ein anderer wollte schlicht wissen: Vietnam? Sag mal, wo liegt das, wie kommt man da hin? Eine Freundin sagte: Wie kannst du nur so rücksichtslos gegen deine Eltern sein! Meine Mutter fragte unter Tränen: Muß denn das sein? Gefällt es dir zu Hause gar nicht mehr, wir haben doch immer das Beste für dich gewollt. Und mein Vater meinte: So, du hast dich entschlossen. Nun, da werden deine Eltern ja wohl noch ein Wort mitzureden haben! — Alles in allem begegnete mir nur Verständnislosigkeit, es schien mir, als seien gerade die Erwachsenen vor den Kopf gestoßen, es hatte den Anschein, als stünden sie plötzlich an einem offenen Fenster, durch das ihnen ein scharfer Wind ins Gesicht blies.

Am 14. Februar 1968 hatte ich meinen Vertrag unterschrieben. Am 3. Mai flog ich mit drei anderen Malteserhelfern von Köln-Wahn ab. In der Zwischenzeit war ich noch ein paarmal zu einem kurzen Gespräch in der Zentrale der Malteser gewesen. Aber was ich dort erfahren hatte, war wenig, und das wenige hatte meine falschen Vorstellungen eher noch verstärkt. Es hieß, wir haben dort drei Krankenhäuser, und ich habe mir eben ein deutsches Krankenhaus vorgestellt. Es hieß, wir arbeiten dort in Arztgruppen, und dabei dachte ich an den eingespielten Operationsbetrieb der Neurochirurgie in Köln.

Nicht einmal der Film, ein 8-mm-Film, der uns vier jungen Leuten am Vorabend unseres Abfluges gezeigt worden war, der da über die Leinwand im Sitzungssaal des Generalsekretariats flimmerte, hatte einen Bezug zur Wirklichkeit. Er war farbig, gewiß, aber ohne Ton. Wir sahen Verwundete, aber wir hörten nicht ihre Schreie; wir sahen Rauchpilze aus dem Dschungel aufsteigen, hörten aber keine Detonation, wir sahen die wackelnden plumpen schwarzen Napalmkanister aus Flugzeugen fallen, aber wir hörten nicht das kreischende Dröhnen der Düsentriebwerke, das uns wenig später durch Mark und Bein gehen sollte. Was uns gezeigt wurde, war ein Stummfilm, und nur ein paar Dinge waren real, die Kommentare, die zu dem Film gegeben wurden: Das ist Da Nang, unser Krankenhaus dort, der Bischof hat uns dieses Haus zur Verfügung gestellt, und wir liefern ihm dafür den Strom. Der rechts dort, das ist der Mayer, der verdrückt fünf Steaks auf einmal. Übrigens achten sie darauf, daß es den Helfern nicht gestattet ist, Hunde mit aufs Zimmer zu nehmen!

Auf den letzten Metern des Films sah man eine Straße. Am Rande lagen zusammengerollte Bastmatten, etwa von der Größe eines Menschen. Die Antwort auf meine Frage kam zögernd, das seien tote Vietkongs, die bleiben zur Abschreckung erst einmal ein paar Tage auf der Straße liegen und würden dann von der Müllabfuhr weggeschafft.

Aber trotz allem hat mich das damals nicht beirrt, ein wenig nachdenklich gemacht, aber beirrt nicht. Man mußte sich zu diesem Einsatz für neun Monate verpflichten, nicht länger, nicht kürzer, es gab nur diese eine Möglichkeit, neun Monate exakt.

Aber das kam mir entgegen, das entsprach meinen Gedanken, meiner Verfassung, mit der ich in den Düsenjet stieg. Du wirst, dachte ich damals, neugeboren zurückkommen.

APO San Francisco 96337

B. D.

Die ersten Toten, die ich sah, waren, wie gesagt, Amerikaner. Das Flugzeug von Saigon nach Da Nang war eine DC 3 der »Air American«. Die ersten Nächte in An Hoa mußte ich im Camp der amerikanischen Marine-Infanterie schlafen, weil es im Hospital noch keine Betten gab; die Ledernacken unterhielten in An Hoa einen Stützpunkt und einen Flugplatz. Vom amerikanischen *Camp Commander* erhielten wir täglich den Lagebericht. Wir erhielten eine Vorwarnung, wenn der Vietkong Nachtangriffe auf das Camp startete. Wenn wir zu den Dispensarien in Than My, Nong Son, Khuong Que und Khuong Thuon fuhren – Außenstellen, in denen wir ambulant behandelten –, gaben die Amerikaner die Straßen für uns erst frei, wenn zuvor eine Patrouille vorausgeschickt worden war, um den Weg von möglichen Minen zu räumen. Und wenn wir Briefe nach Hause schrieben, oder erhielten, so war das immer ein langer Weg: Im Hubschrauber nach Da Nang, im Flugzeug über den Ozean nach San Francisco, quer durch den Kontinent nach New York, und von dort erst nach Deutschland. Man schrieb uns nicht nach An Hoa, sondern an »Malteser-Aid-Service, CORDS-REF-III MAF, Drawer 69, APO San Francisco 96337 USA.

Das »CORDS« in der Anschrift hat eine seltsame Bedeutung, über die ich mir damals gar keine Gedanken machte und die ich erst später erfuhr. »CORDS«, das war die Abkürzung für *Civilian Organization Revolutionary Development Service*. Konnte man das so auffassen, daß unsere Tätigkeit in den Augen der Amerikaner zur *Revolutionary Development* des Landes gehörte? Nach meiner Entlassung erfuhr ich, daß man die Bezeichnung inzwischen anders las. Zum Glück gab es im Englischen ein unverfängliches Wort, das ebenfalls mit »R« begann: Rural, landwirtschaftlich. Aus Revolutionary wurde »Rural«!

Das alles waren beruhigende und verwirrende Tatsachen zugleich. Beruhigend, weil die Amerikaner unsere »Sicherheit garantierten«. Verwirrend, weil es an ein wichtiges Problem rührte, das mit unserer Gefangennahme noch an Bedeutung gewann: Der Anspruch der Malteser, in Vietnam eine neutrale Tätigkeit auszuüben, das Zivilkrankenhaus einer neutralen Nation zu sein, jedermann, und das hieß jeder Seite, zugänglich zu sein.

Damals lag gerade die »Helgoland«, ein Schiff des Deutschen Roten Kreuzes, vor Da Nang. Die kommunistische Seite attackierte wütend die Entsendung des schwimmenden Hospitals; die Tätigkeit »vor« Vietnam sei ein Beispiel dafür, daß an eine neutrale Hilfe gar nicht gedacht sei, das Ganze sei nichts als eine demonstrative Unterstützung des amerikanischen Imperialismus in seinem Angriffskrieg gegen den Befreiungskampf des vietnamesischen Volkes.

Nun, wir arbeiteten »in« Vietnam. Daß wir dazu die technische Unterstützung der Amerikaner brauchten, war klar. Aber wir gewährten nur Zivilisten, und zwar jeder Seite, unsere Hilfe. Aber in welche Konflikte man trotzdem kommen konnte, welche Entscheidungen einem abverlangt wurden, davon ein Beispiel.

Auf unserer Station lag seit Anfang September 1968 ein Vietnamese mit einem Oberschenkeldurchschuß. Wir bekamen einen Tip, daß es sich bei diesem Mann um einen

Vietkong handelte; er habe sich die Verwundung möglicherweise sogar selbst beigebracht, um so ins Krankenhaus eingeliefert zu werden und mit anderen Patienten und dem Pflegepersonal Verbindung aufnehmen zu können. Nun, das war eine gute Gelegenheit, unsere Neutralität zu beweisen; wir pflegten den Mann weiter und gaben ihm insgeheim zu verstehen, daß er sich nach seiner Genesung sozusagen selbst entlassen solle.

Eines Abends kam ein aufgeregter Anruf aus dem Hospital. Ein Jeep war vorgefahren, einer unserer Krankenpfleger, der Nachtdienst machte, hatte kurze Zeit darauf im Arztzimmer Geräusche gehört und einen ihm unbekannten Vietnamesen dabei überrascht, wie er sich lange Streifen Verbandmull abschnitt. Solche Diebstähle waren an der Tagesordnung, aber diesmal handelte es sich um etwas anderes. Dieser und ein zweiter Vietnamese waren in ein Stationszimmer eingedrungen, hatten den Vietkong, oder Vietkong-Verdächtigen, aus seinem Bett geholt, mit den Mullbinden die Augen verbunden und ihn fortgeschleppt. Sie fuhren gerade im Jeep mit ihm weg.

Unsere Unterkunft und das Hospital lagen an der Liberty-Road, und nur diesen Weg konnte der Jeep nehmen. Ich war sofort nach dem Anruf nach draußen gestürzt, in den Jeep gesprungen, um den Vietnamesen entgegenzufahren. Ich versuchte sie zu stoppen, aber der Mann am Steuer gab nur noch mehr Gas, und sie fuhren davon.

Es waren die Amerikaner, die uns Aufklärung verschafften. Vietnamesische *Special Police* hatte den Vietkong entführt und nach Hoi An ins Gefängnis gebracht. Der Jeep, den sie dabei benutzt hatten, gehörte dem Distriktchef, einem Major Thriem. Der Gefangene sei noch am Leben.

Wir waren alle schockiert. Wir dachten an die Auswirkungen, wenn dieser Vorfall bekannt werden würde. In Hanoi würde man das weidlich ausschlachten. Es gab nur eine Lösung. Wir mußten den Entführten zurückbekommen.

Doch das einzige, was wir aushandeln konnten, war ein Kompromiß: Der Vietkong wurde unter strenger Bewachung ins Hospital zurückgebracht zur »ärztlichen Untersuchung« und umgehend nach der Feststellung seines »subjektiven und objektiven Wohlbefindens« ordnungsgemäß entlassen, das heißt, wieder ins Gefängnis zurückgebracht. Das alles hatte nicht länger als eine halbe Stunde gedauert. Unsere Krankenbücher waren in Ordnung, der Neutralität Genüge getan. Was aus dem Gefangenen geworden ist? Ich weiß es nicht. Wir haben nichts mehr von ihm gehört.

Warum ich hier davon berichte? Weil es wichtig ist, für die vier Jahre meiner Gefangenschaft. Monika Schwinn, wir alle, waren in Gefangenschaft geraten, ohne jemals auch nur den geringsten Zweifel am humanitären Charakter unserer Tätigkeit gehabt zu haben. Monika hatte in Da Nang auf der Kinderstation gearbeitet, vielleicht die schwerste und aufopferndste Arbeit von all dem, was wir taten; sie hatte nur geholfen, nur Gutes getan, und vielleicht hat dieser Gedanke in jenen vier Jahren ihr geholfen, sie gestärkt.

Ich bezweifelte, ob man unsere Neutralität anerkennen würde, vom ersten Augenblick unserer Gefangenschaft an; und jener Vorfall spielte eine nicht geringe Rolle dabei. Jedesmal wenn ich zum Verhör gebracht wurde, dachte ich, so, jetzt ist es zu Ende, jetzt haben sie es herausgefunden, jetzt halten sie dir vor, daß du die Hand dazu gereicht hast, einen von ihnen ans Messer zu liefern! Vier Jahre habe ich unter diesem Druck gelebt. Von Anfang an hatte ich mir vorgenommen, das gibst du nie zu. Und dann mußte ich dabei bleiben, die ganzen vier Jahre lang, immer in der Angst, es könnte doch herauskommen. So, wie es hier steht, sagt das nicht viel, aber damals war es viel, und immer wieder sah ich das Gesicht dieses Vietkong in dem Augenblick, als der Arzt seine »Entlassung« unterschrieb, diesen gefaßten, spöttischen Ausdruck auf seinen Lippen, so als wolle er sagen: So ist das also! So sieht eure Hilfe aus ...

Begonnen hatte der Dienst der Malteser in An Hoa schon im November 1966, damals mit einer reinen Dispensarien-Tätigkeit. Die Gruppe bestand aus einem Arzt, zwei Krankenschwestern und einem Krankenpfleger, die mit einem Jeep über Land fuhren, die Menschen in den Außenstationen behandelten, unter ungeheuren Schwierigkeiten, mit primitivsten Mitteln, in Schlamm und Dreck – aber es war vielleicht die wirkungsvollste Zeit.

Zu Beginn meiner Tätigkeit – ich war zuvor erst noch in Hoi An gewesen, weil An Hoa damals noch »Feindgebiet« gewesen war – waren wir sieben Malteserhelfer in An Hoa, zur Zeit unserer Gefangennahme fünfzehn. Die offizielle Einweihung des Hospitals erfolgte am 10. August 1968, mit, wie die Chronik der Malteser vermerkt, »120 Betten«. Ein bißchen Show mußte offensichtlich dabei sein, denn wir hatten zu dieser Zeit mühsam 30 Betten zusammenbekommen, die anderen lagen in Hongkong fest. Wir besaßen einen Röntgenapparat, er war sehr wichtig bei der großen Anzahl von Knochenbrüchen und Splitterverletzungen unter der Bevölkerung, aber er konnte vorläufig nicht in Betrieb genommen werden, weil ein winziges Teil fehlte. Der Küchentrakt war noch nicht gebaut. Die Wäsche für das Personal und die Stationen – wir haben manchmal bis zu hundert Patienten – mußte in einer Maschine gewaschen werden. Medikamente kamen nicht an. Wir besaßen einen Operationsraum, aber kein Narkosegerät; und zwei Ärzteteams mußten mit fünf Skalpellen, drei Nadelhaltern und zwei Scheren arbeiten. Was unter diesen Umständen geleistet wurde, war erstaunlich.

Wir führten eine Behandlungsstatistik. Im Monat Dezember 1968 verzeichnete sie 1256 Hilfeleistungen und 21 Entbindungen. Im Januar des folgenden Jahres 2478 Hilfeleistungen, 11 Entbindungen. Im Februar stieg die Zahl auf 3710. Die häufigsten Erkrankungen waren TB, Ruhr, Muskelschwund, Knochenbrüche, Infektionen der Haut, Ge-

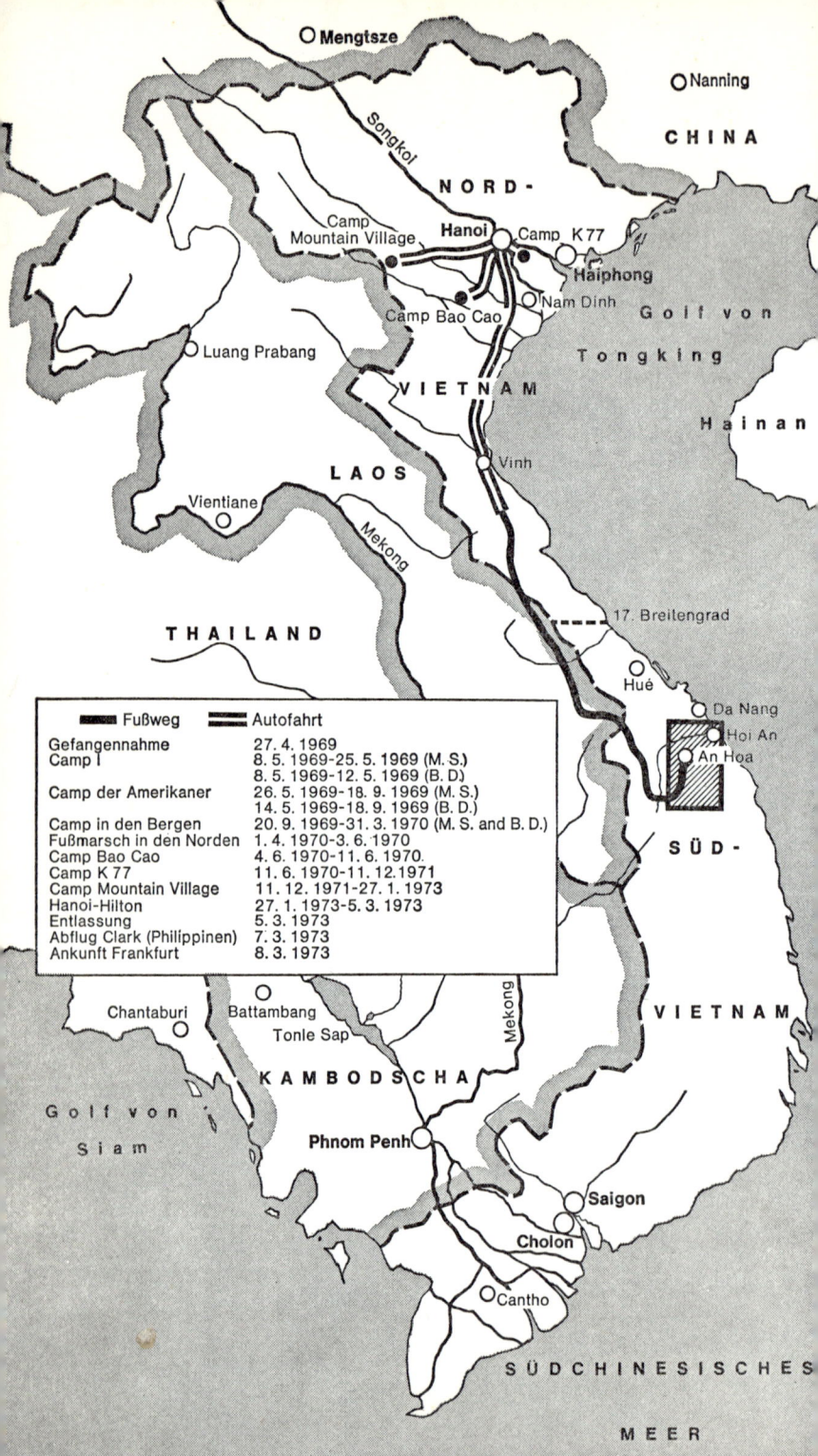

Mengtsze

Nanning

CHINA

Songkoi

NORD-

Camp
Mountain Village   **Hanoi**   Camp K 77

Haiphong

Nam Dinh   **Golf von**

Camp Bao Cao   **Tongking**

Luang Prabang   **VIETNAM**   **Hainan**

LAOS   Vinh

Vientiane   Mekong

THAILAND

17. Breitengrad

Hué

Da Nang
Hoi An

An Hoa

SÜD-

Fußweg	Autofahrt

Gefangennahme	27. 4. 1969
Camp I	8. 5. 1969-25. 5. 1969 (M. S.)
	8. 5. 1969-12. 5. 1969 (B. D)
Camp der Amerikaner	26. 5. 1969-18. 9. 1969 (M. S.)
	14. 5. 1969-18. 9. 1969 (B. D.)
Camp in den Bergen	20. 9. 1969-31. 3. 1970 (M. S. and B. D.)
Fußmarsch in den Norden	1. 4. 1970-3. 6. 1970
Camp Bao Cao	4. 6. 1970-11. 6. 1970.
Camp K 77	11. 6. 1970-11. 12.1971
Camp Mountain Village	11. 12. 1971-27. 1. 1973
Hanoi-Hilton	27. 1. 1973-5. 3. 1973
Entlassung	5. 3. 1973
Abflug Clark (Philippinen)	7. 3. 1973
Ankunft Frankfurt	8. 3. 1973

VIETNAM

Chantaburi   **Battambang**

Tonle Sap

KAMBODSCHA

Mekong

Golf von

Siam

Phnom Penh

Saigon

Cholon

Cantho

SÜDCHINESISCHES

MEER

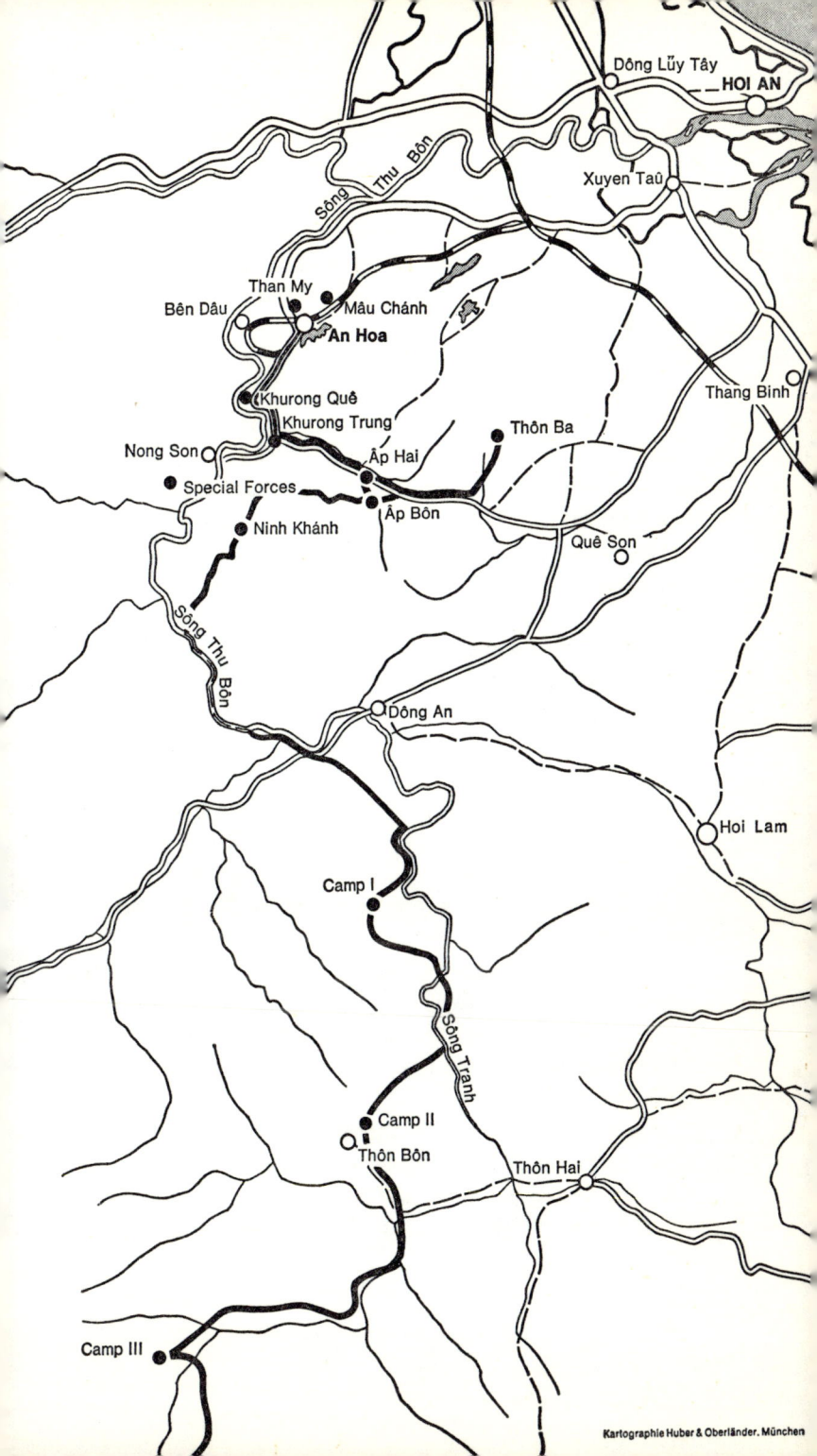

Kartographie Huber & Oberländer, München

schwüre. Die höchste Quote allerdings wies immer die Nummer 15 der Statistik auf: Verletzungen. Die operative Wundversorgung, also Kriegschirurgie bei Schuß- und Splitterverletzungen, machte bisweilen fünfzig Prozent der im Krankenhaus in An Hoa behandelten Fälle aus. Es waren die Opfer jenes stetigen Kleinkrieges zwischen den Vietkongs und Ledernacken.

Dieser Krieg flammte auf und ab. Waren die Nächte hell, blieb es ruhig. In Regenzeiten, wenn der prasselnde Regen die Geräusche der Nacht dämpfte, griffen die Vietkongs wieder an. Marine-Infanteristen, Elitetruppen, kämpften die Verbindung zur Küste frei, für ein paar Wochen konnten Konvois die Straße passieren, dann sickerte der Vietkong wieder ein. Einmal galt das Gebiet um An Hoa als pazifiziert. Dann wieder als rot schraffiert. Der Kampf hatte immer dasselbe Bild. Die Amerikaner, die tagsüber ihre Aufklärer über den Dschungel schickten und alles bombardierten, was sich dort regte. Der Vietkong, der nachts seine Fallen legte, seine schnellen Feuerüberfälle startete und sich wieder zurückzog. Es gab in diesem Kampf praktisch keinen Sieger.

Und dennoch ging das alles an uns irgendwie vorbei. Wir beobachteten es, aber es betraf uns nicht direkt. Es kostete uns ein paar Stunden Schlaf, mehr nicht. Kamen die deutschen Zeitungen hier an und lasen wir die Berichte, so lachten wir nur. Demnach lebten wir in ständiger Gefahr, in ein Feuergefecht verwickelt zu werden, von einem Mörsereinschlag getötet zu werden, während wir durch die Linien krochen, um die Verwundeten zu bergen. Im wievielten Höllenring mußten sie uns wähnen, bei so schaurigen Kriegsberichten?

Nichts von alledem war wahr, ja, es schien so etwas wie einen geheimen Pakt zu geben, zwischen dem Vietkong und uns. Sie bestahlen uns, wo sie konnten, Verbandszeug, Wundbenzin, antibiotischen Puder. Sie plünderten die Dis-

40

pensarien, unsere Außenstellen, oft unter Hinterlassung von Quittungen für die gestohlenen Medikamente. Wir waren sozusagen ihre heimlichen Lieferanten von Dingen, die sie einfach nicht hatten, und sie ließen uns dafür in Ruhe, beeinträchtigten unsere Tätigkeit nicht. Es war eine allzu schöne Illusion, wie sich bald herausstellen sollte, aber wir glaubten nach so langer Zeit an dieses schweigend, nie ausgesprochene Übereinkommen mit der »anderen Seite«. So traten wir eigentlich unbesorgt unseren Ausflug an.

Aber es gab noch einen anderen Grund dafür. Diese Ausflüge waren für alle, die Leute von An Hoa und die von Da Nang und Hoi An, die einzige Abwechslung. Nicht die Arbeit, nicht der Krieg, nicht die dauernde Anspannung war das Schlimmste in An Hoa, es war die Enge des Lebensraumes, das sterile Getto, in dem wir lebten. Woche für Woche, Monat für Monat sahen wir immer die gleichen Gesichter, sahen wir immer nur uns selber, saßen auf derselben Terrasse und erzählten zum hundertsten Male dieselben Geschichten. Man bekam Platzangst, man wollte 'raus, man brauchte das Gefühl, frei zu sein, sich frei bewegen zu können.

Der 27. April 1969, der Sonntag, an dem wir unseren Ausflug machten, war ein herrlicher Tag. Seit Wochen war es ruhig um An Hoa. Ich war zu den Amerikanern ins Camp gefahren, und der Sicherheitsoffizier hatte keine Bedenken. Der Ausflug war auch nichts Außergewöhnliches; viele andere waren ihm vorausgegangen, und das Aufregendste, was ich je dabei erlebt hatte, war ein Zusammenstoß zwischen meinem Willys-Jeep und einem Wasserbüffel; der Jeep war eingebeult, der Wasserbüffel lahmte, und am nächsten Tag war ich nochmals in das Dorf gefahren und hatte dem Bauern 3000 Piaster, etwa 100 Mark, als Schadenersatz bezahlt, eine Regelung sozusagen ohne Polizei.

Wir waren zu fünft bei diesem Ausflug. Rika Kortmann – sie hatte erst Wochen zuvor in Da Nang den Grundstein für das neue Krankenhaus legen dürfen – und Monika Schwinn waren am Tag zuvor mit dem Hubschrauber nach An Hoa zu einem kurzen Besuch gekommen. Marie-Luise Kerber und Georg Bartsch arbeiteten mit mir in An Hoa.

Die Sonne schien. Wir nahmen das Verdeck des Willys ab, schlugen die Windschutzscheibe herunter. So fuhren wir los, zuerst auf der Liberty-Road, dann auf die Straße nach Nong Son. Am Fluß, dem Khe-Le, bei der zerstörten Brücke, ließen wir den Jeep stehen, zogen unsere Schuhe aus und wateten durch den Fluß, stromaufwärts . . .

Ein Dschungelhotel

M. S.

Elf Tage marschierten wir durch den Dschungel, in einer Landschaft, die immer gleich zu sein schien, in der jeder Baum, jedes Dickicht, jede Hütte der anderen glich. Es war, als liefen wir im Kreis, als wüßten unsere Bewacher selbst nicht, wohin mit uns.

Es waren drei, manchmal kam ein Führer hinzu, für einen gewissen Teil der Strecke, zweimal wechselten unsere Bewacher, übergaben uns an andere, als dürften sie sich selber nur von einer Bannmeile zur anderen bewegen. Aber es waren immer drei, und erst später habe ich erfahren, daß diese Dreimanngruppen *Chibos* heißen, die kleinste Kampfeinheit der Guerillas im Dschungel. Einer war immer der Anführer, an der umhängenden Kartentasche zu erkennen. Einer war sozusagen der Gepäckkuli, er trug den Rucksack mit unseren Sachen, die Hängematten, in denen unsere Bewacher schliefen, einen Sack mit Fischkonserven, bisweilen auch den Reis, in zwei langen Strümpfen, um den Hals. Der dritte schließlich hielt immer sein Gewehr bereit, und er war dazu eine Art Meldegänger, verschwand für halbe Stunden, kundschaftete irgend etwas aus und kam dann zurück.

Meist marschierten wir nur nachts. In der Dunkelheit ging es los, und dann oft die ganze Nacht lang. Oft schien der Mond, fast immer begleiteten uns die Glühwürmchen, aber im Grunde wußte man nicht, wo man hintrat, erkannte man die Hindernisse, über die man stolperte, zu spät. Doch so langsam lernte man, mit den Füßen zu fühlen. In diesen elf Tagen gab es nichts, was man uns nicht zugemutet hätte. Es ging steile, felsige Hänge hinauf, wieder herunter in einem ausgetrockneten Bergbach mit Geröll und Steinbrocken, die einem in die Füße schnitten. Meine Riemchensandalen waren schon in der ersten Nacht zerschlissen, und hätten Rika und Marie-Luise mir nicht immer wieder für ein Stück ihre Schuhe geliehen, ich hätte immer barfuß gehen müssen. Es gab Bombenkrater, denen wir ausweichen konnten, aber durch andere mußten wir hindurchklettern. Wir liefen durch hohes Gras, das so scharf wie ein Messer war, wir brauchten Minuten für einen Meter Dickicht, und wir sackten in schlammigen Feldern ein. Aber meist bewegten wir uns im Dschungel, es ging tiefer in die Berge hinein.

Wir ertrugen das längst alles wortlos, ohne Proteste. Wir setzten einfach Fuß vor Fuß. Was machte es schließlich aus, wenn die Füße wund wurden, wenn wir fielen? Wir mußten weiter, immer weiter. Wir hatten keine Kraft mehr, uns zu widersetzen, und gegen Morgen wurde das »Di di mau! Di di mau!« unserer Bewacher immer schlimmer.

Auf diesen Nachtmärschen gab es meist gegen 2 Uhr oder 3 Uhr morgens eine Pause, eine halbe bis dreiviertel Stunde. Da gab es Reis, abgekochtes Wasser, dann ging es weiter. Die restlichen Stunden, bis es hell wurde, bis die Vögel wach wurden, waren immer die schlimmsten, da wurden wir immer stärker getrieben, da wurden unsere Bewacher ganz nervös, grob, wurden ihre Stimmen schriller. Und sie trieben uns an, trieben uns vorwärts, wir mußten laufen und laufen, als gäbe es ein Ziel, das wir unbedingt noch erreichen mußten. Erst langsam begriff ich, daß sie einfach den Tag fürchteten, denn dann kamen die amerikanischen Flugzeuge, da gehörte der Dschungel den Guerillas nicht mehr allein.

Man erkannte den Tag wirklich nicht an den Vögeln, nicht an dem Licht, sondern daran, daß die Flugzeuge sofort da waren. Die Vögel hörte man schon mal nicht, die Flugzeuge immer. Es waren Aufklärungsflugzeuge, Hubschrauber, und wenn sie einen einmal gesehen hatten, dann gaben sie nicht auf, dann war man wie festgenagelt.

An einem dieser elf Tage war es wohl notwendig, daß wir auch am Tag marschierten, ich weiß den Grund nicht, jedenfalls liefen wir da wie die Hasen von Busch zu Busch, jeweils jeder 30 Meter auseinander. Vor Beginn hatten unsere Bewacher Georg Bartsch, der ein leuchtend weißes Hemd trug, ein dunkelgrünes Hemdchen zum Überstreifen gegeben. Aber plötzlich war doch das Knattern über uns.

Wir standen in diesem Augenblick auf einer Anhöhe, schutzlos, sichtbar, und die einzige Deckung bot das Gestrüpp, das am Fuße des Anhangs in einem ausgetrockneten Bachbett wuchs. Die Bewacher deuteten dorthin, und die anderen rannten sofort los. Ich zögerte, und einer der Guerillas nahm mich bei der Hand, es war das erstemal, daß mich einer von ihnen anrührte. Er wollte mich mit sich ziehen, hinunter zu den Sträuchern. Da wurde mir schwarz vor den Augen, ich fiel, ich muß den Berg hinuntergerollt sein, ich kam erst wieder zu mir, als dieser Mann mich vollends in das Gestrüpp hineinzog.

Ich lag dort, bekam keine Luft, neben mir der Vietnamese, so nahe, daß ich seinen Atem hörte. Dieser Aufklärer kreiste ständig über uns, entfernte sich für Augenblicke, kam zurück.

Bis dahin hatten wir alle mehr oder weniger unsere Hoffnung auf die amerikanischen Flugzeuge gesetzt, daß sie uns bemerken würden. Wir hatten uns zwar gefragt, ist es gut oder gefährlich, wenn sie uns entdeckten, aber sie waren doch unsere einzige Hoffnung, an die wir uns noch klammern konnten. Aber jetzt fürchtete ich das Flugzeug über uns fast so sehr wie unsere Bewacher.

Dort, unter dem Gestrüpp, verlor ich meine letzte Hoffnung auf Freiheit. In den ersten Tagen war sie noch dagewesen. In den ersten Nächten sahen wir sogar einen Lichtschein am Himmel, der nur vom *Special Forces Camp* in Nong Son, von dem des Nachts Flairs abgeschossen wurden, herrühren konnte. Wir sahen die an Fallschirmen hängenden Leuchtkugeln. Es gab Augenblicke, da hoffte ich, daß sie uns laufen lassen würden. Hinter dem Berg, lag dort nicht An Hoa? Dieser See, mit dem Boot am Ufer, würden sie uns gleich hinüberrudern? Ich glaubte und hoffte, daß sie uns nur in die Irre führten, im Kreis herum, damit wir dann später nicht verraten konnten, was wir gesehen hatten. Aber jetzt hatte ich keine Hoffnung mehr. Ich lag dort wie ein aufgespießter Schmetterling – so waren meine Gedanken.

Mein Onkel hatte sie gesammelt, in Kästen. Wie schön sie waren; wie schön ihre Farben selbst im Tod, aber wie schrecklich hatte ich sie immer gefunden. Und ich dachte: Warum muß dir immer alles schiefgehen? Warum wirst du immer gestraft, wofür, was hast du getan, daß es so ist? Warum hatte ich nie einen Vater haben dürfen? Warum mußte meine Mutter so früh sterben? Warum zerbrechen meine Freundschaften mit Männern? Nicht einmal den Beruf, den ich mir erträumt hatte, durfte ich haben.

Das Theater war immer meine heimliche Liebe, ich schrieb mit zwölf Jahren meine ersten Stücke, wir führten sie auf, aber ich wußte, zur Schauspielerin, dazu reicht es nicht, dazu war ich selber zu unscheinbar. So wollte ich Maskenbildnerin werden, auch damit würde ich ganz in der Nähe meines Traumes sein. Ich stellte mir das vor: Gesichter zu verwandeln. Dazu brauchte man selber nicht schön sein, dazu brauchte man nur Gesichter zu verstehen, zu wissen, was in ihnen vorgehen kann, man brauchte nur die Menschen zu verstehen und all das, zu dem sie fähig sind, alles, was sich in ihren Gesichtern ausdrücken kann, Freude und Schmerz,

Trauer und Fröhlichkeit, jede Erschütterung und jede Leidenschaft. Aber nicht einmal meine Friseurlehre – der einzige Weg für mich zu meinem Ziel – konnte ich zu Ende führen, weil meine Haut die Laugen, die Fixiermittel, die Dämpfe, das Hantieren mit Cremes und Schminke nicht vertrug, weil sie überall blutige Ekzeme verursachten, so daß die Ärzte mir das verboten.

Das waren die Gedanken, die ich hatte, die ich weiterspann, bis das Flugzeug irgendwann von uns abließ. Übrigens war jeder von uns fünfen mit sich allein, mit seinen Gedanken, mit seinen Hoffnungen, Ängsten, mit seinem Hunger, seinem Durst. Jeder von uns war auf sich selbst konzentriert, jeder richtete Fragen an sich selbst, auch in den Ruhepausen. Es war eine Tatsache, die mich nachdenklich machte, auch später noch ...

Diese Ruhepausen fanden, um den Flugzeugen auszuweichen, meist am Tag statt. Manchmal war es eine Hütte, irgendwo im Dschungel, oft verfallen, nicht mehr als ein auf sechs Pfosten ruhendes Dach. Einmal waren drei Felsbrokken unsere Unterkunft, über die man ein Dach gesetzt hatte. Wir schliefen in Erdhöhlen, Erdbunkern, auf der blanken Erde, während unsere Bewacher ihre Hängematten zwischen den Bäumen aufspannten.

Ich beneidete die anderen, die schlafen konnten. Bernhard zum Beispiel, er konnte sich hinlegen, wo gerade Platz war, und schon war er eingeschlafen, selbst im Sitzen schlief er, nützte die Zeit, um Kraft zu sammeln. Für mich war es praktisch unmöglich zu schlafen. Die Moskitos verstachen mich, ich war beschäftigt damit, die Mäuse und Ratten zu verjagen. Und dann waren wir während dieser Ruhepausen eigentlich nie allein.

Woher diese Männer, Frauen und Kinder kamen, wie sie von uns erfuhren, weiß ich nicht, aber immer liefen die Leute zusammen, so als ob wir eine Spur hinterließen, einen bestimmten Geruch, der sie anzog. Sofort waren sie da, drängten sich an uns heran, bestaunten uns, gafften uns an, oft mehr als ein Dutzend. Unsere Bewacher schritten nie dagegen ein, ja, es schien, als hätten sie uns ausdrücklich zur Besichtigung freigegeben, dieses seltsame »exotische Wild«, das sie da mit sich führten. Meist kochte dann eine der Frauen für uns. Eine Feuerstelle wurde gebaut, von unten angeschürt, obendrauf kam der verrußte Topf, in dem der Reis kochte.

Es gab immer nur Reis, dazu, solange die Konserven reichten, die der eine Guerilla mit sich herumschleppte, ein bißchen Fisch. Zum Trinken gab es heißes abgekochtes Wasser aus den geleerten Fischdosen. Aber es ging mir mit dem Essen ähnlich wie mit dem Schlafen, mehr als ein paar Bissen konnte ich von dem Reis nicht herunterbringen, ich hatte nur Durst, stürzte mich auf das Wasser, so daß ich mir immer den Mund verbrannte, weil es noch viel zu heiß war.

Ich kann nicht den Tag bestimmen, an dem wir in dieses »Dschungelhotel« kamen. Es war am Ende der elf Tage, wir waren immer tiefer in die Berge gekommen, die Gegend wurde einsamer, und wir begegneten jetzt nur noch wenigen Menschen auf unserem Marsch. Und plötzlich, mitten im Dschungel, war eine sauber gefegte Lichtung, standen ein paar Hütten, Wasser war da, helles, klares Wasser, das in Bambusrohren hergeleitet wurde, es plätscherte in einen ausgehöhlten Baumstamm, und allein dieses war wie ein Traumbild. Jetzt erinnerte ich mich auch, daß wir im Dschungel einem Vietnamesen begegnet waren, der uns gesagt hatte, in drei Tagen würden wir an einen Platz *bien comfortable* kommen. Das war er also nun, der komfortable Platz, ein Dschungelhotel.

Im Grunde waren es nur zwei Wohnhütten, die eine für »Durchreisende«, die andere für den Besitzer. Als wir die Lichtung betraten, saß der vor seiner Hütte, auf den Fersen, die Hände über Kreuz, eine dicke Zigarre im Mund, aus Tabakblättern selbstgedreht. Eine Frau, die ihr Baby auf den Rücken gebunden hatte, warf den Hühnern Reisspreu hin. Der Besitzer aber saß dort, beäugte uns und verhandelte mit unseren Bewachern über den Preis.

Wir mußten richtig bezahlen, für Übernachtung, für das Essen, für alles. Man hatte schon am ersten Tag Georg Bartsch die 7000 Piaster abgenommen, die er bei sich trug. Ich hatte schon vorher beobachtet, daß unsere Bewacher davon verschiedenes bezahlt hatten: einen Führer, der uns ein Stück begleitete, einen Bauern, der uns Reis gab, die Frauen, die für uns kochten; auch die Fischkonserven waren so »gekauft« worden. Das heißt, wir lebten in diesem Dschungelhotel sozusagen auf unsere Kosten.

Wir konnten uns zum erstenmal waschen. Es gab Seife, ein Stück richtige Seife und ein Handtuch. Wir schliefen auf heilen Bambusbetten, und sogar unsere Moskitonetze waren heil, während unsere Bewacher in ihren Hängematten unter ihren abgenutzten und oftmals geflickten Moskitonetzen lagen. Natürlich gab es Reis, aber dazu einen »Salat«, das waren in feine Scheiben geschnitzelte Bananenblüten, die man einen Tag in einer Mischung aus Zwiebeln, Salz und Öl hatte ziehen lassen, und dann kam noch eine Soße darüber. Es gab einen Nachtisch, Wassermelonen, Erdnüsse, und wer rauchte, konnte sich Tabakblätter erstehen. Später, als wir dann nicht mehr auf eigene Kosten lebten, ist mir das immer wieder als unser Abschiedsessen erschienen. Und am anderen Morgen erwachten wir zum erstenmal nicht von dem »Di di mau! Di di mau!« unserer Bewacher, sondern von dem Gekreisch der Affen in den Bäumen.

In jenen 18 Stunden im Dschungelhotel – am anderen Tag kamen noch neue »Gäste« – damals habe ich zum erstenmal etwas verstanden, etwas geahnt von dieser besonderen Welt im Dschungel, der Welt der Guerillas, der Partisanen.

Ich begriff, daß hinter allem ein Plan steckte, ein System, daß diese unwegsame Dschungellandschaft in Wirklichkeit ein großes Aufmarschgebiet war. Und ich begann die Amerikaner zu verstehen, die, wie es schien, oft sinnlos ihre Bomben in den Dschungel warfen, alles beschossen, was nur so zu erklären war, daß sie einem Feind gegenüberstanden, den sie einfach nicht zu fassen kriegten, der aus dem Dschungel auftauchte, sie angriff und dann wieder verschwand, spurlos.

Nein, das war kein zielloses Umherirren von unseren Bewachern gewesen, wie es mir erschienen war, ein Verirren und Verlaufen. Jetzt fielen mir all die Dinge ein, die ich beobachtet hatte, die einzeln für sich keinen Sinn ergeben hatten. In Wirklichkeit hatte man uns nach einem genauen Plan von Stützpunkt zu Stützpunkt gebracht, an Orte, wo man sicher sein konnte, Leute anzutreffen, die einen unterstützten, mit einem sympathisierten. Niemals in den elf Tagen hatte ich so etwas wie ein Sprechgerät oder einen Funkapparat gesehen. Deshalb war es so unheimlich, so rätselhaft, wie die Verständigung dennoch vonstatten ging. Einer kannte offenbar den anderen nicht. Dennoch hingen alle irgendwie zusammen, die Bauern in einem Dorf, die plötzlich ausschwärmten, wenn wir uns einem Dorf näherten, die plötzlich mit Gewehren in der Hand auseinanderliefen, als wollten sie das Dorf absichern; die Lastenträger, die uns auf den Dschungelwegen begegnet waren, dieser Mann, der ein Fahrrad vor sich herschob, ohne Kette und Pedal, die fehlten, aber vorne und hinten war alles hoch bepackt. Alles das mußte von irgendeiner Stelle gelenkt werden, aber welcher, von wo? Das war nur zu ahnen, ich sah nur, daß Befehle ausgeführt wurden, die irgend jemand gegeben haben mußte, daß alle immer zur richtigen Zeit an der richtigen Stelle waren.

Jetzt plötzlich bekam auch etwas seinen Sinn, das ich überhaupt nicht verstanden hatte. Zweimal in den elf Tagen wechselten unsere Bewacher. Es war jedesmal eine Zeremonie, die Übergabe: Da wurde der Rucksack, in dem sich alle unsere Sachen befanden, ausgeleert, Stück für Stück in die Hand genommen, begutachtet, geprüft, auf einer Liste abgehakt und Stück für Stück wieder zurückgelegt. Bei einer dieser Übergaben fehlte etwas, es war Rikas Armbanduhr. Einer der Bewacher hatte wohl nicht widerstehen können und sie eine Zeitlang getragen, das hatten wir bemerkt, weil er jede Minute auf sein Handgelenk schaute, das im übrigen so schmal war, daß ihm das Band paßte. Dieser Bewacher nun mußte die Uhr verloren haben, jedenfalls fehlte sie, es gab eine Mordsgeschichte, und es war ein langer schriftlicher Bericht angefertigt worden, dieser eine Bewacher setzte seine Unterschrift darunter, dann erst waren sie zufrieden. Es war ein richtiger Papierkrieg gewesen, und dieser bürokratische Akt mitten im Dschungel hatte mich irgendwie beeindruckt.

Unser Marsch näherte sich übrigens dem Ende, nach dem Aufbruch aus dem Dschungelhotel, man merkte es an Verschiedenem. Wir wurden plötzlich nicht mehr gehetzt, wir schienen plötzlich viel Zeit zu haben, wir marschierten auch am Tag.
Es wurde Zeit, daß wir unser Ziel erreichten, denn meine Füße waren seit dem ersten Tag dick geschwollen, von den Steinen aufgeschlagen, von Dornen aufgerissen, dazu die Zehen ganz eitrig. Ich bekam Schüttelfrost, mir war entsetzlich kalt, so brennend heiß es auch war. Mir brach kalter Schweiß aus, ich wurde immer langsamer. Dazu kamen diese Gedanken, die einen belasteten.
Meine Füße wurden wirklich immer unmöglicher. Ich konnte kaum noch auftreten. Sie bluteten überall. Sie sahen aus, als ob sie doppelt so groß wären. Nein, sie sahen nicht nur so aus, sie waren doppelt so groß wie vorher. Die Füße hatten eine dicke Hornhaut bekommen, aber darunter war

alles entzündet, vor allem die große Zehe des rechten Fußes schmerzte rasend, klopfte, rot, dick vor Eiter. Ich bestand nur noch aus dieser Zehe und Schmerzen.

Rika hatte eine Sicherheitsnadel, die man ihr nicht abgenommen hatte – ein Versehen, denn später im Lager, da gab es eine riesige Strafpredigt für die Wachen, weil man bei Rika die Nadel und bei Bernhard die Stäbchen im Kragen seines Hemdes übersehen hatte. Sie stach mir also die Zehe auf. Der Eiter spritzte nur so heraus, es war natürlich Unsinn, denn die Wunde schmutzte danach noch mehr, aber für einen Augenblick wenigstens war der Schmerz weg. Danach geschah übrigens etwas Typisches. Einer unserer Bewacher verschwand für eine halbe Stunde, und als er wieder auftauchte, hatte er einen Mann bei sich in einem komischen kurzen, wehenden Mäntelchen in einem verschossenen Grün.

Er hatte ein Kästchen dabei, ein kleines hölzernes Köfferchen mit einem Metallgriff, und ich bekam einen Verband, den Rika mir anlegte. Er war wie ein Engel aus dem Nichts aufgetaucht, aus dem dichten Dschungel. Er betrachtete sein Werk voller Stolz, grinste mich an, deutete mit dem Finger auf sein Kästchen, dann auf seine Brust und sagte in gebrochenem Englisch: »Y Si ... medic first class ... me!« Er sei also ein Y Si, ein Hilfsarzt, Pharmazeut Erster Klasse. Ich sollte dem Y Si nicht das letztemal begegnen, aber jetzt packte er seine Sachen zusammen und verschwand wieder im Eilschritt, mit diesem komischen wehenden Mantel.

Ich lief mit verbundenen Füßen weiter. Es ging besser, für ein paar Stunden, dann waren die Schmerzen so schlimm wie zuvor. Es dunkelte schnell. Ich sehnte mich nach unserem Ziel, ich hätte wissen müssen, daß das, was uns erwartete, nicht besser sein würde.

Es ging noch langsamer voran, mit Pausen, und später habe ich mir überlegt, diese letzten drei Bewacher, die wir hatten, die haben das so gewollt, so eingerichtet, daß wir erst bei vollständiger Dunkelheit am 11. Tag unser Ziel erreichten, als wollten sie uns den Anblick unseres Gefängnisses bei Tag ersparen.

Plötzlich waren vor uns Lichter. Gestalten mit glimmenden Holzscheiten, flackernden Fackeln, dazwischen ein kleines Petroleumlämpchen. Diese Lichter kamen auf uns zu.

Wir sind plötzlich von vielen Gestalten umgeben. Wir müssen uns aufstellen, in einer Reihe. Wir werden angeschrien, ein irres Gebrüll ist um uns herum, man glaubt, auf einem Kasernenhof zu sein. Wenn ein Windstoß die Fackeln heller aufleuchten läßt, kann ich erkennen, daß wir von Soldaten umgeben sind, sie halten die Gewehre im Anschlag.

Es beginnt die Übergabezeremonie. Aber ich sehe im Grunde nur eines, was ich soeben entdeckt habe, ein Bambustor, vor uns, der Eingang zum Lager. Wir sind in unserem Lager angekommen, dem ersten von vielen, aber das weiß ich in diesem Augenblick nicht, ich sehe nur das Tor, durch das wir sicher gleich hindurch müssen. Dann spüre ich noch etwas anderes. Jemand hat meine Hand genommen. Es kann nur einer unserer Bewacher sein, die hinter uns stehen, einer von den dreien. Er greift nach meiner Hand, drückt sie für Sekunden, läßt sie wieder los, und als ich mich umsehe, ist er schon verschwunden.

Er kann vieles bedeuten, dieser Händedruck, denke ich. Sympathie, Bedauern, vielleicht auch Erleichterung: Ich bin die Verantwortung los, ich habe euch gut überbracht, ich kehre in meinen Dschungel zurück, in die Welt, die ich kenne.

Die vor uns schreien. Sie deuten mit den Gewehrmündungen auf den Weg. Dann gehen wir durch das Tor ...

Give me... Give me...

M. S.

Diesmal weckte uns eine Trillerpfeife, gegen 5 Uhr. Dabei
war ich froh, daß der Tag kam. Man hatte uns am Abend
zuvor zu einer Hütte geführt, uns drei Decken nachgewor-
fen, und wir hatten entsetzlich gefroren auf der Bambus-
liege. Das Lager lag in den Bergen, und die Nächte waren
kalt.

Aber die Nacht, die Dunkelheit, hatte wenigstens den Zustand der Holzhütte vor uns verborgen, jetzt sah man den
Schmutz, den Dreck, die schiefen Wände. Unsere Hütte war
in drei Räume eingeteilt, wir lagen im mittleren, in den beiden anderen mußten sich auch Gefangene befinden. Wir
hatten sie in der Nacht gehört.

Daß es wirklich Gefangene wie wir waren, sahen wir, als
wir hinaustreten mußten zum Frühsport, dazu hatte uns die
Trillerpfeife gerufen. Es waren ausgemergelte Gestalten, in
schwarzen Pyjamas, Soldaten der ARVN, also der Armee
von Saigon. Sie beachteten uns »Neue« nicht, sie sahen
durch uns hindurch, sie interessierte nichts; vielleicht wurde
man so, nach drei vier Jahren Lager, denn so lange waren
sie schon in Gefangenschaft.

Der Frühsport war vorgeschrieben, ein Muß, Befehl, und so
standen wir um 5 Uhr draußen in dem erwachenden Tag –
es ist dann sehr laut im Dschungel, die Tiere erwachen, die

Vögel singen, die Affen machen einen ohrenbetäubenden Lärm – und die Trillerpfeife übertönte alles: Knie beugt. Auf, ab. Auf, ab. Auf, ab. Laufen auf der Stelle. Dann ging es »Frühstücken«, zu der Küche, über der eine dünne Rauchfahne stand. Danach verließen die gefangenen Vietnamesen das Lager, um draußen auf den Feldern zu arbeiten. Wenn sie von amerikanischen Flugzeugen beschossen wurden, machte das gar nichts.

Als sie dieses Lager verließen, sah ich das Tor zu unserem Gefängnis, daß mir am Abend zuvor in der Dunkelheit einen solchen Schrecken eingejagt hatte. Ich traute meinen Augen nicht: Zwei Pfosten, dazwischen hingen zwei große Bambustürflügel, aber das war alles, kein Zaun, der weiterging, nur dieses Tor, das da für sich allein stand, es wurde geöffnet, schloß sich wieder hinter den Gefangenen, ein Tor für sich allein. Ich spürte einen Lachreiz. Ich dachte, gleich bekommst du einen hysterischen Lachanfall.

Aber es war doch nicht so sinnlos, dieses Tor, wie ich gedacht hatte. Es gab zwar keinen Zaun um das Lager, aber gleich neben dem Tor begann eine »sinnvolle« Einrichtung, die ich zuerst übersehen hatte: um das Lager lief ein Gürtel von Bambusspitzen. Dieser Gürtel war nur zehn Zentimeter hoch, nur zehn Zentimeter ragten diese Bambusspitzen aus dem Boden, eine neben der anderen, eisenharte Spitzen, ein richtiger Bambusspitzenteppich. Er war nur drei Meter breit, aber sie rechneten wohl damit, daß dies für die entkräfteten Gefangenen bereits ein zu weiter Sprung war, außerdem begann hinter dem Gürtel der dichte Dschungel.

Dies war also nun unser erstes Lager. Wir haben allen anderen später Namen gegeben, oder sie hatten sie bereits, Lager der Amerikaner, das Lager Bao Cao, Lager 77, das Mountain Village; dieses erste war und blieb einfach Camp I. Wir sagten nicht Lager, sondern Camp; Camp Bao Cao, Camp Seventy-Seven, amerikanische Bezeichnungen also. Es war eine Welt von fremden Lauten, in die wir geraten waren, fremden Worten; als Bernhard später die Grabrede für Rika hielt, tat er es in Englisch; Deutsch, die Muttersprache, sie wurde immer weiter zurückgedrängt.

Dies war also das Camp I, vielleicht auch, weil wir uns in ihm am kürzesten aufhielten; nur drei Tage die anderen, Marie-Luise Kerber und ich vierzehn Tage. Aber die Erinnerung an diese Tage ist bitter.

Es war kein großes Lager. Drei Hütten für die Gefangenen. Zwei Hütten für die Wachen. Die Küche, Schweine- und Hühnerstall und ein Vortragssaal. Es lag am Rande des Dschungels, und es gab dort nur etwa zwanzig gefangene Vietnamesen, aber das war in allen diesen Camps im Dschungel so, sie hielten diese Lager klein, damit sie jederzeit sofort geräumt und verlegt werden konnten, dafür aber muß es unzählige davon gegeben haben. Man machte sich im übrigen nicht viel Mühe mit der Bewachung. Es gab diesen Bambusgürtel, und abends nahm man allen Gefangenen die Schuhe weg, das war im Grunde alles.

Gleich in den ersten Morgenstunden führte man uns fünf zum Verhör. Man hatte uns zwar alle Sachen abgenommen, aber bisher hatte man uns weder nach den Namen gefragt oder sonst Fragen gestellt. Später gab es viele, endlose Verhöre – eines davon dauerte sechs Tage –, aber dieses erste war das kürzeste und kurioseste.

Der Campleiter war anwesend, drei Wachen. Einer der gefangenen Vietnamesen, sein Name war Tat, der angeblich sehr gut englisch sprach, sollte übersetzen, einer der Wachen Protokoll führen. Tat also erklärte uns, was sie alles wissen wollten, zuerst einmal Namen, Personalien, Name des Vaters, Name der Mutter, Ausbildung ... Aber sie kamen bei diesem Verhör nie über die Namen hinaus. Bernhard mußte als erster vortreten, und schon bei seiner ersten Antwort sahen sie sich zuerst verblüfft an und brachen dann in ein irres Gelächter aus.

Das Ganze ging so. *Bernhard, Johannes Maria ...* großes Ge-

lächter. *Banhat,* äffte einer nach, *Banhat, Banhat, Banhat* ...
Diehl ... sie warfen sich grinsende Blicke zu. Geschrieben
wurde nicht. *Monika* ... diese erwachsenen Männer kicher-
ten ... *Schwinn* ... einen Moment verblüfftes Schweigen,
dann bedeutete der Campleiter seinem Protokollführer, das
sofort festzuhalten: *Swin, Swin, Swin* ... Der nächste trat
vor. *Georg* ... sie hielten den Atem an ... *Bartsch* ... es hielt
sie nicht mehr an ihren Plätzen, sie hüpften herum, schlugen
sich lachend auf die Schenkel. *Marie-Luise* ... sie lachten
noch immer über den letzten Namen. *Kerber* ... sie konnten
sich noch immer nicht beruhigen ... *Hindrika* ... es ging
wieder los, das Nachäffen, *Dri ka, Dri ka, Dri ka* ... *Kortmann.* Da saßen sie vor uns, amüsierten sich und beließen es
dabei. Sie brachen das Verhör ab, wir konnten zurückgehen
in unsere Hütte. Sie holten uns danach auch nicht zu den
Vorträgen, die fast an jedem Abend für die vietnamesischen Gefangenen gehalten wurden.
Es gab dafür einen regelrechten Vortragssaal, jedenfalls war
es die beste aller Hütten, vorne offen, an der Stirnseite ein
Rednerpult, eine Tafel und Reihen schmaler Balken, auf
denen die Gefangenen saßen und diese endlosen Propa-
gandareden über sich ergehen lassen mußten, oft zwei drei
Stunden lang, und das nach einem Tag harter Arbeit. Wir
alle waren schlecht dran, nach diesem Marsch durch den
Dschungel, hatten Fieber oder Kopfschmerzen – die ersten
Anzeichen einer beginnenden Malaria – aber das vergaß
man, wenn man diese gefangenen Vietnamesen sah, ausgemergelte Gestalten, zum Teil drei vier Jahre in Gefangenschaft, verhungert.
Hunger, davon bekam ich zum erstenmal in diesem Lager
einen Begriff. Wir bekamen unser »Frühstück« nach dem
Frühsport zusammen mit den Südvietnamesen in jener
Küche des Lagers. Das war eine Hütte, halb in die Erde gebaut, eine Feuerstelle, an der gekocht wurde, mehr ein Erdloch ohne Fenster, ein paar schiefe Regale aus Baumstäm-

men, darauf ein paar verrußte Aluminiumtöpfe, und die kleinen Plastikschälchen, aus denen es Reis gab, dazu eine undefinierbare Soße, die manchmal nach Fisch, manchmal nach Maggi schmeckte.

Neben der Küche lag ein kleiner Eßraum, drei Tischreihen, so schmal, daß gerade das Schälchen darauf Platz hatte, Balken zum Sitzen, und dort gab es den Reis, dreimal am Tag, das war das Frühstück, Mittag- und Abendessen, sonst nichts. Als ich das erstemal dort vor meinem Schälchen saß, spürte ich diesen Blick in meinem Rücken. Als ich mich umwandte, stand einer der vietnamesischen Gefangenen hinter mir, er hatte sein Schälchen Reis schon hinuntergeschlungen und starrte auf meine noch volle Schale. Der Hunger stand in seinen Augen, Gier. Er sagte nichts, aber er brauchte auch gar nicht auszusprechen, was er dachte, es stand ihm im Gesicht geschrieben: Iß nicht soviel! Das ist sowieso eine zu große Portion für dich! Er machte keinen Versuch zu bitten, aber als ich dann aufstand, ich konnte unter diesem Blick nicht anders, da stürzte er sich auf die Schale, riß sie an sich und schlang meine Portion auch hinunter.

Essen und Hunger, das spielte in den vier Jahren unserer Gefangenschaft eine große Rolle. Ich weiß nicht, ob man das in Worten überhaupt beschreiben kann, ob dieses Wort, so dahingeschrieben, überhaupt jemandem etwas bedeutet: Hunger! Damals, in Camp I, hab' ich zum erstenmal eine Ahnung davon bekommen, was es heißen kann; mir ist da ein Bild in Erinnerung, das mich in meinem Leben nie mehr loslassen wird.

In unserer Hütte gab es zwei Trennwände, die unseren Teil von dem der anderen Gefangenen abteilte. Dort mußte auch ein arbeitsunfähiger, kranker Vietnamese liegen; zu Gesicht bekommen habe ich ihn nie, ich hörte nur immer sein Gemurmel und sein Stöhnen. Ich war damals schon mit Marie-Luise allein. Sie hatte einen schweren Malaria-Anfall, ich pflegte sie, und das Essen wurde uns in die Hütte gebracht.

Wir bekamen weiter unseren Reis, aber einmal brachte man uns eine Frucht, eine süße Kürbisart. Marie-Luise aß davon, den Rest hob ich für sie auf. Aber der war plötzlich verschwunden. Wir bekamen zwei Bananen. Schon vorsichtiger, versteckte ich die zweite unter Marie-Luises Strohhut. Aber auch die verschwand spurlos.

Eines Abends sah ich dann die Hand. Der gefangene Vietnamese von nebenan hatte ein Loch in die Bambuswand gebohrt, und da kam plötzlich diese Hand hindurch und tastete herum; so mußte er also die Sache gestohlen haben. Ich stellte das Essen auf die andere Seite, aber die Hand kam trotzdem durch das Loch. Jedesmal, wenn sie uns das Essen brachten, dann wurde die Hand sichtbar, und dabei flehte er zu uns herüber: »Give me! Give me ...!«

Es war damals schon schwer, Marie-Luise zum Essen zu bewegen. Sie wollte nicht mehr essen. Vielleicht hatte der Gefangene das mitbekommen. Wenn ich also dort vor Marie-Luise kniete und sie beschwor zu essen, dann sah ich immer gleichzeitig diese Hand, die da nach dem Schälchen Reis griff, die immer länger wurde. Es war fürchterlich. Hier Marie-Luise, die nicht essen wollte, die immer mehr verfiel, und dort der Gefangene, der immer »Give me! Give me!« rief. Ich selbst konnte kaum noch essen, jeder Bissen blieb mir im Halse stecken. Ich hab' dann ein paar Löffel Reis hinuntergewürgt und den Rest in die offene Hand gelegt. Aber je mehr ich ihm gab, um so schlimmer wurde es, er kannte in seiner Gier keine Grenzen mehr ... immer war die Hand da, und immer flehte er.

Essen und Hunger – das wurde ein Teil unseres Lebens, und ein wichtiger. Die Schale Reis, sie teilte die endlosen Tage; später, in der Einzelhaft, war es die einzige Möglichkeit, einen Menschen zu sehen; dreimal kamen die Schritte, dreimal öffnete sich wenigstens die Zellentür. Essen und Hunger beherrschten unsere Gespräche. Es war erniedrigend, und oft die einzige Gelegenheit, zu träumen, die Lagermauern aufzubrechen.

Im Camp II, dem Camp der Amerikaner, gab es in unserer Hütte auch so eine Trennwand. Bernhard und ich, wir saßen dann oft stundenlang dort, Rücken an Rücken, zwischen uns diese wacklige Wand, und haben ganze Menüs entworfen, haben über Rezepte gesprochen. Ich konnte mich da richtig hineinsteigern, in die Gerichte hineindenken. »So, und nun nehmen wir noch ein Ei dazu, damit es wirklich gut wird«, und ich sah das goldgelbe Dotter dort schwimmen in dem herrlichen grünlichen Eiweiß. Das ging oft stundenlang so, bis Bernhard es dann nicht mehr aushielt, bis er aufschrie, laut protestierte: »Verdammt nochmal, hör auf! Ich kann es nicht mehr ertragen. Dieser Stumpfsinn! Können wir denn von nichts anderem reden!« Dann schwiegen wir, aber es dauerte nicht lange, bis Bernhard dann sagte: »Wie geht das weiter, du hast diese fünf Eier dran getan, und dann?«

Jeder von uns hatte seine Spezialitäten. Marie-Luise Kerber sprach immer von den guten Schnitzeln – ihre Mutter stammte aus Wien und mußte eine herrliche Köchin sein. Georg sprach von den Weinbergschnecken, die sein Vater selber an den Hängen des Mains suchte und dann mit einer besonderen Kräuterbutter zubereitete. Rika von den Sahnetörtchen und dem guten Tee ihrer Mutter. Ich erzählte von den Tauben, die meine Cousine machte.

Ich träumte von Essen, und immer handelten die Träume von einer Frau, die Gut hieß, einer Freundin meiner Mutter, einer Kriegerwitwe, die wirklich diesen Namen trug. Immer war es Frau Gut, die dann des Nachts bei mir erschien. Ich weiß noch genau, wie sie das erstemal in der Hütte am Fuße meines Lagers stand. Sie hatte einen Regenmantel an, ein Kopftuch umgebunden und ein dickes braunes Paket in der Hand. Ich versuchte mich aufzurichten und fragte: »Aber, Frau Gut, wie kommen Sie denn hierher?« – »Na, wie wohl«, sagte sie, »ich wollte dich finden, und ich hab' dich gefunden. Ich bring' dir etwas, was du jetzt brauchst.« Dann packte sie einen großen Kuchen aus, er steckte in dem braunen Packpapier; und sie stand wirklich da, es wunderte mich gar nicht, sie war immer eine Frau gewesen, die das, was sie sich vorgenommen hatte, auch ausführte, und wie recht sie hatte, daß wir einen solchen Kuchen gut brauchen konnten!

In einem anderen Traum wurde ich immer zum Verhör geführt. Es waren verschiedene Räume, verschiedene Befrager. Aber immer, wenn ich dort hineingeführt wurde, sah ich auf einem Tisch im Hintergrund eine große Schale mit Aprikosen stehen. Sie verhörten mich, ich antwortete, aber ich wußte gar nicht, was ich sagte, ich sah immer nur zu dieser Schale hin, in der die schönsten Aprikosen lagen, mindestens fünf Kilogramm; ich versuchte, das immer abzuschätzen, wie viele es wohl sein mochten.

Aber ich konnte auch im Wachen träumen, es war eine richtige Methode, die ich entwickelt hatte. Das ging dann so: Vor mir stand der Reis, dieser Salzwasserreis, den ich nie mochte, und Bernhard sagte: »Du mußt essen!« – »Ich kann nicht essen!« – »Du mußt essen!« Dann starrte ich auf den Reis, hypnotisierte ihn förmlich und fing an zu murmeln: »Aber, was ist das? Wirklich, heute ist der Reis aber ganz anders! Wo haben sie nur den Zucker und die Vanille her? Nein, wirklich, einen so guten Reis haben sie uns noch nie gegeben, ein bißchen zu süß vielleicht, da ist dem Koch wohl der Zuckertopf ausgerutscht.« Dann fing ich an zu essen, während Bernhard mich anstarrte, als sei ich irre, ein paar Löffel aß ich von dem süßen Reis, dann ließ die Illusion nach, und ich mußte mich erbrechen.

Dieser Reis, dieser verkochte Wasserreis, der war immer das Schlimmste für mich. Und dabei gab es eigentlich nichts anderes. Reis mit Maggisoße. Reis mit Fischsoße. Reis mit Sojabohnensoße. Reis.

Solange wir in den Dschungel-Camps gefangengehalten wurden, bestand unsere Hauptnahrung aus einer Art Kartoffel, Maniok, eine Wurzel, die die Montagnards, die Bergbauern des Dschungels, auf gerodeten Waldstücken anbauen. Sie haben eine lilarote Schale, ein Fruchtfleisch, das viel weißer ist als das der Kartoffel. Ich habe sie wochenlang geschält, für ein ganzes Lager, es schmeckte wie gefrorene Kartoffel, klebte am Gaumen, so daß wir dieses Essen »Gummi« tauften. Das also war unsere Nahrung: Maniok, Maggisoße und rationierter Reis.

Es gab Ausnahmen. Es gab Bananen. Wir bekamen in einem Camp Erdnüsse, in Salz und Pfeffer geröstet, es war herrlich. Einmal, nach dreizehn Monaten, bekamen wir das erste Stück ... *Brot!* Und das war dann voller brauner Käfer. Ich guckte es nur an, wie es da vor mir lag. Und dann waren da natürlich die Festtage. Weihnachten, der Nationalfeiertag der Nordvietnamesen am 2. September, das Tetfest. Wochenlang vorher hieß es dann schon immer, das ging durch das ganze Lager oder von Zelle zu Zelle, wurde von unseren Wärtern verbreitet: Freut euch, der Nationalfeiertag steht vor der Tür, dann gibt es besseres Essen. Am Vorabend des ersten Nationalfeiertages, den ich erlebte, flüsterte mir der Wärter das Wort *Tit*, Fleisch, zu. Ich bekam einen dicken, gebratenen Fleischbrocken. So lag er da vor mir auf dem Teller. Er war wirklich schön gebraten, dieser Gelenkknochen, aber Fleisch war nicht mehr dran.

In einem der Lager im Norden liefen zwei Hunde herum, ein braungelber, ein richtig frecher Köter, der jeden anbellte, knurrend die Zähne fletschte, und ein schwarzer, der vollkommen verängstigt war, sich duckte, den Schwanz einzog. Und was ich typisch fand für die Vietnamesen, den braungelben Hund ließen die Wärter in Ruhe, den schwarzen stichelten und schlugen sie, wo sie nur konnten, traten mit den Füßen nach ihm, so wie sie es mit den Menschen machten: Wer sich duckt, der wird noch geschlagen. Der Braungelbe überlebte, den Schwarzen gab es für die Gefangenen zum Tetfest. Am letzten Heiligabend wurde ich zu Bernhard in die Zelle gelassen. Zwei dampfende Teller standen dort, unser Festessen, es roch nach Gewürzen, und, vor allen Dingen, es duftete nach Kaninchen. Ich griff nach meinem Löffel, und dann sah ich das Kaninchenauge, das mich aus meinem Teller anstarrte. Es war nicht das einzige Mal, das fand man immer in den Festessen: das Auge von einem Huhn, ein richtiger schöner Hahnenkamm, ausgekochte Därme. Das schönste Weihnachten war, als ich Bernhard einmal beschenken konnte, mit Bonbons und Zucker, den ich in einem Beutel gesammelt hatte.

Aber das waren die Festtage, die Ausnahmen. Der Alltag hieß Maniok, Maggisoße, Reis. Ich verlor an Gewicht, vor allem, mir fielen die Haare aus, bis ich fast kahl war. Die Haare, die mir dann langsam nachwuchsen, waren nicht mehr dunkel, es war ein brauner Flaum. Ich hatte das schon bei den vietnamesischen Kindern auf unserer Station in Da Nang beobachtet: Die hochgradig unterernährten Kinder hatten alle braune Haare im Gegensatz zu den tief blauschwarzen Haaren der anderen.

Damals, als mir die Haare ausgefallen waren, im Camp in den Bergen, begann ich zu stehlen; auch später, im Norden, habe ich gestohlen, was ich bekommen konnte. Ich habe mich in diesem Camp in den Bergen zur Küchenarbeit gemeldet. Viel gab es dort nicht zu holen, ein paar Erdnüsse, ein paar Fische, einen Wasserkürbis. Ich stahl selbst Reis damals, den gehaßten Reis, den wir dann nachts heimlich auf einem Blechteller rösteten; es war Winter, und wir durften ein Feuer unterhalten. Wenn ich den Hof in diesem Camp kehrte, habe ich immer wieder in die Hühnerlegeplätze gegriffen, aber vergebens, sie wurden immer schon in aller Frühe von den Wachen geleert. Aber dann habe ich ein einzelnes Huhn bemerkt, das sich nicht an die Campordnung hielt, es legte seine Eier in die Spreu, die zurückblieb, wenn sie den Reis ausschlugen und siebten.

Tage- und nächtelang ließ ich das Huhn nicht mehr aus den

Augen. Ich hab' mir den Kopf zerbrochen: Wie kommst du an die Eier. Am Tag war dies unmöglich; das Huhn saß nur wenige Meter weg von der Hütte des Campleiters. Ich mußte es also nachts versuchen. Es waren helle Vollmondnächte, und ich lag dort auf der Lauer und überlegte, was ziehst du nun an, die helle oder die dunkle Jacke, was ist besser? Ich entschied mich für die dunkle, und dann bin ich 'raus, kroch auf allen Vieren über den Hof. Ich mußte an dem Hühnerstall vorbei. Die anderen Hühner wurden plötzlich lebendig, die spürten das wohl, das ist ein Fremder, sie fingen an zu gackern und sprangen hin und her. Ich pirschte mich weiter, flach auf dem Bauch. Da ging eine Tür auf, Lichtschein fiel nach draußen, einer der Vietnamesen trat heraus ..., aber dann ging er nur zur Latrine und wieder zurück. Dann war ich schließlich bei dem Nest, und ich dachte, wenn dieses Biest jetzt nichts gelegt hat! Mit geschlossenen Augen griff ich in das Nest ... und fand sechs Eier! Aber dann dachte ich, ist das vielleicht eine Falle, die sie dir stellen? Oder hat man sie zum Brüten da hineingelegt? Ich habe nur gewagt, zwei von den Eiern zu nehmen, eines für Bernhard, eines für mich. Wir haben sie dann in der Glut des Feuers gekocht und haben sie gegessen, sogar die Schalen ...

Nur eines habe ich nie getan, in den ganzen vier Jahren nicht: Nie habe ich etwas angenommen, wenn man es mir durch ein Gitter reichen wollte! Sie versuchten das immer wieder, nicht die Zellentür aufzusperren, sondern die Sachen durch das Gitter hereinzureichen. Nie habe ich das genommen, es hätte sein können, was es wollte, das herrlichste Essen, ich habe mich einfach abgewandt und gedacht, so weit bringt ihr mich nicht, daß ich mich wie ein Tier durch ein Gitter füttern lasse.

Vielleicht hing es einfach mit jenem Erlebnis in Camp I zusammen. In all den Jahren, wenn es besonders schlimm war, wenn der Hunger einen rasend machte, der Durst vor allem,

wenn man sich am liebsten auf die Knie geworfen und ge-
bettelt hätte, nach Wasser geschrien, dann habe ich nur an
den vietnamesischen Gefangenen denken müssen, an die
Hand, die da durch das Bambusgeflecht kam, an die Stimme,
die »Give me! Give me!« flehte ...

Der Y Si

M. S.

Einer der Wachsoldaten in der olivgrünen Uniform hatte die Petroleumlampe an die Wand der Bambushütte gehängt. Es war eine jämmerliche Lampe mit einem kümmerlichen, zuckenden Licht, das uns schon am ersten Abend durch das Lager I zu unserer Hütte begleitet hatte. Aber für die Vietkongs war sie wohl eine Kostbarkeit, denn man nahm sie immer gleich wieder weg, wenn sie ihren Zweck erfüllt hatte. Der Wachsoldat, der sie gebracht hatte, ließ sie nicht aus den Augen.

Das zuckende, flackernde Flämmchen wirkte auf mich eher erschreckend. Es tanzte auf den Wänden, es zeigte das dunkle, verrußte Bambusholz, es zeigte den Schmutz, es machte die Gesichter braun, so daß selbst Marie-Luise jetzt aussah wie eine von ihnen, eine Vietnamesin.

Sie lag auf der Pritsche, mit hohem Fieber, Schüttelfrost, allen Anzeichen einer schweren Malaria, und vor ihr kniete der Y Si und wühlte in seinem Kästchen herum. Es war der gleiche Vietnamese, der damals aufgetaucht war und mir den Verband angelegt hatte und der sich vorgestellt hatte: Ich, Y Si, Pharmazeut Erster Klasse. Er trug auch jetzt wieder diesen olivgrünen Mantel aus Fallschirmseide, dreiviertellang, der um ihn herumflatterte; man hat mir gesagt, sie alle trügen solche Mäntel auf ihren Wegen durch den

Dschungel, eine Art Tarnhemd wegen der Flieger. Y Si, es bedeutet soviel wie »halber Arzt«, Hilfsarzt also, es entspricht jedoch in keiner Weise dem Assistenzarzt im europäischen Sinne. Die Y Sis haben eine Ausbildung von zwei Jahren, danach bekommen sie ein Diplom, eine staatliche Anerkennung; »unser« Y Si hat es mir später sogar gezeigt. Jeder Y Si betreut einen Bezirk, während es in jedem Dorf einen sogenannten Y Ta gibt, einen Pfleger, der eine dreimonatige Ausbildung hat. Ein vollausgebildeter Arzt ist ein Bac Si.

Jetzt jedenfalls kniete der Y Si ziemlich ratlos vor Marie-Luises Lager. Er hatte sein Kästchen geöffnet, und auch ihn schien das zuckende Flämmchen eher zu stören. Wirklich lag in dem Kästchen alles kunterbunt durcheinander, Tabletten und Fläschchen ohne Aufschriften. Was er Marie-Luise davon verabreichte, war beim besten Willen nicht auszumachen; es schien mir, als griffe er wahllos in das Kästchen hinein. Aber wenigstens war er da, hatte man ihn wirklich gerufen, denn Marie-Luise ging es schlecht, das sah man auch ohne Licht ...

Es war am Morgen des vierten Tages in Camp I geschehen. Bernhard, Georg und Marie-Luise hatten schon vorher Fieber gehabt, ziemlich hoch, aber an diesem Morgen sollte es weitergehen, in das andere Lager, das, wie man uns gesagt hatte, viel besser sein sollte. Wir trugen zu diesem Marsch wieder unsere Malteserkleidung; die schwarzen Pyjamas, die wir zuvor im Lager tragen mußten, hatten wir am Abend zuvor am Fluß waschen und abgeben müssen, sie gehörten zum Inventar des Camps.

Die Trillerpfeife hatte uns geweckt, wir hatten unser Reisfrühstück bekommen, unsere Sachen waren in den Rucksack verstaut worden, und wir standen zum Abmarsch bereit, da sagte Marie-Luise, die neben mir stand, auf einmal: »Ich kann nicht mehr stehen.« Und schon sackte sie in die Knie, ich konnte sie gerade noch auffangen. Sie war schneeweiß im Gesicht, fieberte, und es war klar, daß sie nicht mit auf diesen Marsch gehen konnte.

Dann ging das Verhandeln mit den Vietkongs los, vielleicht eine halbe Stunde. Sie bestanden darauf, daß wir das Lager verließen. Marie-Luise könnten wir zurücklassen. Endlich gestattete der Lagerchef, daß einer bei ihr bleiben dürfe. So bin ich dann bei ihr geblieben. Ich hab' sie unter den Arm genommen und bin mit ihr zurück in die Hütte gegangen, stützte sie, daß sie nicht über die Wurzeln, die es da überall gab, stolperte. Bevor ich durch die Tür ging, habe ich noch einmal zurückgeblickt. Ich sah, daß die anderen noch vor dem Bambustor standen und daß man Anstalten machte, sie zu fesseln und wegzuführen. Das war das letzte Bild, das ich von ihnen hatte. Ich hatte das ungute Gefühl: Nun hat man uns getrennt. Ob wir wohl wieder zusammenkommen? Werden sie uns vielleicht für immer trennen? War das ihre Absicht, daß niemand mehr vom anderen weiß? Ich hatte Angst davor.

In der Hütte war es dunkel. Der Y Si war gegangen, die Wache hatte die Lampe mitgenommen. Ich wußte nicht, was der Y Si ihr gegeben hatte, wann er wiederkommen würde, ob er überhaupt wiederkommen würde.

Marie-Luise schlief. Sie war total erschöpft und ganz weiß im Gesicht. Die Augen geschlossen. Ich deckte sie zu. Vor der Pritsche, zu ihren Füßen, standen ihre Schuhe, sie hatte von uns allen die besten Schuhe, rote Leinenschuhe. Sie trug ihr graues Malteserkleid. Die Dinge, die sie bei sich gehabt hatte, vor allem ihr kleines grünes Täschchen, das steckte in dem Rucksack, und den hatten die anderen mitgenommen, niemand hatte daran gedacht, ihre Sachen noch herauszugeben. Das einzige, was sie noch besaß außer den Schuhen, war ihre Brille und ein vietnamesischer Strohhut, das war alles, was sie hatte.

In den nächsten Tagen stieg das Fieber bei Marie-Luise

immer höher. Ihr Atem ging schwer. Vor der Küche stand ein ausgehöhlter Baumstamm mit Wasser. Von dort holte ich Wasser und machte ihr Umschläge, Wadenwickel, um das Fieber herunterzubringen. Ich mußte sie oft umziehen, zwei-, dreimal am Tag und mindestens einmal in der Nacht, weil sie so stark schwitzte. Zum Glück hatten sie uns die schwarzen Pyjamas zurückgegeben.

Marie-Luise aß kaum, hatte nur Durst. Ich war also immer beschäftigt mit Umschlägemachen, Umziehen und mit dem Waschen der Kleider. Es gab einen Fluß, ganz in der Nähe des Lagers, dort konnte ich hingehen, in Begleitung eines Wachpostens. Diese Stelle am Bach lag frei, ungeschützt vor den Fliegern, den Hubschraubern und Aufklärern, deshalb mußte man dort immer besonders vorsichtig sein. Die gewaschenen Sachen hängte ich dann an den Bäumen bei unserer Hütte auf. Dort trockneten sie nicht so gut, aber sie in die Sonne zu hängen, das war viel zu gefährlich wegen der Flieger, die hellen Flecken hätten uns verraten können, sie wären sofort mit ihren Bomben gekommen; das hatte ich schon gelernt, niemand brauchte mir das mehr zu sagen, das war mir schon in Fleisch und Blut übergegangen.

Marie-Luise aß immer weniger. Sie verlangte nur zu trinken. Man gab uns jeden Morgen eine Feldflasche mit abgekochtem Wasser, die mußte für den ganzen Tag reichen, auch wenn sie morgens um 10 Uhr schon leer war. Die Campregeln sagten, eine Feldflasche am Tag für den Gefangenen, und die Campregeln standen über allem.

In der Hütte wurde es auch am Tag kaum hell. Es sind Hütten mit geflochtenen Wänden, mit einem Dach, das sich ziemlich weit nach unten zur Erde zieht, und so herrschte immer nur eine Art Dämmerlicht. War Marie-Luise wach, so bat sie mich immer, ich solle sie unterhalten, ich sollte ihr Geschichten erzählen, und es sollten immer lustige sein. Ich versuchte es. Sie war nun mal die Jüngste. Sie war neunzehn Jahre alt. Sie war noch sehr jung.

»Ich war bei den Pfadfindern, wir haben viele Fahrten gemacht, nach Italien, nach Griechenland.«

»War es lustig in Griechenland?«

»Nein, eigentlich nicht lustig.«

»Hast du denn gar keine lustigen Geschichten erlebt?«

»Wir hatten eine Lehrerin, die wir nicht mochten. Sie hat uns einmal zu sich in ihre Wohnung geschickt, wir sollten etwas holen, sie gab uns die Schlüssel. Auf ihrem Schreibtisch lagen die Hefte von unserem letzten Deutschaufsatz. Wir haben überall einen Einser hineingeschrieben, mit der roten Tinte, die dort stand.«

Da erschien ein Lächeln auf ihrem Gesicht, aber ich kannte nicht viele solcher Geschichten. So habe ich dann angefangen, Geschichten zu erfinden. Das war gar nicht so einfach, aber ich habe erzählt, ich habe Dinge erfunden, so wie der Lügenbaron, der sich an seinem eigenen Zopf aus dem Sumpf zog; es war ein richtiges Aus-dem-Sumpf-Ziehen, ich merkte es, sie hing an meinen Lippen, sie hat sich daran festgehalten, an meinen Worten, an meinen Lügengeschichten, in denen es immer lustig zuging, in denen immer alles ein glückliches Ende hatte. Nur einmal, am Ende einer solchen Geschichte, da sagte sie: »Man darf das Glück nie beim Namen nennen«, aber ich wußte da nicht so recht, was sie damit meinte.

Die folgenden Tage verliefen ziemlich gleich. Nur mit dem Unterschied, daß Marie-Luise immer schwächer wurde. Der Y Si kam ein paarmal, immer eilig, mit seinem Kästchen, in dem er herumwühlte. Die Mittel halfen nicht, Marie-Luise glitt in eine Art Dämmerzustand.

Umziehen, Kleider waschen, Geschichten erfinden. Zwischendurch setzte ich mich schon mal vor die Hütte hinaus. Meine Beine waren voller Geschwüre durch Kratzer, Blutegelbisse, Moskitostiche. Das entzündete sich, die Wunden eiterten, besonders die Zehe war immer noch schlimm.

Ich weiß nicht, an welchem Tag das Fieber so hoch stieg, daß Marie-Luise anfing zu phantasieren. Sie sah irgendwelche Menschen. Einmal, als ich nur kurz hinaustrat vor die Hütte und wieder zurückkam, sah sie mich mit großen Augen an und sagte: »Jetzt ist alles gut, es war gerade der Arzt da.« Ich sah mich um. »Es war doch kein Arzt hier.« Aber sie ließ sich nicht beirren. »Du mußt ihn verpaßt haben. Er hat mich gründlich untersucht. Ich komme in ein Krankenhaus, er hat es mir versprochen.«

In dieser Nacht mußte ich sie zum erstenmal auf dem Rükken zur Toilette tragen, weil sie nicht mehr allein aufstehen konnte. Ich bin in die Hocke gegangen, habe sie auf den Rücken gezogen, habe selbst einen Stock suchen müssen, weil ich eigentlich nicht mehr die Kraft hatte, sie zu tragen. Es war nun schon der Anfang der dritten Woche, ich hatte kaum Schlaf gefunden, und ich spürte, daß auch meine Kräfte nachließen. Ich mußte also – mit Marie-Luise auf dem Rücken – diese wackeligen Stufen, die zu unserer Hütte hinaufführten, 'runtergehen, über einen Laufgraben. Ich mußte mich von Baum zu Baum tasten, mußte ganz langsam gehen, damit ich nicht fiel, Schritt für Schritt. Wenn ich Marie-Luise so schleppte, nahm niemand Notiz von uns, weder die Wachen noch die Mitgefangenen; die meisten stierten vor sich hin, beobachteten das Schauspiel, wie da eine Frau die andere schleppte. Andere wieder schliefen, denn sie waren müde von der Arbeit auf den Feldern.

Die Latrine war ein gewöhnliches Erdloch, über das man Balken gelegt hatte. Lediglich in der Mitte blieb ein offenes Loch, durch das die Gefangenen ihre Notdurft verrichteten. Die Latrine war nach keiner Richtung hin abgeschirmt, jeder konnte uns beobachten. Den gleichen Weg, den ich sie mühsam hingeschleppt hatte, gingen wir dann mühselig wieder zurück.

In der Nacht phantasierte Marie-Luise weiter. Wieder erschienen alle möglichen Leute, die ich nicht kannte, die auch sie nicht immer zu kennen schien, die sich nicht in die Hütte hineinwagten, denn immer wieder rief sie ungeduldig: »Nun kommt doch schon näher!« Sie rief nach ihrem Vater, ihrer Mutter, im Ton der Verzweiflung, der Ungeduld, als wollte sie sagen: Helft mir doch! Oft konnte ich sie auch einfach nicht verstehen. Dann wieder rief sie, und das mußte mit unserem Marsch durch den Dschungel zusammenhängen: »Ich komme nicht mehr über diesen Berg. Habt doch endlich Verständnis. Seht ihr nicht, daß ich müde bin! Macht, was ihr wollt, ich geh' nicht mehr weiter, über diesen Berg nicht.« Dann weinte sie, schlief mit dem Weinen ein. Dann schrie sie laut, setzte sich auf. All das wiederholte sich immer wieder, steigerte sich von Mal zu Mal, und in einer Nacht begann sie, an den Wänden der Hütte zu rütteln. Von der Decke fiel Ungeziefer auf uns herunter. Es war stockfinster, aber wir spürten das Ungeziefer in unseren Haaren, auf unserer Haut, das naßkalte Gewürm, das kroch in unsere Kleider, weil die Tiere Wärme suchten. Und Marie-Luise schrie, rüttelte an den Wänden, so lange, bis die wenige Kraft, die sie noch besaß, hinausgeschrien war. Rundherum schien alles zu schlafen. Nur ich war bei ihr.

Wir haben auch zusammen gebetet. Ich habe ihr Hoffnungen gemacht. Ich sagte: Das braucht eben seine Zeit, bis irgendeine obere Kommandostelle von unserer Gefangennahme erfährt. Du mußt Geduld haben, es geht hier eben alles langsamer. Es dauert lange, bis die Meldegänger ihre Kommandostellen im Dschungel erreicht haben. Bedenk doch, sie müssen den gleichen langen Weg wieder zu uns zurücklaufen, damit sie im Lager sagen, daß man uns auf freien Fuß setzen soll. Sicher haben sie jetzt herausgefunden, daß wir nur in dieses Land gekommen sind, um zu helfen. Du weißt selbst, wie viele Menschen aus diesem Gebiet ihr behandelt habt in An Hoa. Alle diese Zeugen werden sie jetzt befragen. Das dauert eben seine Zeit.

Ich habe ihr geschildert, wie ich mir unseren Gang in die

Freiheit vorstellte: Man wird uns zurückbringen auf eine Wiese, eine große grüne Wiese. Dann gibt man Funksprüche durch, in Sekunden geht das, bis sie aufgefangen sind, und schon kommt der Hubschrauber, sinkt zu uns herunter ... »Du mußt nur durchhalten, wenigstens diese paar Tage noch.«

Bei diesen Worten wurde sie immer wieder zuversichtlicher. Und sie erzählte zum erstenmal von sich selbst, ihre Geschichte. Die war in wenigen Worten erzählt. Sie stammte aus einem noch kleineren Ort an der Saar als ich, da gab es nicht einmal eine Pfadfindergruppe. Als sie dann als Gehilfin zu einem Zahnarzt nach München ging, war das eine Weltreise für sie. Damals hatte sie sich verlobt, das kam ganz langsam aus ihr heraus, es war keine lustige Geschichte, nein. Die Verlobung war auseinandergegangen. Er hatte ein anderes Mädchen – so einfach war das, ein Mann hatte ein anderes Mädchen, und darum hatte Marie-Luise sich für diesen Dienst in Vietnam gemeldet. Sie hatte gehofft: Damit kannst du ihn vielleicht zurückgewinnen. Er hatte nur kühl gemeint, die Chancen, daß du von dort wieder nach Hause kommst, die stehen 1:100, und er hatte gemeint 1:100 gegen sie. Das war alles, das war ihre Geschichte, so erzählte sie es mir, und ich sagte: »Das war aber keine lustige Geschichte.« Und sie antwortete nur: »Die sollst ja auch du mir erzählen.«

So vergingen die Tage. Ich habe gesehen, daß Marie-Luise wieder Mut bekam. Aber die ganze Kraft, die sie am Tage aufspeicherte, gab sie nachts wieder her. Es waren richtige Tobsuchtsanfälle, in denen sich noch einmal alles aufbäumte. Das Schreien wurde immer lauter, das Rütteln an der Hütte. Aber es dauerte nun nicht mehr so lange, sie war jetzt immer schnell erschöpft.

Wenn wir uns abends hinlegten, so lagen wir nebeneinander auf der Bambuspritsche. Dann fing sie an, sich wie ein Ventilator im Kreise herumzudrehen. Ich legte ihr meine

Hand auf die Stirn. Dann wurde sie ruhig, schlief zehn Minuten, dann fing das Kreisen wieder an. Sie stieß mich mit den Füßen weg, wie ein Kind, das im Fieber liegt. Wenn sie wieder einen Schimmer von Bewußtsein zurückerlangt hatte, wußte sie von alle dem nichts mehr. Sie dachte, sie hätte ruhig geschlafen. Dann wieder setzte sie sich auf, phantasierte, schrie in die Nacht hinaus. Das einzige, was sie immer klarmachte, war der Wunsch, ihre Notdurft zu verrichten. Ich tastete mich dann in der stockdunklen Nacht bis zu einem Posten und schrie auf deutsch: »Wir müssen zur Toilette!« Es war nicht notwendig, daß uns die Wachen verstanden. Sie wußten, daß wir keinen Fluchtversuch unternehmen würden.

Eines Nachts fing es an, heftig zu regnen. Überall kam das Wasser durch das Strohdach. Die Decken waren klatschnaß. Das Wasser stand am Boden. Ich setzte Marie-Luise mit dem Rücken an einen der Stützbalken, ich zog ihr die Beine hoch; dort war eine winzige Insel, die der Regen verschonte. Ich kniete vor ihr, hielt sie, damit sie nicht zusammensackte und naß wurde. Dabei platschte das Wasser von oben herab auf meinen Kopf, lief mir in den Nacken, den Rücken herunter. So saßen wir stundenlang, bis es zu regnen aufhörte.

Der Y Si erschien jetzt morgens und abends. Er maß das Fieber. Die Skala zeigte an, in welcher Gefahr Marie-Luise schwebte. Bestenfalls ging das Fieber auf 39 herunter. Meistens war es über 40. Wieder gab er ihr seine Mittel.

Marie-Luises Tod

M. S.

Die Zeit zu messen, die Tage zu zählen, die Monate, das wurde mit der Dauer der Gefangenschaft immer schwieriger, und dabei war es wichtig; man entwickelte ganz seltsame Methoden, aber damals in Camp I konnte ich die Tage noch so verfolgen, und ich weiß, es war ein Sonntagmorgen – der sich sonst in nichts von den anderen Wochentagen unterschied –, da hatte es den Anschein, als hätte Marie-Luise das Schlimmste überstanden. In der Nacht von Samstag auf Sonntag schlief sie ruhig durch, und ich tat dem Y Si Abbitte.

Am Morgen wollte Marie-Luise aufstehen und hinausgehen. Sie sagte, sie könne allein gehen. Wenn ich sie nur leicht stützen würde, hätte sie Kraft genug, den Gang an den Gefangenen und Wachen vorbei zur Toilette allein zu unternehmen. Ich sollte nur bei ihr sein, nur neben ihr hergehen.

Sie ist auch tatsächlich aufgestanden. Wieder war ich erstaunt, woher sie die Kraft nahm. Ich stützte sie auf der einen Seite, während sie in ihrer anderen Hand den Bambusstock hielt. So gingen wir den Weg zur Latrine und wieder zurück zu unserem Bambuslager.

Dann wollte sie zum Wasser hinüber, zu einem großen Tonkrug. Sie wollte sich erfrischen, herrichten, sie vermißte zum erstenmal ihr grünes Täschchen, und sie machte sich Sorgen, wie sie denn wohl aussehe, so ganz ohne Lippenstift und Lidschatten. Sie dachte an Lidschatten – das war ein gutes Zeichen! Ich stützte sie. Sie wusch ihr Gesicht und befeuchtete den Nacken. Sie aß an diesem Morgen sogar etwas Reis, und dabei kam noch einmal diese gräßliche Gefangenenhand durch das Bambusgeflecht, und der Gefangene rief noch einmal: »Give me ... give me!«

Aber an diesem Tag beachtete ich die Hand nicht. Ich blickte nur Marie-Luise an, der es von Minute zu Minute besser ging. Jetzt wollte sie schon wieder aufstehen und sich vor die Hütte in die Sonne setzen, die sie so sehr vermißt hatte.

Während sie hinaustorkelte, blieb ich liegen. Ich war von den Nächten zuvor erschöpft. Jetzt, da ich glaubte, daß Marie-Luise wieder auf ihren eigenen Beinen stehen konnte, machte ich schlapp. Ich hätte Tage und Wochen durchschlafen können. Ich bekam wahnsinnige Kopfschmerzen, eine halbe Stunde später hatte ich Schüttelfrost, jetzt hatte auch ich die Malaria.

Marie-Luise saß draußen vor der Hütte. Ihren Kopf hatte sie an einen der Stämme gelehnt, auf denen das Dach ruhte. Sie saß in der Sonne, in der Hütte war es brütend heiß, aber ich fror trotz der Decken, eiskalt war mir. Plötzlich stand der lange Vietnamese unter unserem Hüttendach, es war jener Gefangene, der für uns das Essen drüben in dem Erdloch zubereitete. Er stand da, sah mich an und schnalzte ein paarmal mit der Zunge, so wie es bei uns zu Hause die Kutscher tun, wenn sie die Pferde antreiben. Er stand vollkommen reglos da. Sein Gesicht war ergriffen. Aber ich konnte mir nicht vorstellen, was er meinte mit diesem Zungenschnalzen, was geschehen war. Noch einmal schnalzte er mit der Zunge, wieder dreimal hintereinander. Ich spürte, daß er etwas bedauerte. Erst allmählich ging mir auf, daß dieses Bedauern mir galt, da ich jetzt selbst, in Decken gehüllt, darniederlag und zitterte.

Ich war so dankbar, dankbar für dieses Mitgefühl, und so

dachte ich, er ist ein Freund, ein Mitgefangener, den kannst du ruhig um Wasser bitten. Aber da wich der Ausdruck aus seinem Gesicht. Er schüttelte heftig den Kopf. Wasser gab es keines mehr an diesem Tag. Wir hatten unsere Ration bereits getrunken. Nur eine Feldflasche am Tage. So lautete die Campregel.

Als der Koch aus der Hütte verschwand, stand Marie-Luise plötzlich vor mir. Sie fühlte sich stark genug, allein zur Küchenhütte hinüberzugehen. »Du wirst sehen, ich werde es schaffen, ich werde ihn überreden, er wird mir Wasser geben für dich!«

Wie, dachte ich, wie willst du das tun? Wie kann man Menschen überreden, die einen in einem Augenblick voller Mitgefühl ansehen und im nächsten einen Schluck Wasser verweigern. Wie willst du das fertigbringen? Ich weiß nicht, wie lange sie wegblieb. Es war sehr lang. Aber sie kam wieder mit der Botschaft, der Koch habe Feuer angemacht und sei dabei, Wasser für mich abzukochen, und tatsächlich hat er es auch später hergebracht.

Der Y Si war an diesem Tag nicht im Lager. Ich hatte plötzlich wieder Zutrauen zu seinem Kästchen, und ich hoffte, er würde kommen und mir von seinen Mitteln etwas gegen den Malaria-Anfall geben. Vielleicht konnte er auch etwas für meine Füße tun. Sie schmerzten, ich konnte sie im Knöchelgelenk nicht mehr abbiegen. Die Zehen, voller Eiter, waren zum Platzen.

So kam die Nacht von Sonntag auf Montag. Marie-Luise schlief verhältnismäßig ruhig. Nur zweimal mußte ich mit ihr aufstehen, um ihr hinauszuhelfen. Am Montagmorgen war ihre ganze Kraft aber wieder verbraucht. Sie konnte nicht mehr aufstehen.

Am Abend kam der Y Si wieder ins Lager. Marie-Luise hatte über 40 Fieber. Der Y Si gab ihr eine Spritze, zum erstenmal. Da fing Marie-Luise zu toben an. Sie schrie: »Helft mir ... Bitte, helft mir doch!«

Diese Anfälle wiederholten sich. Sie schrie eine halbe Stunde lang, tobte und war dann vollkommen erschöpft, so daß sie für zehn Minuten tief schlief. Dann kam sie plötzlich wieder zu sich, setzte sich auf. Ihre Stimme war ganz klar. »Ich kann das nicht verstehen«, sagte sie.

Ich fragte: »Was kannst du nicht verstehen?«

»Diese Madame Binh ... Du kennst sie doch!«

Ich wußte mit dem Namen nichts anzufangen, und ich war auch nicht sicher, ob es diese Frau gab. »Wen meinst du damit?«

»Madame Binh in Paris. Das ist die Frau, die für die Befreiungsfront die Verhandlungen führt ... Das ist doch eine Frau ... Sie muß als Frau doch so viel Gefühl haben, um sich vorstellen zu können, wie wir hier leben. Sie kennt doch das Leben hier genau ... Warum kann sie uns nicht helfen ... Warum hilft sie uns nicht? Wenn uns die Männer schon nicht helfen ... Madame Binh ist doch eine Frau.«

Dann hat sie sich laut mit ihr unterhalten. Und sie hat immer wieder gefragt: »Warum helfen Sie uns nicht? Sie sind doch die einzige Frau, die uns helfen kann, die den Dschungel kennt. Haben Sie das in Paris alles vergessen?«

Ich wußte von den Verhandlungen in Paris, daß man sich lange um die Tischordnung gestritten hatte, aber ich hatte nicht gewußt, daß die Hauptvertreterin der NFL eine Frau war. Madame Binh schien als rettender Engel vor Marie-Luises Augen zu stehen. Ihre ganze Hoffnung war diese Vietnamesin. Immer lauter schrie sie die Frage nach Paris: »Warum helfen Sie uns nicht? Warum helfen Sie uns nicht? Bitte, haben Sie Mitleid mit uns.«

Diese Hoffnung begleitete sie die ganze Nacht hindurch, den Morgen, aber dann begann diese Hoffnung zu wanken, man sah, wie sie um sich blickte, die Wirklichkeit begriff. Da sagte sie: »Wenn das nicht bald aufhört, möchte ich sterben.« An diesem letzten Tag, an diesem Montag, war sie verzweifelt. Sie muß fürchterlich gelitten haben. Immer wieder sagte sie: »So kann ich nicht weiterleben. So möchte ich wirklich sterben.«

Ich habe sie wortlos angeschaut und ihr zugehört. Ich habe sie nicht unterbrochen, weil es keinen Sinn gehabt hätte. Nur ein-, zweimal, als sie mich mit vollem Bewußtsein anblickte, tröstete ich sie: »Du bist jetzt schwach, Marie-Luise. Du mußt wenigstens noch einen Tag durchhalten, dann wird alles anders werden. Ich kann das verstehen, aber du weißt doch, wie man mit hohem Fieber reagiert. Schau da hinüber, in diese Hütte, diesen Gefangenen ist es genauso ergangen wie dir, und sie sind alle noch am Leben.«

Als ich das sagte, war ich selbst nicht mehr überzeugt, daß wir am Leben bleiben würden. Ich zweifelte selbst, hatte mich aufgegeben. Wenn Marie-Luise in den Nächten zuvor schlief, dann weinte ich, leise, ich bin vor die Hütte hinausgegangen, damit sie mich nicht hört. Sie sollte ihre Hoffnung nicht verlieren. Denn wer die Hoffnung verliert, dachte ich, der ist tot.

In mir kam Alarmstimmung auf, und ich dachte, du mußt etwas tun. Tat, der vietnamesische Gefangene, der ein paar Brocken Englisch sprach und im Lager dolmetschte, hatte mir einmal mit Gesten klargemacht, daß in dem anderen Lager, in das man die drei anderen von uns gebracht hatte, ein Arzt sei, kein Y Ta, kein Y Si, sondern ein richtiger Bac Si. Auf seine Art hatte er übertrieben, hatte nur mit Händen und Füßen dieses Lager als Schlaraffenland ausgemalt; wenn ich ihn richtig verstanden hatte, so gab es in diesem Lager nicht nur einen Arzt und Medikamente, sondern sogar Bier und »Wisskie« und Filmvorführungen für die Gefangenen! Ich hatte Marie-Luise bereits davon erzählt, und mit der Hoffnung auf das andere Lager versuchte ich auch jetzt wieder, sie zum Durchhalten zu bewegen. Ihre Augen leuchteten noch einmal auf. »Aber wie sollen wir dort hinkommen? Ich kann doch nicht mehr den ganzen Weg dahin gehen?«

Gegen Mittag griff ich mir Tat, der sich ja Dolmetscher nannte. Ich ging mit ihm zum Lagerleiter und flehte ihn an, er solle uns helfen, er solle uns in das andere Lager bringen lassen. Die Verständigung war schwierig, da Tat mein Deutsch nicht verstand, ich kaum sein Englisch. Ich redete und redete und deutete und machte Zeichen, und Tat redete dazwischen. Irgendwie versuchte ich zu sagen, daß wir ein paar Männer bräuchten, die Marie-Luise in das andere Lager bringen sollten, eine Liege, die ließ sich doch sicher ganz einfach machen. Ich selbst war außerstande, Marie-Luise auf meinem Rücken ins nächste Camp zu tragen, es sollte ein Zwei-Tages-Marsch sein. Ich hätte es versucht, wenn sie mich gelassen hätten, aber sicher wäre ich bei den ersten Schritten zusammengebrochen.

Ich spürte langsam ein Verstehen, Mitgefühl bei dem Lagerleiter. Er sah mich freundlich an und versprach »Swin-Swin«, am nächsten Morgen würden wir zu dem anderen Lager aufbrechen. Ich sollte nur schon mit den Vorbereitungen beginnen, vor allem die Sachen waschen, die schwarzen Pyjamas, die man uns gegeben hatte, sie müßten im Camp zurückbleiben, sie gehörten zum Inventar, und das Inventar müsse stimmen. Ich verstand, daß wir zum Marsch wieder unsere Malteserkleidung anlegen sollten.

Ich ging zu Marie-Luise in die Hütte zurück. Sie war voller Hoffnung und sagte: »Dann ist ja alles gut ... Dann sind wir gerettet.« In dieser Stimmung brachte ich sie auch dazu, etwas zu essen.

Auch ich hatte wieder etwas Hoffnung geschöpft, und so legte ich mich für unsere letzte Nacht in diesem Lager neben Marie-Luise nieder. Sie schlief ruhig ein. Aber kurz vor Mitternacht begann ein Tobsuchtsanfall, wie ich ihn bis dahin noch nie erlebt hatte. Wieder schrie sie um Hilfe, so laut, daß die Gefangenen nebenan zu murren anfingen und zu uns herüberschrien.

Aber was sollte ich tun? Ich hörte, wie die Wachen unruhig

wurden. Es wurde aufgeregt hin und her gerufen. Ich kümmerte mich nicht darum. Ich wußte nur, daß ich Marie-Luise über diese Nacht bringen mußte, damit wir morgen, beim ersten Sonnenstrahl, hier 'rauskommen, um wieder mit den anderen zusammen zu sein.

Marie-Luise schrie und rüttelte an den Stützpfeilern der Hütte, als ob sie alles niederreißen wollte. Um uns war alles stockfinster. Jemand kam in die Hütte, stellte uns die Petroleumlampe in die Hütte. Er kannte ein paar Brocken Englisch, und plötzlich schrie er Marie-Luise an: »Finish ... shut up! Prisoners must work all day ... must sleep ... finish ... shut up!«

In diesem Moment richtete sich Marie-Luise auf, starrte den Vietnamesen mit weit aufgerissenen Augen an. »Aber, Herr Doktor!« sagte sie. »Hören Sie mich doch an! Das hier sind alles Verbrecher. Die helfen mir nicht ... Warum helfen Sie mir nicht?«

Aber der Vietnamese schrie nur noch lauter: »Finish ... shut up! Prisoners must sleep!«

Ich wußte mir auch nicht mehr zu helfen. Ich versuchte, zu beten. Es ging nicht. »Vater Unser« ... die Worte waren da, aber die Worte sagten nichts. Ich wußte jetzt, sie würde sterben, und ich wußte, ich konnte nichts tun, nichts mehr tun für einen Menschen. Sie einfach sterben lassen zu müssen, so jung, ein ganzes Leben noch vor sich; mir war zum Erbrechen elend, und ich hatte einen ganz sonderbaren Gedanken.

Ich besaß ja selbst nichts mehr, nicht einmal eine Brille oder einen Strohhut wie Marie-Luise, nichts außer den Dingen, die ich am Körper trug, und diesen meinen Körper selbst. Aber ich hatte doch noch etwas, meine eitrige, angeschwollene Zehe, feuerrot entzündet, ein Eiterherd, der jeden Augenblick zu platzen drohte. Den Schmerz spürte ich mit jedem Herzschlag heftiger werden.

Ist es so eigenartig, daß man sich in solchen Situationen an alles klammert, das man hat? Und was ich in dieser Stunde hatte, das einzige, was ich besaß, war eben dieser Schmerz. Ich hatte mir vorgenommen, mir noch an diesem Abend vor dem Marsch die Zehe aufzustechen. Es war das Vernünftigste, was ich tun konnte, und das einzige. Verbandszeug gab es nicht, aber ich konnte es machen, wie ich es mit den anderen Wunden getan hatte, ein Bambusstäbchen nehmen, die Wunde säubern und ein grünes Blatt darauflegen. Aber als ich sah, daß es Marie-Luise zunehmend schlechter ging, als ich nichts mehr für sie tun konnte, hab' ich mit dieser schmerzenden Zehe mit dem Herrgott einen Handel begonnen.

Ich habe ihm vorgeschlagen: Laß sie leben! Laß uns ins nächste Lager kommen – und laß sie wieder gesund werden. Ich will dafür die Zehe so lassen, wie sie jetzt ist, entzündet, geschwollen und voller Schmerzen. Ich will leiden, solange Du willst. Ich will Schmerzen ertragen, so stark Du sie mir auferlegst. Nur laß sie leben!

Ich hatte nichts, was ich sonst für ihr Leben verpfänden hätte können, wie gesagt, nur meine eitrige Zehe, meine wunden Füße, auf denen ich weitergelaufen wäre, wenn sie hätte mit mir gehen können. Und immer wieder habe ich gebetet: Bitte, nimm doch dieses kleine erbärmliche Opfer an von mir ...

Durch das Toben, das schon seit Mitternacht anhielt, hatte man offenbar nach dem Y Si geschickt. Plötzlich stand er in der Tür. Er hat auf Anhieb die Situation erfaßt, denn er rannte kurz davon und kam mit einer Spritze zurück. Er gab Marie-Luise noch ein paar Tabletten – sie trank noch ein paar Schluck Tee. Der Y Si lief hin und her, aus der Hütte 'raus, wieder hinein, er hatte es ja immer eilig.

Marie-Luise war ruhiger geworden. Sie schloß ihre Augen. Bei den Gefangenen nebenan war es inzwischen wieder still geworden.

Ich saß an Marie-Luises Pritsche. Ich hielt ihre Hand. Sie atmete langsam und gleichmäßig, allerdings sehr schwach. Ich merkte, wie ihre Hände sich immer fester um die meinen schlossen. Plötzlich ging ein Zittern durch ihren Körper. Die Verkrampfung der Hände löste sich. Als das geschah, sagte sie, plötzlich ganz ruhig und mit tiefer Stimme: »Ich sinke!« Dann stöhnte sie auf, aber es war ein Ton der Erleichterung. Es war wieder, als sehe sie etwas, als könne sie gar nicht glauben, was sie da sehe, und doch mußte es dasein. Sie bemühte sich, mit letzter Kraft sich ein wenig aufzurichten, um das besser sehen zu können, worüber sie sich offenbar freute. Sie klangen jedenfalls freudig erstaunt, ihre Worte, die sie zum Hütteneingang hin sprach, durch den jemand, wie im Wunder, eingetreten war, ein Besuch, mit dem sie nicht mehr gerechnet hatte. Sie sagte: »Papa!« Und dieses sanfte »Papa« klang so wie »Du hier?« Es klang wie »Komm nur näher ... Du träumst nicht ... ich bin es wirklich ... Deine Tochter.«

Und damit kam ihr Ende.

Ich schlug die Decken zurück, behutsam. Ich öffnete ihr Kleid über der Brust. Ich machte eine Herzmassage, ich weiß nicht, wie lange, ich habe mein Ohr auf ihre Brust gelegt, um ihre Herztöne zu hören, aber ich hörte nichts mehr, es schlug nicht mehr, dieses Herz, so sehr ich auch horchte.

Ich habe durch die Bambuswand nach Tat gerufen, nicht zu laut, damit ich die anderen nicht weckte, *prisoners must sleep*. Immer wieder rief ich nach Tat. Es dauerte eine halbe Stunde, bis die anderen Gefangenen ihn wachgerüttelt hatten.

Das alles dauerte lange, bis er aufstand, bis er zu den Wachen am Tor gegangen war, bis er dort gerufen hat, bis jemand reagierte, bis man ein Licht gefunden hatte, bis sie die Türen aufsperrten ... endlos dauerte das.

Dann kamen sie. Der Reihe nach, mit Bambusfackeln. Sie kamen langsamer als sonst. Sie blieben vor der Hütte stehen. Und dann kam der Y Si gerannt, wie immer im Laufschritt, er drängte sich durch die Wartenden, trat in die Hütte. Doch das einzige, was er dann tat, war, daß er sich bückte, daß er an Marie-Luises Füße faßte, die nackt unter der Decke hervorragten. Dann drehte er sich wortlos um, den anderen zu, die am Eingang standen, und nickte, was soviel bedeutete wie: Tot!

Sie standen noch alle eine Weile vor der Hütte herum. Inzwischen brach die Morgendämmerung an. Es war kurz vor 5 Uhr, denn die Gefangenen nebenan standen auf. Ich hörte keine Trillerpfeife.

Ich war mit Marie-Luise allein. Sie trug ihr Malteserkleid, das ich ihr für den Weg in das andere Lager angezogen hatte. Ich habe ihre Hände genommen, habe sie gefaltet. Ich habe sie zugedeckt. Ich nahm die schwarzen Pyjamas, das Stück Seife, das man mir am Abend zuvor gegeben hatte, um die Sachen zu waschen. Ich bin zum Bach hinuntergegangen, zur Waschstelle, und niemand hinderte mich daran.

Aber dann, als ich dort stand am Wasser, da dachte ich, wozu willst du diese Sachen noch waschen. Wenn du nun einfach davonläufst, dann wird schon ein Flugzeug kommen, es wird dich entdecken, und wenn du dich recht auffällig bewegst, dann werden sie nicht lange schauen, sondern drauflos schießen. Denn Marie-Luise ist tot. Und du wirst auch sterben. Sie werden dich nur weiter in den Dschungel hineintreiben. Sie werden dich dort erschießen oder erschlagen. Sie werden dich über eine Wiese gehen lassen und dich von hinten erschießen. Oder sie werden dich über einen Abhang in die Tiefe stürzen. Und niemand wird im Dschungel von deinem Tod erfahren. Warum stirbst du nicht hier, wo es wenigstens jeder hört und sieht.

Ich hörte ein Flugzeug. Aber da waren sie schon hinter mir her. Sie waren viel schneller als ich, die ich so geschwächt war. Sie griffen mich und führten mich in das Lager zurück.

Tat war da, der Lagerleiter, sie schrien mich beide zu gleicher Zeit an, was mir einfiele, ich sei eine Gefangene, und wenn ich zu sterben habe, würden sie das bestimmen, nicht ich. Ich würde jetzt in das andere Lager gebracht, und wenn ich mich so aufführte, würden sie mich an Händen und Füßen fesseln. Mir war es egal, was sie mit mir machten.

Ich wurde noch einmal in die Hütte zurückgeführt. Ich setzte mich auf das Bambuslager neben Marie-Luise. Es war, als suchte *ich* Hilfe bei ihr. Ich habe geweint, ohne eine einzige Träne.

In dieser Situation kamen sie daher und brachten mir das Essen. Eine Handvoll Reis, für meinen Marsch ins nächste Camp. Man brachte mir Essen, während ich neben Marie-Luise saß! Ich rührte die Schale nicht an. Da fingen auch die Wachen an, mit mir zu schreien! Ich sei gefangen! Ich habe zu essen! Sie waren vielleicht auch ein bißchen nervös geworden durch den Tod von Marie-Luise. Drei, vier Soldaten schrien auf mich ein. Ich müsse doch essen! Das sei ein langer Marsch, und da müsse ich schon essen! Die Mentalität der Vietnamesen ist seltsam. Ich habe sie nie begriffen.

Nach ein paar Minuten stand ich dann auf. Ich folgte den Wachen nach draußen. Vor der Hütte blinkte am Boden etwas in der Sonne. Es war ein Nagel. Ich habe damit meine Zehe aufgestochen. Ein paarmal habe ich in die Schwellung hineingestochen, und damit war der pochende Schmerz dahin, den ich für das Leben Marie-Luises beim Herrgott eintauschen wollte; aber es war wohl zu gering, dieses Opfer.

Gedanken in der Hängematte

M. S.

Sie hatten mir die Hände auf den Rücken gebunden. Sie waren sehr wohlwollend dabei vorgegangen; das heißt, sobald wir außer Sichtweite des Lagers waren, hatten meine Bewacher die Verschnürung gelockert, so daß nur die Ellbogen zusammengeschnürt blieben. Die Vorschrift war erfüllt, ich war gefesselt, aber meine Arme hingen seitlich so herunter, daß ich sie bewegen konnte, daß es mir möglich war, mit den Händen Zweige und Äste beiseite zu schieben – ich konnte ihnen den Weg freimachen.
Ich hatte mich gewundert, warum ich, ganz gegen die Gewohnheit, als erste meinen Bewachern vorausgehen mußte. Aber das hatte seinen Sinn. Es hatte geregnet in der Nacht, der Boden, alles war feucht, und links und rechts und über mir troffen die Sträucher und Pflanzen vor Nässe. Da ich als erste ging, bekam ich das Schlimmste ab, schüttelte ich für sie die Nässe ab. Äste schlugen mir ins Gesicht. Wie ein Wellenbrecher ging ich mit dem Gesicht, mit der Brust in das Gestrüpp hinein, bahnte den Weg durch das Dickicht. Ich war in Kürze durchnäßt bis auf die Haut. Das Malteserkleid klebte mir am Körper, die Haare hingen mir um das Gesicht, und hinter mir hörte ich meine Bewacher lachen. Ich war ja nur eine Frau. Eine Frau, was war das schon, soviel wie nichts, eine Frau, das war weniger als ein Gefangener.

Das hatte ich schon gemerkt in diesen vier Wochen; trotz Madame Binh, die in Paris für die Befreiungsfront die Verhandlungen führte, eine Frau nahm in diesem Land die niedrigste Stufe ein. Auf dem Elf-Tage-Marsch nach unserer Gefangennahme hatten unsere Bewacher Bernhard und Georg immer ganz seltsam angesehen, wenn sie sich mit uns Frauen unterhielten, wenn sie uns einmal die Hand reichten, wenn sie mit uns etwas beratschlagten: Was kann ein Mann schon mit einer Frau reden! Er kann ihr Befehle geben, er kann ihr sagen, was sie zu tun hat, er kann ihr die Arbeit anweisen, er kann ihr Kinder machen – aber sonst?

Diese Einstellung der Vietnamesen der Frau gegenüber hat während der ganzen Zeit der Gefangenschaft einen großen Einfluß gehabt. Eine Frau, dazu noch eine Gefangene, war ein Ding ohne Recht. In den verschiedenen Camps gab es immer den schlechtesten Platz. Man bekam die schlechteste Kleidung, wurde immer übergangen. Einmal, in einem Camp im Norden, bekam ich einen Gefangenenanzug, der vielleicht einem zwei Meter großen Amerikaner gepaßt hätte. Wenn in der Nacht die amerikanischen Bomber ihre Angriffe auf Nordvietnam flogen, dann wurden alle Gefangenen aus ihren Zellen in die Bunker gebracht – bei mir machte man sich nicht die Mühe, ich war ja nur eine Frau, das war nicht weiter schlimm, wenn die umkam. Während eines Taifuns stieg das Wasser in den Zellen, floß nicht ab, stieg immer höher, und wieder wurden alle männlichen Gefangenen in Sicherheit gebracht, während man mich zurückließ, und wäre das Wasser nicht gefallen, ich glaube, sie hätten mich ertrinken lassen.

Eine Frau zu sein hatte nur zwei Vorteile in der Gefangenschaft. Der eine, das waren die Verhöre. Da man eine Frau war, die nicht zählte, bekam man immer die dümmsten Befrager, die man bluffen und hinters Licht führen konnte, und nur so ist es mir gelungen, meine ganzen Notizen aus der Gefangenschaft herauszuretten, während man Bernhard alles abnahm. Der zweite Vorteil war, daß man nie von einem Vietnamesen angerührt wurde. Sie waren grob, sie schrien einen an, sie warfen einem den Besen vor die Füße, damit man den Hof kehrte, einer setzte mir einmal eine Pistole an die Schläfe, weil ich einem Befehl nicht folgte – aber in den ganzen Jahren rührte mich niemand an, gab es nicht einmal den leichtesten Versuch. Eine Frau, und gar eine Gefangene, ein Ding ohne Ehre und Recht anzurühren, das wäre das größte Verbrechen gewesen ...

So ging ich also meinen Bewachern voraus, machte ihnen den Weg frei. Ich lief wahnsinnig schnell, die erste Zeit. Ich wurde getrieben von einer unerklärlichen Kraft, nur weg von diesem Lager. Aber das Tempo, das ich angeschlagen hatte, konnte ich nicht lange durchhalten. Mit jeder Stunde ging ich langsamer, mit jedem Kilometer mußte ich mehr und mehr daran denken, woran, um alles in der Welt, ich nicht denken wollte, warum ich vielleicht die erste Weg-strecke wie eine Wahnsinnige loslief: Marie-Luise ist tot! Und die anderen? Werden sie noch am Leben sein? Hat es gar keinen Sinn, dieses Laufen? Ist nichts mehr da, weder hinter dir noch vor dir?

Was mir Kraft gab, das waren seltsamerweise Marie-Luises Schuhe. Ich trug ihre roten Leinenschuhe auf diesem Marsch. Sie waren meine ganze Hoffnung. Und dabei war es nur ein Zufall, daß ich sie noch besaß. Am Morgen nach Marie-Luises Tod, als ich an den Fluß gegangen war, um die Klei-der zu waschen, um zu sterben, als ich noch einmal in die Hütte zurückgebracht wurde – da war ich gerade noch recht-zeitig gekommen, um zu sehen, daß Tat, der Dolmetscher, sich mit den Schuhen davonmachen wollte. Ich hatte die Sachen am Abend zuvor für Marie-Luise bereitgelegt, die Schuhe, den Strohhut, ihre Brille, aber jetzt hatte Tat die Schuhe schon an den Füßen. In diesem Augenblick kamen mir die roten Leinenschuhe vor wie meine Rettung; bekam ich sie nicht wieder, würde ich nie den Weg ins nächste Camp schaffen. Ich war wütend. Und ich stellte Tat.

Er wollte sie zuerst nicht hergeben. Er redete und protestierte. Sie steckten ja schon an seinen Füßen, also gehörten sie bereits ihm. Und dann dachte ich, du mußt freundlich zu ihm sein, einer muß sich jetzt ja um Marie-Luise kümmern, einer muß sie begraben, und vielleicht würde Tat das sein. Schließlich gab er mir die Schuhe zurück, gegen das Stück Seife, das man mir zum Waschen der Sachen gegeben hatte, und gegen die vier Bananen, die ich auf den Weg mitnehmen sollte; es war nicht mehr viel Zeit, sie kamen schon, um mir die Arme auf den Rücken zu binden.

Was mit Marie-Luise geschehen ist? Ich weiß es nicht. Ich habe es nie erfahren. Niemand kennt ihr Grab, vermutlich wird es niemand je kennen. Sie werden ein Grab im Dschungel ausgehoben haben – oder am Fluß, wo die Erde weicher ist, wo es nicht so viele Wurzeln gibt. Ich bin nicht sicher, ob ich das Camp je wiederfinden würde. Vielleicht existiert es auch längst nicht mehr, ist es längst zugewachsen vom Dschungel.

Übrigens hatte jener Y Si mit uns das Lager verlassen, zwei Bewacher und der Y Si. Bei der ersten Rast kam er dann, um sich zu verabschieden. Er sagte nichts, sondern hockte sich vor mich hin, auf den Fersen, kramte noch einmal in seinem Kästchen. Ich sah zum letztenmal das heillose Durcheinander. Und dann zog er ein Diplom heraus, ich konnte es nicht lesen, aber daß es ein Diplom war, das sah man an den Stempeln, und er hielt es mir hin und sah mich dabei an, als wolle er sagen, ich habe alles getan. Ganz hilflos sah er mich an, so als solle ich ihn lossprechen. Aber ich habe es nicht getan, im Gegenteil, ich dachte, ihr habt sie zwar nicht gerade ermordet, aber ihr habt ihr nicht genug Hilfe gebracht, nein, das habt ihr nicht, und deshalb kann ich euch nicht lossprechen, nie kann ich das, ich nicht.

Er schlich sich dann weg, erhob sich, sah sich noch einmal

um, merkte, daß nichts von mir zu erhoffen war, und verschwand dann, lief weg in den Dschungel hinein, in seinem grünen Mäntelchen. Ich habe ihn nie wiedergesehen.

Nach dieser kurzen Pause ging es weiter. Die Sonne hatte den Dschungel getrocknet. Wir waren jetzt nicht mehr allein. Ich sah Kulis mit Lasten auf den Schultern. Viele Frauen. Sie starrten mich mit erstaunten Augen an, kamen auch heran, betasteten mich, ich war ja gefesselt, betasteten meine Arme, mein Gesicht. Sie waren verängstigt und fasziniert von dem Erlebnis: Einen Weißen im Dschungel zu sehen, eine weiße Frau dazu, die ihre Sklavin geworden war.

Dann, als die Wege schlechter wurden, waren wir wieder allein. Wir stiegen durch ausgewaschene Flußbetten, über moosbeschichtete, glitschige Steine. Steile Aufstiege, Abhänge – das alles kannte ich schon. Meine Bewacher trieben mich nicht an. Sie waren freundlich; als wir einmal durch einen reißenden Sturzbach mußten, hielt mich einer an der Hand, so daß die Strömung mich nicht wegriß. Aber ihr Verhalten beunruhigte mich. Vielleicht wußten sie schon, wie es mit mir zu Ende gehen sollte, und waren nur deshalb so hilfsbereit.

So gingen wir den ganzen Tag. Es dämmerte bereits. Meine Bewacher blickten zum Himmel, es schien ein neues Gewitter, ein neuer Regenguß im Anzug zu sein. Dann endlich sahen wir ein paar Hütten.

Meine Bewacher verhandelten mit einem alten Mann. Er stand vor seiner Hütte und schüttelte den Kopf. Er kam zu mir, haßerfüllt. Er spuckte vor mir aus. Ich glaube, er hätte mich lieber umgebracht, als daß er uns einen Platz in seiner Hütte gegeben hätte, und ich fragte mich, was ist mit ihm geschehen, was muß er erlitten haben, woher kommt dieser Haß, der in seinen Augen steht? Ich habe ihm doch nichts getan. Vielleicht ein anderer, der meine Hautfarbe hatte?

Er spuckte noch einmal vor mir aus, und dann riß er einem der Bewacher das Gewehr aus der Hand. »Di, di, di!« so klang es, was er sagte, und er zeigte meinen Bewachern, wie sie mich weitertreiben sollten, wie man mir das Gewehr in den Rücken zu stoßen habe, damit ich weiterging.

Es gab keinen Platz für uns. Weder in dieser noch in anderen Hütten. Niemand nahm uns auf. Aber ich hatte jetzt wenigstens nicht mehr das Gefühl, daß meine Bewacher auch meine Mörder sein konnten. Wir setzten unseren Weg fort. Auch meine Bewacher schienen beunruhigt von der schnell hereinbrechenden Nacht. Wir gingen nahe zusammen, ich bewegte mich mit ihnen durch die Wildnis, und ich empfand mit ihnen diese tierische Angst, die einen befällt, wenn man bei Anbruch der Dunkelheit noch immer nicht seinen Platz gefunden hat für die Nacht. Jetzt war ich froh, daß ich nicht allein war. Sie auch. Es schien mir, als hätten sie alle anderen Gefahren vergessen, die Flieger, die Bomben, es war einfach die Angst der Menschen vor dem Alleinsein.

In der Ferne rollte das Gewitter. Sie hatten wohl die Hoffnung, noch eine Hütte zu finden, aufgegeben. Sie hielten zuletzt an der Gabelung eines Baches. Einer sammelte Reisig für ein Feuer. Der andere spannte eine Zeltplane zwischen vier Bäume, und darunter hängte er drei Hängematten auf. Ich bekam Reis und Wasser aus der Feldflasche. Sie redeten laut miteinander, so, als fürchteten sie das Schweigen. Es begann heftig zu regnen. Wir legten uns in die Hängematten. Ich war am Ende meiner Kraft.

Das Gewitter war nun direkt über uns, es kreiste über uns, und der Regen prasselte auf die Zeltplane. Die drei Hängematten hingen ganz dicht zusammen, aber die Zeltplane war zu klein, und ich hatte auch hier den schlechtesten Platz. Ich lag in der äußersten Hängematte, die Hälfte meines Körpers war ungeschützt, außerdem schwappte das Wasser, das sich in der Zeltplane sammelte, von Zeit zu Zeit immer über den

Rand, direkt auf mich, ich hatte sozusagen den Platz unter der Dachrinne. Es war kalt, ich fror, aber nicht nur die Kälte hielt mich wach.

Ich starrte auf die Schuhe an meinen Füßen. Meine Hände umklammerten den spitzen Strohhut. Ihr habt sie sterben lassen! Der alte Mann, der vor mir ausgespuckt hatte. Ich sehnte mich fast danach, so hassen zu können wie er. Warum konnte ich es nicht? Ich fühlte mich einfach leer, so wie das leere Haus einer Schnecke. Viele solcher Schneckenhäuser waren am Weg gelegen.

Ich war todmüde. Ich fror, ich schüttelte mich vor Kälte, es regnete, aber ich hörte es nicht mehr, jemand hatte meine Ohren zugestopft. Ich dämmerte dahin. Ich lief und lief. Ich kam an eine Hütte. Ein Wagen stand davor. Männer luden Kisten ab ... diese Kisten! Mein Herz sprang vor Freude. Es waren die gleichen Kisten, die wir in Da Nang bekommen hatten, sie trugen das Schwarz-Rot-Gold und die Aufschrift »MEDIKAMENTE – HILFE FÜR VIETNAM«. Kiste um Kiste trugen die Männer in die Hütte.

Endlich! Das war die Rettung für Marie-Luise! Ich betrat die Hütte. Bis unter die Decke gestapelt lagen dort die Kisten. Es war kaum Platz. Eine Schwester war dort. »Schnell, schnell!« sagte ich. Sie wandte sich um, es war eine vietnamesische Schwester, und sie schüttelte den Kopf. Sie sagte, und komischerweise verstand ich sie: »Sie kommen zu früh, ich muß alles erst einordnen. Erst müssen die Kisten ausgepackt und eingeordnet werden. Kommen Sie morgen wieder.«

Ich kam am anderen Tag wieder, und den nächsten, und jeden Tag hieß es nur: »Tut mir leid, aber ich bin noch nicht fertig. Und bevor nicht alles eingeordnet ist, gibt es keine Medikamente, das ist Vorschrift.«

Ich fuhr auf, protestierte, schrie ...

»Was schreien Sie so?« sagte jemand.

Ich blickte verwundert auf die beiden Männer, die da plötzlich auf unserer kleinen Lichtung an der Flußgabelung standen. Sie waren beide ungeheuer korrekt gekleidet, dunkle Anzüge, Krawatte. Beide trugen schwarze Aktenkoffer. Der eine, der mich gefragt hatte, warum ich schreie, hatte ein schmales Gesicht, blonde, gewellte Haare, und ich dachte mir, das ist allerhand, daß er in seinem Anzug und in Halbschuhen hier mitten in den Dschungel kommt!

»Nun, beruhigen Sie sich«, sagte er. »Und erst einmal: Guten Tag! Schön, daß ich Sie endlich gefunden habe.« Er sagte das ein bißchen steif, sehr offiziell, und fügte dann hinzu: »Ich wollte mal sehen, wie es Ihnen geht, ob Sie auch in erträglichen Verhältnissen leben. Wer hat denn das Feuer hier ausgehen lassen?«

»Kümmern Sie sich bitte um die Medikamente«, sagte ich.

»Das ist doch unmöglich, daß man so lange braucht, um sie auszupacken. Das ist doch Absicht!«

»Aber, aber!« sagte er beschwichtigend. »Doch keine Verdächtigungen, bitte, keine Verdächtigungen. Wir wollen das doch nicht an die große Glocke hängen. Na schön, ich sehe schon, daß ich was tun muß für Sie.« Er stellte sein schwarzes Köfferchen auf den Boden ab. »Nun kommen Sie mal da 'raus aus ihrer Hängematte. Bis zum Wagen laufen werden Sie wohl schon noch können.« Er lachte. »Ja, da staunen Sie, was? Es ist zwar nur ein VW, nur ein Käfer, aber ich denke, ich bringe sie schon alle fünf da hinein, notfalls muß eben einer in den Kofferraum ...«

»Und wenn sie schießen?«

»Na, na, jetzt fangen Sie schon wieder an. Keine falschen Verdächtigungen! Jetzt gehen Sie schon mal voraus.« Er deutete zurück. »Ich konnte nicht ganz heranfahren, selbst mit dem Käfer nicht, aber gehen Sie nur ein paar Schritte, dann sehen Sie ihn stehen, mitten in der Kurve. Gehen Sie nur schon, ich hab' hier nur noch ein paar Formalitäten zu erledigen, wir wollen doch, daß Sie ordnungsgemäß entlassen werden. Also in der Kurve ...«

Ich lief und lief. Wo war der Weg? Wo war die Kurve! Das mit der Entlassung glaubte ich nicht, aber vielleicht wollte der korrekte Blonde nur die Wachen ablenken. Ich rannte, aber da war kein Weg, kein VW, es regnete, der Weg wurde immer tiefer, und der Regen schüttete auf mich herab ...

Wieder war das Wasser, das sich in der Zeltplane angesammelt hatte, übergeschwappt. Ich schreckte hoch in meiner Hängematte. Ich war nicht nur naß von dem Wasser, ich war in Schweiß gebadet.

Neben mir hörte ich tiefe Atemzüge. Da waren die beiden Bewacher, in ihren Hängematten, schmale Gestalten, das Gewehr lag neben ihnen, diese schwarzen Karabiner, die sie auch im Schlaf in den Händen hielten. Am Boden schwelte das Feuer. In der Ferne grollte das Gewitter, das abgezogen war.

Ich hatte Schüttelfrost. Ich war todmüde, aber noch größer war jetzt die Angst vor diesen Träumen, vor Träumen, die mir etwas vorgaukelten, was es nicht gab, was nie eintreten würde. Ich hielt mit Gewalt die Augen offen. Ich schaute zurück auf die Tage, die hinter mir lagen. Ich dachte an den nächsten Tag.

Es seien nur zwei Tagesmärsche bis zu diesem nächsten Camp, hatte man gesagt. Aber, wie ging es den anderen? Lagen auch sie jetzt krank in einer Hütte und dachten an mich?

Ich hatte wenig Hoffnung in dieser Nacht. Wenig Hoffnung für mich, und wenig für die anderen.

Campregeln

B. D.

Sein Name war John Young, Little John, wie wir ihn nannten, denn er war ein schmales, blondes Kerlchen, zweiundzwanzig damals, und in den zwei Jahren seiner Gefangenschaft war er nicht kräftiger geworden. Private first class
John Young hatte einer Einheit der *Special Forces* angehört,
er war also selber eine Art von Guerilla. Die SF werben
unter der Bevölkerung Partisanen an, schulen sie, bilden sie
aus, um sie in den Kampf gegen die Guerillas der anderen
Seite zu schicken, weshalb ihre Ausbildungscamps immer
wieder das Ziel besonders wütender und blutiger Attacken
der Vietkongs sind. Bei einem dieser Angriffe war Little
John gefangengenommen worden.
Er trug jetzt schon lange nicht mehr sein grünes Barett, nicht
mehr seine Uniform; nichts von dem, was er als Guerilla
gelernt hatte, nützte ihm jetzt noch was. Und doch war Little
John vielleicht der zufriedenste Gefangene in unserem neuen
Camp, denn er hatte etwas zu tun, er hatte eine Beschäftigung, er beherrschte eine Kunst, die bei allen gefragt war.
Und um sie auszuüben, besaß er drei Dinge – den Rückspiegel eines Jeeps, einen Kamm und eine Schere.
So saß Little John auch an diesem Morgen vor unserer Hütte
und schnitt mir meine Haare und meinen Bart. Es gab dort
eine Bank und einen abgesägten Baumstamm, der als Tisch

diente. Der Amerikaner hatte mir ein graues Plastiktuch umgehängt, mir den Rückspiegel des Jeeps in die Hand gegeben, so daß ich jederzeit sein Werk »bewundern« konnte. Er ließ sich Zeit, schnipselte da noch herum, dort ein bißchen, und schließlich legte er mir die Hand auf die Schulter. »Now, look at You, and don't tell me, anybody ever gave you a nicer haircut.« Es gab nichts gegen seinen Haarschnitt zu sagen, wirklich nichts, abgesehen davon, daß Little John einem nie die Haare so kurz schnitt, wie man wollte, aber das lag einfach daran, daß er sich die Arbeit einteilte, daß er Sorge hatte, es könnten nicht genug Haare und Bärte zu schneiden sein. Und so packte er jetzt seine Sachen zusammen, den kostbaren Spiegel, den Kamm, die noch kostbarere Schere, und ging zufrieden davon; er war wirklich der zufriedenste von uns allen.

John Young war einer von den Amerikanern, die in dem Camp, in das man uns gebracht hatte, gefangengehalten wurden. Alles in allem bestand das Camp aus etwa fünfzehn Hütten; für die Gefangenen, das Wachpersonal, den Lagerchef und seinen Dolmetscher, für den Y Si, den es auch hier gab, die Hütte für die Vorträge und Verhöre, die größer war als alle anderen, und dazu die üblichen Verschläge für Hühner und Schweine, einen Lagerraum und die Latrine. Alles war größer, ausgedehnter als das Camp I, und doch hatten wir von dem Camp im Dschungel nichts bemerkt, bis wir praktisch mittendrin gestanden waren; das war überall so, man läuft bis auf zehn Meter an ein solches Camp heran, ohne etwas davon zu sehen.

Es gab keinen Zaun um das Lager, nicht einmal den Gürtel aus Bambusspitzen. Nur die Hütten der Amerikaner standen für sich, ein Camp innerhalb des Camps, und sie waren von einem Gestrüppzaun umgeben. Es waren sechzehn Amerikaner, und noch bevor wir einen von ihnen zu Gesicht bekamen, kannten wir alle ihre Namen; gleich am ersten Abend unserer Ankunft flog Rika Kortmann bei einem

Gang zur Latrine etwas vor die Füße. Es kam über den Zaun geflogen, eine Liste mit all ihren Namen, derer, die noch lebten, und anderer, die gestorben waren, und ein zweiter Zettel, der uns aufforderte, bei unserer Entlassung die Liste der nächsten amerikanischen Dienststelle auszuhändigen.

Sie dachten wohl, wir kämen schneller 'raus als sie – was sich als ein Irrtum erweisen sollte. Jedenfalls wußten wir ihre Namen, noch bevor wir auch nur einen von ihnen gesehen hatten. Aber wir sollten sie bald alle kennenlernen: Willie, der Neger, den man nie sah, ohne daß er zwei Dinge in den Händen hielt, eine Bibel und ein Buschmesser; Dr. Kuschner, der einem mathematische Formeln erklärte, so als sei dies das einzige, was ihn davor bewahrte, verrückt zu werden; Frank, der Bomberpilot, der über dem Dschungel abgeschossen worden war, in einem brennenden Flugzeug abstürzte, und dessen Schreie man manchmal nachts hörte, wenn er wieder einmal davon träumte; Gus, der recht gut Deutsch sprach und merkte, daß er uns aufheiterte, wenn er in seinem schweren Akzent sagte: *Lederhosen, Wiener Schnitzel, Hofbräuhaus,* und natürlich   John Young, der Barbier.

Ich weiß nicht, was mit uns geworden wäre, wenn sie uns nicht später geholfen hätten, als wir alle immer elender und schwächer wurden. Die Amerikaner holten das Essen für uns und wuschen unsere Wäsche.

Und dabei waren sie selber alle schon zwei oder drei Jahre in Gefangenschaft, in vielen Camps, in denen es härter und grausamer zugegangen war als in diesem. Das alles erfuhren wir erst später. Wir waren vier Monate zusammen in diesem Camp; fast vier Jahre getrennt, und dann sollten wir uns wiedersehen ...

Das erste, was wir von den Amerikanern sahen, war, daß sie von den Wachen in den Dschungel geführt wurden, um dort Bambusholz für unsere Hütte zu schlagen. Wir hatten nicht sofort eine eigene Hütte bekommen, sondern die ersten Tage hatte man uns zu zwei gefangenen Offizieren der ARVN in die Hütte gelegt. Dort war gerade noch Platz für uns drei, und wir hatten uns schon gefragt, ob das hieß, daß man gar nicht beabsichtigte, Marie-Luise Kerber und Monika Schwinn nach hier zu bringen. Aber dann hatten wir die Amerikaner beobachtet, wie sie mit dem Holz aus dem Dschungel zurückkamen und wie die vietnamesischen Wachen eine neue Hütte errichteten, fast direkt neben dem Zaun der Amerikaner.

In wenigen Tagen stand sie. Sie war noch nicht ganz fertig an dem Abend, als man uns hinüberführte, aber es war eine große Hütte. Und das wichtigste war etwas, was unsere Hoffnung sofort steigen ließ, sie hatte eine lange Bettstelle. Es war das übliche harte Lager aus Bambus, hoch über dem Boden, und es gab eine dünne Trennwand. Auf der einen Seite war Platz für drei – drei Frauen –, auf der anderen für zwei – zwei Männer. Und wenn wir noch Zweifel gehabt hatten: In der Hütte lagen fünf »Decken«, das waren leere Reissäcke, die an den Seiten aufgeschlitzt und zusammengenäht worden waren. In verwaschenen Buchstaben war noch zu lesen US AID, *Rice for the People*, und auch das Zeichen, das Symbol der amerikanischen Wirtschaftshilfe, war noch zu erkennen, zwei Hände, in freundschaftlichem Händedruck.

Wir wußten nichts von den beiden anderen in Camp I. Man hatte uns so abrupt auseinander gerissen, die Hände gebunden und schnell aus dem Lager weggeführt. Seither stellten wir uns immer die gleichen Fragen: Wie geht es Ihnen? Wird man sie zu uns bringen? Sind sie überhaupt noch am Leben?

Jetzt hatten wir wieder Hoffnung. Unsere Hütte hatte fünf Plätze! Man wird sie also herbringen! Es war auch ein ganz egoistischer Gedanke dabei: Solange die anderen nicht bei uns waren, würde man uns sicher nicht entlassen; waren sie einmal da, dann gab man uns sicher die Freiheit zurück ...

Ich habe mir oft und lange Gedanken darüber gemacht, wo dieses Camp lag. Ich hab' herumgehorcht, gefragt, die Flugzeuge beobachtet, die die Stelle ständig überflogen. Auch später habe ich versucht, die Lage zu rekonstruieren, vor allem im Hinblick auf die Tatsache, daß es am Rande dieses Camps zwei Gräber gibt, daß man sie vielleicht doch noch wiederfinden könnte, um die beiden Toten zu exhumieren. Aber ich hatte nur eine vage Idee, daß das Camp in den Bergen lag, südwestlich von An Hoa, näher der laotischen Grenze, und daß es von An Hoa gar nicht so weit entfernt lag, wie man hätte vermuten können; die Amerikaner meinten, es seien nicht mehr als dreißig bis vierzig Meilen Luftlinie.

Darauf gründete sich damals meine Hoffnung, wir könnten entlassen werden, und auf eine Tatsache, die ich ebenfalls von den amerikanischen Gefangenen erfuhr. Aus diesem Camp waren bereits Gefangene entlassen worden, die zuvor an einem politischen Kurs teilgenommen hatten, nachdem sie mit Propaganda vollgestopft worden waren; denn dazu diente dieses Camp: Es war ein Lager zur Umschulung, zur Umerziehung, zur Gehirnwäsche. Auch wir sollten bald eine Probe davon bekommen.

Schon am ersten Abend war der Campleiter zusammen mit seinem Dolmetscher bei uns erschienen. Und Huong übersetzte seine Begrüßung ins Englische: »Wir hoffen, daß es Ihnen gutgeht. Wir hoffen, daß es Ihnen hier gefällt. Wir hoffen, daß Sie bereit sind, hier zu lernen.«

Ich weiß nicht, ob Huong korrekt übersetzte. Ich hatte ihn oft in Verdacht, daß vieles *seinem* Kopf entsprang. Dieser Mensch konnte gar nicht anders, als einen selbst mit der einfachsten Frage zu beleidigen, zu demütigen. Er sollte der einzige Vietnamese sein, der mich in der ganzen Gefangenschaft schlug, mit der Faust ins Gesicht, und nur, weil ich es gewagt hatte, den Lagerchef sprechen zu wollen. Er schlug die anderen Gefangenen. Er ließ einen Amerikaner eine

Stunde in der grellen Sonne stehen, weil er Huong nicht richtig gegrüßt hatte. Es waren vor allem die »Mys«, die Amerikaner, die er »bestrafte«, und wenn er dieses Wort aussprach, dann zeigten seine Augen seinen ganzen Haß. Er war bei allen gefürchtet. Ich glaube, sogar bei seinen eigenen Leuten. Er war der eigentliche Herr des Camps.

Huong war ein Mann Ende Zwanzig. Sein Gesicht war weich, mit überhängenden Backen, einem verzogenen, schiefen Mund. Die sehr kurzen Haare waren drei Finger breit über dem Ohr abgeschnitten, der Rest stand fast waagerecht zur Seite. Er trug den schwarzen Leinenanzug der Guerillas mit den großen Taschenaufschlägen, aber ich glaube, er hat nie die Front gesehen. Als wir am 28. August im Camp den Nationalfeiertag – offiziell der 2. September, der Tag der Revolution von 1945 – feierten, kam er zu mir und sagte: »Weißt du, warum wir den Nationalfeiertag im voraus feiern! Natürlich weißt du es nicht. Ich werde es dir sagen. Weil das Feiern eine zweitrangige Angelegenheit ist. Weil die eigentliche Feier der Kampf ist. Weil wir am 2. gegen die *US aggressors* kämpfen.« Aber er war am 2. September wie immer im Lager gewesen, er lag in seiner Hütte und schlief.

Schon am zweiten Tag wurde ich – Georg und Rika waren zu schwach – von den Wachen in die Vortragshütte geholt. An der Stirnseite, hinter dem Pult hing die Flagge der NFL, blau-rot, mit dem goldenen Stern. An den Wänden klebten handgezeichnete Plakate. Der Campleiter sagte etwas, und Huong übersetzte mit seinem arroganten Lächeln: »Da ich selber nicht Englisch spreche, wird mein junger Freund mich hier vertreten. Er wird Ihnen Fragen zu stellen haben. Er wird Ihnen alles erklären. Er wird Sie über den Krieg und den Kampf des vietnamesischen Volkes um seine Unabhängigkeit und Freiheit informieren. Sie sollten ihm gut zuhören, denn das, was mein junger Genosse Ihnen zu sagen hat, wird sehr wichtig sein für Sie.«

Er verschwand damit und überließ Huong das Feld. So wiederholte es sich immer, ein paar Einleitungsphrasen, dann verließ der Campleiter – erleichtert, wie mir schien – die Hütte, und Huong zündete sich erst einmal eine Zigarette an, hielt sie ganz vorne zwischen Zeige- und Mittelfinger, die ganz gelb waren, setzte sich zurück und begann.

Bei diesem erstenmal ging es vor allem um die Vorschriften, die jedermann hier zu beachten hatte. Ich hatte schon in der Hütte der vietnamesischen Offiziere eine Tafel bemerkt, ein aus Bambus geflochtenes kleines Brett. Auf einem Papier, das darauf geklebt war, standen in schwarzen Schriftzeichen die Campregeln. Jetzt machte Huong mich damit bekannt. Es gab fünf Regeln. Sie lauteten:

Machen Sie keinen Fluchtversuch!

Sehen Sie zu, daß Sie genügend Bewegung haben!

Essen Sie soviel wie möglich!

Schlafen Sie soviel wie möglich!

Denken Sie nicht an zu Hause!

Nur zu dem letzten Punkt gab Huong eine weitere Erklärung ab. »Wenn Sie an zu Hause denken, schwächt das nur Ihren Geist. Denken Sie lieber darüber nach, was ich Ihnen hier sage. Das stärkt Ihren Geist.«

Er sagte das alles in vollem Ernst. Und die Regeln waren offensichtlich ernst gemeint. Daß wir nicht genug zu Essen bekamen, daß man körperlich viel zu schwach war, um seine tägliche Gymnastik zu machen – das existierte nicht. Und Huong fügte hinzu, was ich auch später immer wieder zu hören bekam: »Die Campregeln sind der Ausdruck der ›Politik der Menschlichkeit und Milde des vietnamesischen Volkes‹.« Daß es in seinem Fall reiner Sarkasmus war, stand für mich fest, denn Huong war intelligent, er hatte, wie er mir stolz erzählte, in Saigon studiert.

Damit war für diesen ersten Tag Schluß. Aber schon am nächsten begann Huong mit seinen Vorträgen, die für den Geist *so very good* sein sollten. Der Campleiter klopfte ihm auf die Schulter: »Mein junger Genosse . . .«, und verschwand. Huong zündete sich seine erste Zigarette an und setzte sich in Positur.

Was dann kam, war immer dasselbe. Ich kann noch heute alles wörtlich wiederholen, so hatte es sich in mein Gehirn eingefressen, das hatte er in der Tat erreicht.

Wir sind das vietnamesische Volk. Wir kämpfen für die Freiheit unseres Landes. Die Nationale Befreiungsfront ist der einzige und wahre Repräsentant des friedliebenden vietnamesischen Volkes. Unsere Brüder und Schwestern in Nordvietnam unterstützen unseren Freiheitskampf. Präsident Ho Tschi Minh ist der große Führer unseres Volkes. Onkel Ho ist *clearsighted*. Die Regierung von Saigon ist nur eine Marionettenregierung. Sie alle sind Marionetten von Washington. Sie sind von den USA eingesetzt, als Handlanger des amerikanischen Imperialismus. Auch Sie sind ein Handlanger des amerikanischen Kapitalismus. Die Bundesrepublik hat Sie, einen freien Menschen, für billige Dollars an die Vereinigten Staaten verkauft. Die Bundesrepublik unterstützt damit die imperialistische Politik, sie unterstützt die Amerikaner in ihrer Aggression gegen das vietnamesische Volk. Sie sind damit ein Kriegsverbrecher wie die Amerikaner – aber diese Tatsache haben Sie noch nicht erfaßt. Sie werden jetzt in Ihre Hütte zurückgehen. Sie werden sich Gedanken machen, über das, was Sie heute von mir gehört haben. Wir werden dann heute nachmittag über all das diskutieren. Aber die »Diskussion« bestand dann nur darin, daß Huong alles wiederholte.

Eine andere Sache waren die Verhöre. Auch die führte Huong. Das ging nun nicht mehr so harmlos zu wie in Camp I. Huong war ein Mann, der einem dabei das Fürchten lehren konnte, und ich habe ihn gefürchtet.

Auch er begann mit den Personalien. Aber die Fragen waren präziser, bohrender. Es gab nichts, was sie nicht wissen wollten. Sie haben Abitur? In welchen Fächern waren Sie gut?

In welchen schlecht? Wo haben Sie Ihre Ferien verbracht? Wann haben Sie sich nach Vietnam gemeldet? Wo haben Sie sich gemeldet? Was war Ihre Tätigkeit in Vietnam?

»Ich war im Malteserhospital in An Hoa. Wir haben Kranke und Verwundete gepflegt.«

»Ihr Krankenhaus war ein getarnter Spionagering.«

»Nein, das ist nicht wahr. Es ist ein rein deutsches Krankenhaus.«

»Sie wollen das behaupten? Sie wollen behaupten, daß Sie nicht wissen, daß der Dolmetscher, den sie in An Hoa beschäftigen, ein Mitglied des südvietnamesischen Geheimdienstes ist? Das wissen Sie nicht? Sie wissen nicht, daß dieser Dolmetscher alle Patienten verhört? Sie wissen nicht, daß er Vietkong-Verdächtige dem Geheimdienst meldet?«

Ich wußte es nicht, aber ich hielt es plötzlich für möglich.

»Davon ist mir nichts bekannt«, sagte ich. »Wir haben Patienten gepflegt, Zivilisten, von jeder Seite. Es war eine notwendige Arbeit. Wir haben in einem Monat 3000 Patienten behandelt.«

Dann schlug er auf das Pult und schrie: »Wenn Sie sagen, Sie haben im Monat 3000 Patienten behandelt, dann sage ich Ihnen, daß die Amerikaner in einem Monat 30 000 Menschen töten, durch ihre Bomben, Raketen und Artillerie. Dann sage ich Ihnen, daß sie über den Reisfeldern giftige Gase versprühen. Und Sie unterstützen die Amerikaner.«

Und dann kamen wieder neue Fragen. Sie prasselten auf einen herab. Und es endete immer mit der Drohung: »Sie haben nicht alles gesagt, was Sie wissen. Wir werden die volle Wahrheit aus Ihnen herausquetschen. Wir haben Sie in unserer Hand. Ich werde Ihnen viele Fragen noch einmal stellen. Es wird Ihnen garantiert einiges einfallen, was Sie uns noch nicht gesagt haben. Ich mache Sie darauf aufmerksam, daß wir in der Lage sind, alles über Sie herauszubekommen. Wir werden Ihnen Ihre Lügen nachweisen. Sie können jetzt gehen. Und halten Sie die Campregeln ein!«

So vergingen die ersten vierzehn Tage. Wir versuchten, uns an die Campregeln zu halten, aber wir hatten alle noch nicht die Strapazen überwunden, die Nachwirkungen des hohen Fiebers, das wir uns auf dem Weg hierher geholt hatten. Als Georg mir helfen wollte, einen Graben um die Hütte zu ziehen, damit bei Regen das Wasser ablief, mußte er nach ein paar Spatenstichen eine Pause einlegen. Und doch war man dankbar für alles, was man tun konnte.

Ich hatte mich die ersten Tage mit unserer Hütte beschäftigt. Ich baute eine kleine Treppe, die in die etwas höher gelegene Hütte führte. Ich machte eine Bank um den vor unserer Hütte stehenden Baumstumpf. Ich bastelte einen Tisch. Aber dann war auch das vorbei. Die Tage vergingen, einer wie der andere, jeder mit einer Hoffnung, aus der nichts wurde. Man mußte sich eben daran gewöhnen, daß nichts geschehen konnte.

Ich war immer ein Mensch, der nach der Uhr lebte, der eine Uhr brauchte. Ich besaß keine Uhr mehr, und es war mir schwergefallen, während dieser ersten Wochen, ein Empfinden für die Zeit zu behalten, für die Stunden des Tages, für die Tage selbst. Nach dem Stand der Sonne konnte man schwer gehen, denn es war Ende Mai, Hochsommer, und die Sonne stand fast immer senkrecht am Himmel.

Während des Elf-Tage-Marsches war der Hunger der sicherste Zeitmesser gewesen, und man konnte auch die Tage noch verfolgen, Sonntag waren wir aufgebrochen. Montag, Dienstag, Mittwoch, aber dann kam man schon durcheinander. Später wurde es immer wichtiger, die Zeit zu wissen, je länger die Gefangenschaft dauerte. So viele Tage und Monate waren vergangen, so viele Jahre; man klammerte sich daran, keinen Tag wollte man verlieren, so als hätte man sich dann selber verloren.

In diesem Lager war es relativ einfach, sich die Zeiten zu merken. Was die Tage betrifft, so führten die Amerikaner einen Kalender. Außerdem kam Huong jeden Morgen mit einem Kofferradio in die Hütte der Amerikaner. Schlag 7 Uhr drehte er ihn auf volle Lautstärke an. Dann kam die Zeitansage, das Datum, und darauf *Voice of Vietnam Radio*, eine englischsprachige Propagandasendung. Und jeden Morgen stand Huong da und beschallte die Amerikaner.

Aber der Tag für die Gefangenen hatte schon früher begonnen, um 5 Uhr, mit dem Frühstück. Um 11 Uhr gab es dann das nächste Zeitzeichen, nach dem man sich richten konnte. Eine Wache gab das Zeichen zum Mittagessen. Er klopfte an ein Bambusrohr, aus dem ein Stück in der Mitte ausgeschnitten war, so daß die beiden stehengebliebenen Seiten wie eine Membrane wirkten. Um 13.15 Uhr verkündete das Schlagen dieses Gongs das Ende der Mittagspause, die im übrigen strikt einzuhalten war; niemand durfte in der Zwischenzeit seine Hütte verlassen. Um 4 Uhr 30 zum Abendessen ertönte dann der rhythmische Schlag zum letztenmal. Und dann war man allein, dann lagen der lange Abend und die noch längere Nacht vor einem.

Aber da halfen einem oft die Tiere. Ich lernte, daß ein guter, gesunder Hahn nicht erst am Morgen, sondern schon gegen 12 Uhr nachts das erstemal kräht. Es gab immer bestimmte Vögel, die zu bestimmten Zeiten sangen. Dem seltsamsten dieser Vögel begegnete ich in einem Lager in Nordvietnam, im Mountain Village. »Begegnete« ist nicht das richtige Wort, denn ich habe diesen Vogel nie gesehen; das Fenster in meiner Zelle lag sehr hoch, und der Vogel saß unsichtbar in einem Baum. Jeden Abend um 6 Uhr gab der Vogel diesen bestimmten Ton von sich, ein viermaliges breites »i–ä, i–ä, i–ä, i–ä«, das dann in einem langen »ä« ausklang. Um 7 Uhr wiederholte sich das. Das nächstemal um acht. Und wenn in meiner Zelle noch Licht brannte, kam der Ruf noch einmal um neun. Sämtliche Ornithologen der Welt mögen mir widersprechen, aber ich schwöre, es war so.

So vergingen die Tage. Von Marie-Luise Kerber und Monika Schwinn hatten wir noch immer nichts gehört. Bis dann eines Tages Bob kam und sagte: »Macht euch keine Sorgen. Marie-Luise geht es besser. Sie werden in ein paar Tagen hier eintreffen.« Und Bob mußte es wissen. Wenn einer es wissen konnte, dann war er es.

Der Überläufer

B. D.

Bob war Amerikaner. Er war ein Überläufer. Vielleicht finden seine Landsleute härtere Worte dafür, aber ich kann ihn nicht verurteilen. Und wenn ich zurückdenke an unsere Zeit in den Dschungelcamps, so muß ich an Bob denken.

Bob war uns zum erstenmal begegnet, als wir vom Camp I unterwegs in das Camp der Amerikaner waren. Wir mußten am zweiten Tag vor ein paar Montagnard-Hütten warten. Hier wurde alles für die Übergabe an unsere neuen Bewacher vorbereitet. Auf der Erde lag schon ein graues Plastiktuch, auf dem alles ausgebreitet lag, was man von uns eingezogen hatte. Die Bewacher verspäteten sich.

Sie kamen dann schließlich, zwei, und ich wunderte mich über den einen, der für einen Vietnamesen ein Riese war, fast 1,80 Meter groß und kräftig. Er hatte schwarzes Haar, eine dunkle verbrannte Haut, dunkle Augen mit starken, betonten Brauen. Er kümmerte sich nicht um die Übergabezeremonie, und ich hatte Zeit, ihn zu beobachten.

Er trug den grünen Vietkonganzug und den breiten Gürtel der Nordvietnamesen mit dem viereckigen Koppelschloß mit dem Stern darauf. Seine Hosenbeine waren hochgekrempelt, bis kurz unter die Knie, so wie es alle *Liberation fighter* taten. An den Füßen trug er Ho-Tschi-Minh-Sandalen, das sind aus alten Autoreifen geschnittene Sohlen mit vier kreuzweise verlaufenden Verschnürungen. Auf seinem Kopf saß jener Hut aus Leinen, der bei den Vietkongs den Namen Wasserlilienhut trägt, weil der aus mehreren Schichten zusammengenähte und dadurch Wellen schlagende Rand ihn dieser Pflanze gleichen läßt. Was diesen Mann aber wirklich zu dem Muster eines *Liberation fighter* machte, war der Rest seiner Ausrüstung. Eine *Forty-Five*, eine der begehrtesten amerikanischen Waffen des Vietnamkrieges überhaupt; die Laschen und Ösen an seinem Anzug zur Anbringung von Tarnungen; die vollgestopften Taschen, dessen Inhalt ich erst später erfahren sollte, vom Medikament bis zum Plastiksprengstoff.

Er hatte bemerkt, wie ich ihn verblüfft beobachtete. Er kam zu mir, setzte sich vor mich hin, das heißt, er ging in die Hocke, das Gewicht auf den Fersen, wie ein Vietnamese eben, nicht wie ein Amerikaner, der ganz automatisch, wenn er diese Haltung einnimmt, ein Bein vor und das andere zurückstellt. Und er sagte plötzlich in reinstem Amerikanisch. »Was starrst du mich so an? Was glaubst du, wer ich bin?« Und er lächelte dabei.

Ich muß sagen, ich hatte ihn wirklich für einen Vietnamesen gehalten, einen mit europäischem Einschlag, aber immerhin für einen Vietnamesen. Er war einfach zu echt, wie er da vor mir saß. Das war kein »Aufzug«, in den er zum Spaß hineingeschlüpft war, er war das Urbild eines Guerillas aus dem Dschungel.

Ich sah ihn nochmals an. Die Gesichtshaut war gezeichnet von der Zeit im Dschungel. Seine Beine waren tiefbraun. Seine Hände waren die Hände eines Mannes, der im Dschungel seine Nahrung sucht und selber zubereitet; sie waren rauh und abgearbeitet. Und ich fragte in Englisch: »Wer sind Sie?«

Aber er war plötzlich nicht mehr so sehr an mir interessiert. Er betrachtete Rika. Sie war sehr hübsch, auch jetzt, und er schien Augen dafür zu haben. »Is she your sweetheart?«

wollte er von mir wissen. Sweetheart, er benutzte dieses etwas aus der Mode gekommene Wort. »Nein«, sagte ich.

»Hast du keinen sweetheart? Keinen in Deutschland?«

»Doch.«

»Schreibt sie dir oft?«

»Hierher?«

»Würdest du ihr schreiben, wenn du könntest?«

»Wieso, könnte ich?«

»Vielleicht ist es möglich. Vieles ist möglich«, sagte er mysteriös. Er wurde plötzlich ernst. »Ich habe einen sweetheart gehabt, in den Staaten. Aber ich glaube, sie ist längst mit einem anderen verheiratet. Was soll ein Mädchen auch machen, wenn ein Kerl wie ich sich vier Jahre im Dschungel herumtreibt und nichts mehr von sich hören läßt.«

Das war unser erstes Gespräch. Ein ganz und gar absurdes Gespräch, wie mir schien, hier mitten im Dschungel. Es war übrigens fast das einzige Mal, daß Bob von seiner Vergangenheit sprach; es war so, als gebe es in seinem Leben keine Zeit und kein Ereignis »vor dem Krieg«. Ganz glaubte ich ihm die »vier Jahre im Dschungel« damals nicht. Ich konnte mir einfach nicht vorstellen, daß ein Weißer nach vier Jahren noch so kräftig aussah wie er, noch so gute, strahlende Zähne hatte, so leicht und elastisch lief.

Wir haben dann schweigend unseren Marsch fortgesetzt. Ich hörte, wie die beiden sich unterhielten, auf vietnamesisch. Dieser *Liberation fighter*, wer immer er war, sprach es jedenfalls fließend. Einmal, als er neben mir herging, fragte ich, denn das beschäftigte mich damals am meisten: »Wer macht in eurem Camp die Verhöre?«

Er antwortete einsilbig: »Ein Dolmetscher.«

»Wirst du das sein?«

»Nein. Der Kerl heißt Huong.« Und dann fügte er hinzu. »Er ist eine Ratte. Und ich hasse Ratten.«

Mehr sagte er damals nicht, und ich konnte mir immer noch keinen Vers aus allem machen. Kurz bevor wir in das Camp kamen, verschwand er, ließ uns mit dem anderen Bewacher allein. Mein erster Eindruck von ihm jedenfalls war positiv, vielleicht war es einfach auch nur die Überraschung und die irre Hoffnung, daß ein Mann, der so den Dschungel kannte, der so von einem vietnamesischen Dolmetscher sprach, uns vielleicht zur Flucht verhelfen würde.

Wir sahen ihn schon am gleichen Abend wieder. Er kam in die Hütte der gefangenen vietnamesischen Offiziere, in der man uns untergebracht hatte. Auch mit ihnen sprach er akzentfrei, und ich erfuhr später, daß er sogar verschiedene Dialekte der Montagnards beherrschte. Er brachte den Y Si des Lagers mit, der uns widerwillig untersuchte, dann den Kopf schüttelte, was ich dahingehend deutete, daß er uns für vollkommen gesund hielt, daß Medikamente jedenfalls an uns verschwendet seien. Der *Liberation fighter* aber holte dann aus einer seiner unergründlichen Taschen für jeden von uns fünf Chinintabletten und gab sie uns wortlos. Ich kannte bis dahin noch immer nicht seinen Namen, aber das wußte ich bereits, wie kostbar in diesem Dschungel fünfzehn Chinintabletten waren ...

Er war dann in den darauffolgenden Tagen immer wieder aufgetaucht, meistens abends nach dem letzten Bambusgong. Ich hatte bemerkt, daß er dann immer in die Hütte des Lagerleiters ging, daß er dort schlief. Ich kannte jetzt auch seinen Namen, Bob, und die gefangenen Amerikaner hatten uns gewarnt, vorsichtig zu sein, denn Bob sei ein Überläufer, ein Verräter.

Aber Bob kam weiter. Er brachte uns einen Stapel Propagandaliteratur in Englisch mit der Bemerkung: »Huong möchte, daß Sie das lesen.« Er brachte uns Zahnpasta. Er kam mit Tabak. Und er half uns, nachdem wir in unsere eigene Hütte eingezogen waren, diese wohnlich zu machen. Das Dschungelhandwerk beherrschte er wie ein Vietnamese. Er zeigte mir, was man alles mit einem einfachen

Messer und einem Stück Bambus machen kann und wie ein bißchen Plastiksprengstoff genügt, um darauf ein Essen zu kochen. Und er spielte leidenschaftlich gern Casino, ein amerikanisches Kartenspiel. Er kam fast regelmäßig die ersten zwei Wochen und wir saßen dann draußen um den Baumstumpf und spielten Karten. Er trug immer ein Päckchen bei sich.

Und dabei habe ich ihn dann eines Tages gefragt: »Wieso kommt es, daß du mit dem Vietkong zusammenarbeitest? Wie kommst du überhaupt hier in den Dschungel? Du bist doch ein Amerikaner?«

Zuerst schien es, als wollte er nicht antworten und einfach gehen. Dann sagte er: »Ich denke, die Amerikaner haben in diesem Krieg nichts verloren. Aber da es auf der anderen Seite so viele gibt, warum soll es da nicht auch ein paar auf dieser Seite geben?«

Ich hatte die ganzen Tage an seinem Handgelenk schon eine Uhr bemerkt. Es war ein großes Modell, ich kannte es nicht, es war weder ein amerikanisches noch ein japanisches. Ich deutete auf die Uhr und fragte danach. Ich hatte offensichtlich eine Ader getroffen, denn das erstemal taute er auf. Das sei eine sowjetische Uhr. Er habe sie von den Vietkongs bekommen, zu Weihnachten. Er schien stolz darauf. Bob war sozusagen richtig bei ihnen »angestellt«. Er bekam Tagegelder, er rechnete seine »Reiseunkosten« ab, und wenn er das Lager verließ, war sein Rucksack vollgepackt mit erstklassigen Konserven.

Ich fragte ihn: »Was ist mit dem Krieg?«

Er lachte und sagte: »Warum willst du über den Krieg sprechen. Laß uns über Mädchen sprechen.«

Ich wußte, daß er Rika meinte. Er hatte Feuer gefangen. Er stieg ihr nach, wo er konnte. Einmal, als sie Holz sammeln gegangen war, tauchte er plötzlich auf, setzte sich neben sie und machte ihr Komplimente. Sie war einfach davongelaufen, und sie hatte sich sogar noch Sorgen gemacht, ob sie uns mit ihrem abweisenden Verhalten nicht schaden könne. So reagierte ich auf seine Bemerkung ziemlich scharf. »Am besten, du läßt sie in Zukunft in Ruhe«, sagte ich.

»Es gibt andere Mädchen«, sagte er.

»Im Dschungel?«

»Natürlich im Dschungel. Was glaubst du, wie viele hübsche Montagnard-Mädchen es gibt.«

»So«, sagte ich, »ich höre ganz andere Sachen von den Vietkongs. Wenn ich Huong glauben soll, dann sollen die doch alle moralisch so hochstehend sein.«

Wieder lachte er. »Ich sage es ja, es sind die Amerikaner, die das Volk hier verderben!«

Ich stellte ihm meine erste Frage wieder: »Was ist mit diesem Krieg?«

Er legte die Karten ab. Er lachte nicht mehr. »Ich weiß es nicht. Es ist alles ein großer Irrtum.«

»Was ist deine Rolle dabei?«

»Ich bin nur ein kleiner Fisch, einer von den vielen kleinen Fischen, die wenig Wasser brauchen. Weißt du, was Mao sagt? Mao sagt: ›Das Volk ist der Ozean, in dem der Guerilla wie ein Fisch schwimmt, der Feind aber ertrinkt.‹ Das Volk ist auf dieser Seite, und deshalb können die Amerikaner diesen Krieg nicht gewinnen. Nicht einmal mit Atomwaffen. Die vielen kleinen Fische sind ihnen überlegen, sie haben nur ganz wenig Wasser zum Schwimmen und fühlen sich doch wohl darin.«

Es klang wie Propaganda, aber es klang anders als die Phrasen aus Huongs Mund. Und langsam, Stück für Stück, erfuhr ich dann auch Bobs Geschichte. Er war mit einundzwanzig Jahren, wenige Tage vor seiner Rückkehr aus Vietnam in die Staaten, in Gefangenschaft geraten. Er befand sich auf einer Kurierfahrt von Hoi An nach Da Nang, allein in einem Jeep, denn die Strecke galt damals als »pazifiziert«. Ein Trupp Guerillas hatte ihn auf der Strecke abgefangen, seinen Wagen in die Luft gejagt und ihn gefangengenommen.

Bob erzählte: Er sei vierzehn Tage zu Fuß gelaufen, er habe eine harte Zeit gehabt, zwei Jahre in fünf verschiedenen Dschungelcamps, mit vielen Verhören und Mißhandlungen in der ersten Zeit. Aber er habe von vornherein alles daran gesetzt, ihre Sprache zu lernen, sie verstehen zu können.

Nach zwei Jahren Gefangenschaft habe er vor der Entlassung gestanden. Er sei aber, nach seinem freien Entschluß, im Dschungel geblieben, um fortan auf der Seite des Vietkong zu kämpfen. Er hat mir nie erklärt, wie es zu diesem Entschluß kam. Tatsache war, daß er nun seit wiederum zwei Jahren im Dschungel lebte als *Liberation fighter*.

»Kannst du nach Hause schreiben?« habe ich ihn an jenem Abend gefragt.

»Nein. Aber ich wüßte auch nicht, an wen. Der Dschungel ist mein Zuhause.«

Und was er mache, wenn der Krieg zu Ende sei.

»Dieser Krieg wird noch lange nicht zu Ende sein.«

Ich erfuhr dann noch einiges andere, und zwar von den amerikanischen Mitgefangenen. Sie glaubten zu wissen, daß Bob zu einer jener Propagandatruppen gehörte, die in das Kampfgebiet hineingehen, um die andere Seite zum Überlaufen aufzufordern. Er nehme dann ein Megaphon und rufe: Ich bin Amerikaner. Ich bin übergelaufen. Ich habe die Ungerechtigkeit des Krieges der Amerikaner in Vietnam erkannt und arbeite daher jetzt mit der Befreiungsfront zusammen. Kommt 'rüber zu uns. Hier wird keiner mißhandelt. Wer freiwillig seine Waffen niederlegt, dem garantiert die Befreiungsfront, daß er sobald wie möglich in seine Heimat zurückgebracht wird oder eine Ausreisegenehmigung in ein Land seiner Wahl erhält.

Die amerikanischen Gefangenen wollten das von anderen gehört haben. Was davon stimmt, weiß ich nicht. Eines Tages dann war Bob plötzlich verschwunden. Ich hatte ihn zum letztenmal gesehen, als er wieder einmal das Camp verließ; in seinem Wasserlilienhut, die Ärmel des grünen Dschungelhemdes hochgekrempelt bis zum Ellenbogen, die Hosenbeine hochgeschlagen bis unters Knie. Und mit seinen Ho-Tschi-Minh-Sandalen, einem kleinen Rucksack auf dem Rücken und seiner *Forty-Five*. So verschwand er im Dschungel, den er kennen mußte wie seine Heimat.

Ich dachte damals, ich würde nie mehr von ihm hören. Und es dauerte wirklich vier Jahre, bis zum Februar 1973, daß wieder von ihm geredet wurde. Es war im Hanoi-Hilton, dem Gefängnis in Nordvietnam, aus dem wir schließlich aus der Gefangenschaft entlassen werden sollten.

Es gab in diesem Gefängnis auch eine Gruppe von acht Amerikanern, die von den anderen Gefangenen geschnitten wurden. Diese acht nannten sich selber PCs, das heißt *Peace Commity*, Friedenskomitee; in den Augen der anderen amerikanischen Gefangenen waren es schlicht Verräter, die, um sich ein paar Vorteile in der Gefangenschaft zu verschaffen, ihre eigenen Kameraden und ihr Land verraten hatten. Diese acht hatten im übrigen beantragt, nicht mit den Amerikanern entlassen zu werden. Sie baten um politisches Asyl, aber es wurde ihnen abgelehnt. Sie wurden nach Hause geschickt wie die anderen.

Einen dieser acht nun kannte ich, Barber – der richtige Name tut nichts zur Sache. Barber hatte in der Küche der Amerikaner in Camp II gearbeitet. Ich traf ihn, wie gesagt, plötzlich auf dem Hof des Hanoi-Hilton wieder, nach fast vier Jahren. Zuerst erkannte ich ihn nicht, denn damals war er eine ausgemergelte Gestalt gewesen, jetzt war er richtig herausgefüttert. Ich fragte ihn dann nach Bob, denn ich dachte, er würde es vielleicht wissen. »Wo ist Bob? Hast du irgend etwas von Bob gehört?«

Da sah dieser Barber mich ganz entsetzt an und sagte: »Bob, mit dem habe ich nichts zu schaffen! Mit diesem Überläufer!«

Nein, mit Bob hatten sie nichts zu schaffen, weder die einen noch die anderen. Bob stand auf keiner Seite.

Aber Bob lebte. Im Hanoi-Hilton erzählte man sich, er sei nach Nordvietnam gegangen. Man habe ihn zum Leutnant gemacht und ihm eine Funktion bei *Voice of Vietnam Radio* gegeben. Eine wichtige Funktion in der englischsprachigen Abteilung dieses Propagandasenders.

Vielleicht stimmte es. Bob jedenfalls war nicht unter den entlassenen Gefangenen. Er stand auf keiner Liste. Er kehrte nicht in die Staaten zurück. Ich erinnere mich daran, daß Bob mir einmal gesagt hatte, daß er vielleicht, wenn der Krieg zu Ende sei, nach Schweden gehen werde. Aber das alles konnte ich mir schwer vorstellen.

Und besonders schwer fiel es mir, mir Bob in Hanoi vorzustellen, als Leutnant, in einem großen Gebäude mit vielen Antennenmasten darauf, in einem kleinen, stickigen Raum hinter einem Mikrophon. Hinter einem Megaphon, an der Front, seine Kameraden auffordernd überzulaufen? Das schien mir möglich. Hinter einem Mikrophon, Phrasen dreschend? Das konnte ich mir nicht ausdenken.

Wenn ich heute an Bob denke, so an Bob den *Liberation fighter*, so wie ich ihn das erste- und letztemal sah, mit aufgekrempelten Hosen und mit seinem Wasserlilienhut.

Für was er kämpfte? Für eine sowjetische Uhr? Für Geld? Für Ruhm? Für sich selber? Ich weiß es nicht.

Ich sehe ihn nur aus dem Dschungel kommen und in den Dschungel zurückkehren. Vielleicht war es auch nur ein Mädchen, das er suchte, ein sweetheart.

Willies Buch

B. D.

Seit Bob gesagt hatte, Marie-Luise und Monika würden in unser Camp gebracht, warteten wir voller Ungeduld. Bob hatte uns noch einmal bestätigt, daß sie bestimmt kommen würden, »heute noch, oder morgen«. Bob war damals noch im Camp, er verschwand nur immer für kurze Zeit.

An demselben Tag geschah nichts. Der nächste verging. Der Abendgong hatte geschlagen. Wir durften uns dann nicht mehr draußen aufhalten, aber durch die offene Tür der Hütte hatte man einen weiten Blick über das Camp.

Die Abende waren kühl, und wir hatten die Reissäcke über unsere Schultern gehängt. Man sah also diesen freien Platz vor der Hütte, der dann leicht abfiel bis zum Bach, wo wir uns wuschen, und plötzlich sahen wir sie diese leichte Steigung heraufkommen, zuerst war es der spitze Hut, der zu sehen war, dann erkannten wir Monika.

Man sah, die Füße taten ihr weh. Sie konnte kaum noch richtig laufen. Sie stakste über die Erde, stolperte über eine Wurzel; sie wankte wie in Trance auf unsere Hütte zu.

Sie war allein, aber wir hatten uns schon ausgemalt, daß man Marie-Luise vielleicht in einer Hängematte würde tragen müssen, wegen ihrer Krankheit. Wir waren also nicht beunruhigt, oder wenn, nur über Monikas Zustand. Sie hatte tiefe Ringe unter den Augen. Wir guckten sie alle nur an. Sie stand da und konnte nicht sprechen. Auch wir sagten nichts. Ich sah, daß sie die roten Schuhe anhatte, Marie-Luises Leinenschuhe, aber auch das machte uns nicht stutzig, denn das war ja nichts Außergewöhnliches, sie hatten ja immer die Schuhe untereinander ausgewechselt.

Als Monika bei den flachen Stufen vor unserer Hütte stolperte, sagte ich lachend: »Na, Monika, komm! So schlimm kann es ja auch nicht sein. Jetzt hast du es ja hinter dir. Jetzt sind wir wieder alle zusammen.«

Wir schüttelten ihr die Hände. Noch immer war keiner von uns auf die Idee gekommen, nach Marie-Luise zu fragen. Doch da sagte sie, es war das erste, was sie sagte: »Wißt ihr denn nicht, was passiert ist?«

Wir sahen uns dumm an. Es war Georg, der dann fragte, mit einer ganz hoffnungslosen Stimme fragte: »Was ist los? Was ist geschehen? Was haben sie mit ihr gemacht?«

»Marie-Luise ist tot.«

Der Schlag traf uns völlig unvorbereitet. »Was? Das gibt es nicht! Unmöglich!« Wir redeten alle durcheinander. Mir fiel auf, daß Georg nichts sagte, er stand nur da, bleich im Gesicht, erst in diesem Augenblick wurde mir klar, warum ihn diese Nachricht so besonders traf. Er kannte Marie-Luise ja kaum, aber in den elf Tagen auf dem Marsch in die Gefangenschaft waren die beiden immer Hand in Hand gegangen. Als wir das Camp I verlassen mußten, hatte er den Campleiter immer wieder gebeten, doch *ihn* bleiben zu lassen. Es war mir damals gar nicht so aufgefallen, ich hatte dem keine Beachtung geschenkt.

Denn so war es doch: Fünf Menschen steigen an einem Sonntagmorgen zusammen in einen Jeep, um einen Ausflug zu machen. Diese fünf Menschen haben zusammen gearbeitet, sie sind aus den verschiedensten Motiven in dieses Land gekommen — fünf Menschen, die sich im Grunde kaum kannten. Allein mit Rika war ich per du gewesen, ein mehr kameradschaftliches Du, mit allen anderen war ich per sie, noch im Jeep, noch in den ersten Tagen, redeten wir uns so an: »Würden Sie . . .« Das war dann natürlich weggefallen, wie ganz selbstverständlich sagte man du, aber das kam aus der Situation heraus; wir saßen alle im gleichen Boot, wir mußten uns gegenseitig helfen – da führte ich Rika an der Hand, Georg Marie-Luise –, und doch waren wir uns alle im Grunde noch fremd.

Aber wie Georg nun dort stand, bleich, da dachte ich, da ist etwas entstanden, was du gar nicht bemerkt hast, was Georg vielleicht selber bis zu diesem Augenblick nicht gewußt hatte und was Marie-Luise sicher nie gewußt hatte.

»Wie ist es passiert? Wie konnte das geschehen?« Das waren unsere Fragen, aber sie zeigten nur unsere Hilflosigkeit gegenüber dem Unerwarteten. Daß so etwas passieren könnte, damit hatte keiner gerechnet. Das Schlimmste, woran wir gedacht hatten, war, daß wir getrennt werden könnten, das war schlimm genug. Aber daß einer aus unserem Kreis tot war, das war unvorstellbar. Sich das vorzustellen – tot! Es war, als ob ein Glied aus unserer Kette gebrochen war.

Dann war es plötzlich ganz still in der Hütte. Monika begann zu weinen. Georg Bartsch half ihr auf das Lager. Ich hielt es nicht mehr in der Hütte aus. Ich trat nach draußen. Auch hier hörte man das Weinen. Sterne standen am Himmel. Tot – dachte ich, und: Da muß doch etwas geblieben sein von deiner so strengen religiösen Erziehung. Der Glaube an den absoluten Sinn von allem, was da geschieht! Der Glaube an das absolute, übergeordnete Wesen. Ein Gott, den ich zwar nicht kannte, den ich trotzdem liebte. Ich, das machtlose Wesen, das ganz in seiner Hand war.

Wo war das alles geblieben?

Das Weinen und Schluchzen drang noch immer aus der Hütte. Aber da war ein anderes Geräusch. Es kam von dem Bambuszaun um die Hütten der amerikanischen Gefangenen. Jemand rief meinen Namen, flüsternd. Die Wachen kümmerten sich nicht um mich. Ich ging näher an den Zaun. Zwei, drei Feuer brannten in dem Areal der Amerikaner, es war kalt. Ich sah Dr. Kuschner, den Arzt. Er hatte mich gerufen. Er stand dort, in dem flackernden Licht sah ich ihn, in seinem olivgrünen Jäckchen, abgemagert, den Kopf kahlgeschoren, und mit der Brille, die von einem Gummiband gehalten wurde; sie hatte einem anderen Gefangenen gehört, der gestorben war. Nun trug Dr. Kuschner sie, weil man ihm seine eigene gleich im ersten Camp abgenommen hatte.

»Was ist geschehen?« fragte er.

Ich sagte es ihm. Und dann sagte ich, weil ich immer noch meine Fragen an Gott hatte: »Wenn ich nur eine Bibel hätte.«

Er sah mich an, ganz überrascht. Er sagte: »You realy want one?« Ob ich wirklich eine wolle?

Ich sah ihn ganz hoffnungsvoll an. »Du hast eine?«

»Nein, ich nicht. Aber Willie hat eine. Er hat ein Buschmesser und eine Bibel. Das Messer würde er dir nicht geben. Die Bibel, glaube ich, schon.«

»Du meinst, er würde sie mir wirklich geben?« Willie war ein junger Neger, und jetzt erinnerte ich mich auch, beides bei ihm gesehen zu haben, das Buschmesser und die Bibel. Dr. Kuschner verschwand in einer der Hütten. Als er zurückkam, hatte er die Bibel dabei. Er reichte sie mir über den Zaun. »Willie sagt, du kannst sie vorläufig behalten.«

Ich bin dann mit der Bibel zurück in unsere Hütte gegangen. Ich habe zu den anderen gesagt: »Laßt uns zusammen für Marie-Luise beten.« Ich habe versucht, das Englische ins Deutsche zu übersetzen, denn es war natürlich eine englische Bibel. Ich las vor. Aber Monika hörte nicht zu.

Von dem Augenblick an, als Monika unsere Hütte betreten hatte, als sie sich auf das Bambuslager sinken ließ, von dieser Stunde an war etwas Seltsames mit ihr vorgegangen. Sie schlief nur noch, stand nicht mehr auf, aß nichts. Sie war ohne jede Kraft, nur beherrscht von dem einen Gedanken – zu schlafen.

In der ersten Woche brachten wir sie noch dazu, wenigstens für Stunden aufzustehen, aber die Zeiten, die sie bewußtlos dalag, wurden immer länger. Wir machten uns große Sorgen. Warum steht sie nicht mehr auf? Was können wir tun, daß sie aufsteht? Daß sie sich wenigstens einmal eine halbe Stunde in die Sonne setzt!

Wir hatten in den ersten Tagen noch Erfolg damit. Sie kam dann heraus, für eine halbe Stunde, saß auf der Bank vor der Hütte, schweigend, unansprechbar. Dann kroch sie wieder zurück auf ihre Schlafstelle, wie ein Tier. Kam das Essen, versuchten wir, sie zu wecken. »Du mußt essen!«

»Nein. Laßt mich!«

Manchmal haben wir sie so weit gebracht, daß sie ein Löffelchen Reis gegessen hat, aber eine Minute später erbrach sie sich. Der Y Si des Lagers kam, hielt lange Vorträge und tat nichts. Monika wurde immer schwächer, bis sie schließlich einfach wie tot liegenblieb.

Sie fing an zu phantasieren. Sie brachte dauernd die Zeiten durcheinander. Sie wußte nicht, was sie sprach. Sie schien nichts mehr von dem, was um sie herum vorging, aufzunehmen. Einmal, als Rika Monika wusch, schlug sie erschreckt die Augen auf. Rika hatte damals bereits Beriberi, sie war von Hungerödemen angeschwollen, besonders im Gesicht; ein großer geschwollener Hals, geschwollene Wangen, Augen, die ganz tief lagen. Da richtete Monika sich auf und sagte erschrocken: »Was tut die Vietnamesin hier? Bringt sie weg! Sie soll endlich ihre Medikamente auspacken. Es ist eine Schande, daß sie immer noch nicht damit fertig ist.«

Ich packte sie an den Schultern, rüttelte sie und sagte: »Aber, Moni, das ist doch die Rika.«

Sie blickte mich an, jetzt plötzlich bei Bewußtsein, und sagte:

»Ja, sie muß ins Krankenhaus, sofort. In ein richtiges Krankenhaus. Was wartet ihr noch?« Aber dann phantasierte sie schon wieder und sagte: »Bringt sie doch wenigstens bis zu der Kurve. Sie warten dort mit dem VW. Macht schnell. Sonst stirbt sie hier.« Dann war sie wieder weg, unansprechbar.

So ging es weiter. Sie lag da und schlief. Nur zwischendurch erlebte sie ein paar Dinge, mehr oder weniger klar. Sie hätte genausogut alles träumen können.

Einmal hoben Rika und ich sie von der Bettstelle. Wir griffen ihr unter die Achsel, schleppten sie zur Latrine, es war zum Glück nicht weit, hoben sie dann wieder auf ihr Lager, und sie merkte nichts, die Augen waren verdreht, sie stammelte unartikulierte Worte. Ihre Lippen waren ganz schmal und dunkelblau. Sie drehte sich weg, lag dort, mit dem Gesicht zur Wand. Danach sahen wir uns an, und jeder dachte, ohne es auszusprechen: Sie wird die nächste sein, die sterben wird.

Von Zeit zu Zeit kam der Y Si des Lagers, schritt gravitätisch daher, hielt seine Vorträge, die niemand verstand, benützte sein Stethoskop, auf das er ungeheuer stolz war. Er gab ihr Spritzen in den Oberarm, Vitamine, glaube ich, die schwere Abszesse verursachten, und Medikamente, die Monika meistens erbrach. Sie erbrach eigentlich alles.

Wir hatten sie danach aufgegeben. Wir dachten, für Monika gibt es keine Hilfe mehr. Aber vielleicht hatte es die Natur so eingerichtet, mit diesem langen Schlaf, dieser langen Bewußtlosigkeit, daß sie von all dem verschont bleiben sollte, was sich in den nächsten Wochen ereignete, gleich neben ihr...

In diesen Tagen habe ich die Bibel selten aus der Hand gelegt. Oft saß ich draußen vor der Hütte auf dem Baumstamm und las in Willies Bibel. Und ich erinnere mich, daß einmal Bob hinzukam – er war damals noch ein letztesmal in unser Camp zurückgekommen.

121

Er hatte die Spielkarten dabei, wie immer. Er setzte sich, begann schon zu mischen. Er teilte die Karten aus, für mich und für sich, und sagte ungeduldig: »Nun, komm schon, ich hab' schon gegeben, nimm deine Karten. Du spielst aus.«

Ich las in meiner Bibel, und sah ihn ärgerlich an. »Du siehst doch, daß ich lese.«

Er sagte: »Nun, komm schon, dein Buch kannst du immer noch lesen.«

Dein Buch! Er mußte doch gesehen haben, was ich da las. »Das ist eine Bibel!« sagte ich.

Er lächelte nur. »Ist das kein Buch!«

Ich war empört. Die Bibel ein Buch zu nennen. Ein Buch! Ich mußte an die Propagandaschriften denken, die er mir im Auftrag von Huong gebracht hatte. »In dem Buch steht schließlich keine Propaganda!« sagte ich.

»Wirklich keine Propaganda?« sagte er und mischte seine Karten, lächelte und wartete.

Wir haben dann doch noch Casino gespielt.

Rice for the People

B. D.

Georg Bartsch war in meinen Augen ein Brocken von Kerl,
einen Kopf größer als ich, zehn Pfund schwerer, ein Mann,
dem in An Hoa keine Arbeit zuviel wurde, der zusätzlich
Sonntagsdienst machte, vor allem aber schien er körperlich
tauglicher als wir alle. Und von allem Anfang an, vom ersten
Tag der Gefangenschaft, hatte ich mich mit dem Gedanken
getröstet: Wenn es dir mal dreckig geht, wenn du nicht
mehr weiterkannst, wenn du schlappmachst, der Georg, der
kann dir dann bestimmt helfen.
Wir hatten uns in An Hoa kaum gesprochen, Ich wußte
nicht, woher er kam. Er war ja erst ein paar Wochen in
Vietnam, erst am 6. April war er in An Hoa eingetroffen,
also zwanzig Tage vor unserem Ausflug. Aber daß er dabei
war, das war ein Glück, dachte ich, eine Art Versicherung,
und es stellte sich heraus, daß er ein toller Kamerad war,
der immer half, von dem man etwas lernen konnte; von ihm
erst habe ich gelernt, Zigaretten zu drehen, mit dem schlechten Papier und groben Tabak. Und nun war Georg es, der
als erster schlappmachte!
Wir alle drei waren von Camp I mit hohem Fieber und nach
einem Malaria-Anfall aufgebrochen. Der Weg hatte Georg
seine letzte Kraft gekostet. Immer wieder pausierte er, er
hatte einen flatternden Puls, 120 in der Minute, er sah

Bänke, wo keine waren, und Häuser, die es nicht gab. Dauernd sprach er davon, daß er sich dort, auf dieser schönen, grüngestrichenen Bank da oben, endlich würde ausruhen können. Er klappte zweimal zusammen, wurde ganz blaß und bekam eine spitze Nase. Er hatte hohes Fieber.

Er hatte dann von Bob die Chinintabletten erhalten, wie wir alle. Unser Zustand besserte sich leicht. Wir machten damals unsere Hütte fertig, Georg half dabei. Aber schon da hatte Dr. Kuschner, der amerikanische Arzt, mich beiseite genommen und mich gewarnt, Georg solle mit der Arbeit aufhören, absolut aufhören, auch die Morgengymnastik einstellen, sich einfach hinlegen und ausruhen. Er ließ sich von allen früheren Krankheitssymptomen berichten, und er äußerte den Verdacht, daß Georg durch die Strapazen des Malaria-Anfalls einen Herzschaden erlitten haben könnte. Er hatte auch versucht, von dem Y Si des Lagers das Stethoskop zu erhalten, um George abzuhorchen, das aber hatte der Y Si entrüstet abgelehnt.

Dann kam Monika zu uns, am 26. Mai war das, vier Wochen nach unserer Gefangennahme also, und danach ging es uns allen zunehmend schlechter. Wir hatten alle den schweren Malaria-Anfall noch nicht überwunden, spürten die Erschöpfung, die ersten Auswirkungen der schlechten Ernährung, und bei Rika kamen die schrecklichen Anschwellungen hinzu. Und was der Y Si des Lagers unter medizinischer Versorgung verstand, das war schon fast zum Weinen: In einem kleinen Aluminiumtöpfchen kochte er die Spritzen und Nadeln aus, und im selben Topf wärmte er die Ampullen mit Vitamin B1 und Glucose an, die er uns von Zeit zu Zeit spritzte und die bei Monika Abszesse verursachten.

Wenigstens gestattete man nun aber den amerikanischen Gefangenen, sich um uns zu kümmern. Sie brachten uns das Essen, sie wuschen unser Geschirr. Wir hatten auch in diesem Lager eine Art Gefangenenkleidung bekommen, die Frauen weiße, die Männer schwarze Pyjamas; die wurden nun auch von den Amerikanern gewaschen, am Bach, etwa dreißig Meter vom Lager entfernt.

Georgs Zustand verschlechterte sich auffallend nach der Ankunft von Monika und der Nachricht vom Tod Marie-Luises. Auch Georg wollte nun nicht mehr aufstehen, nicht mehr essen. Als ich einmal neben ihm saß, ihm den Löffel Reis hinhielt und ihn bat, er solle sich doch bitte aufsetzen dazu, meinte er: »Warum? Probier es nur aus, du kannst dich auf den Kopf stellen, da geht das Essen auch in den Magen, warum also nicht im Liegen.« Es sollte ein Spaß sein, aber lachen konnte keiner darüber.

Hinzu kam, daß er offene Beine hatte, Geschwüre bis hinauf zu den Hüftknochen, die nicht mehr heilten. Der Y Si zerdrückte Penicillin-Tabletten und streute das Pulver auf die Wunden, aber sie wässerten und bluteten weiter.

Nach Monikas Rückkehr hatten wir ein ganzes Paket Tabak und Zigarettenpapier erhalten, wohl um uns aufzumöbeln und Mut zu machen, aber Georg rauchte nicht mehr. Er rollte mir nur hin und wieder meine Zigaretten, weil er immer noch nicht zufrieden damit war, wie ich es machte. Wir hatten auch zwei Handtücher bekommen und zwei Stück Seife, und an einem dieser Tage machten die Amerikaner einen großen Topf mit Wasser heiß, holten Georg ab, trugen ihn zu ihren Hütten und badeten ihn. Als sie ihn zurückbrachten, war er in Tränen aufgelöst, vor Rührung und Freude. Er weinte eine halbe Stunde lang.

Es war eine verzweifelte Situation. Mir wurde dauernd schwarz vor den Augen, Rika lag mit allen Anzeichen einer schweren Beriberi auf ihrem Lager, Monika war bewußtlos, dämmerte dahin, bekam von alldem nichts mit. Der Y Si kam weiter jeden zweiten Tag, kochte vor unserer Hütte seine Spritze ab, gab seine Vitamin B1 und Glucose, 10 cb. Aber was halfen zehn Kubik in dieser Situation. Rika hatte schon in Da Nang an Schlaflosigkeit gelitten, aber dort hatte sie Tabletten bekommen. Jetzt bekam sie keine, obwohl sie da waren. In ihrer ganzen Gefangenschaft schlief sie kaum. Meistens lag sie wach.

Dann, am 7. Juli, faßte Georg abends meine Hand und sagte: »Fühl mal, wie kalt ich bin. Es fühlt sich an, als sei ich schon gestorben.« Wir hatten zusammen nur ein Moskitonetz. Wir froren beide. Ich rückte etwas näher zu ihm. »Sag so etwas nicht«, flüsterte ich.

Da sagte er: »Weißt du, daß ich schon einmal dem Tod begegnet bin?«

Ich kannte ihn, wie gesagt, ja kaum, wußte nichts von ihm, so gut wie nichts, und er erzählte nicht viel. Er war fünfundzwanzig damals, hatte sich, wie er es ausdrückte, »mit Hängen und Würgen« bis zur mittleren Reife durchgeschlagen: »Griechisch, ach Gott, ich darf gar nicht daran denken; und Lateinische Grammatik, o Graus.« Er war dann, nach seiner Zeit in der Bundeswehr, Krankenpfleger geworden, hatte in verschiedenen Kliniken in Würzburg und Aschaffenburg gearbeitet, bis er sich zum Einsatz in Vietnam meldete.

»Hast du nicht gehört, was ich gesagt habe?«

»Bitte!« flehte ich ihn an, »sprich nicht so laut, daß die anderen es nicht hören.«

»Aber es stimmt, es war in Würzburg, ein paar Tage, bevor ich nach Vietnam flog.« Und er beschrieb in allen Einzelheiten das Krankenhaus, den Sonntag, an dem er gearbeitet hatte, die Station, auf der es geschehen war, auf der er dem Tod begegnet war, »von Aug' zu Aug'«, wie er sagte.

»Dort im ersten Stock lag ein Patient«, erzählte er flüsternd, »in einem Einzelzimmer in der Intensivstation, und jeder von uns wußte, daß ihm nicht mehr zu helfen war, daß er in den nächsten Tagen sterben würde. An diesem Sonntag war ich bei ihm, hatte ihn gewaschen, sauber gemacht. Dem Patienten ging es da ganz gut. Wir haben noch zusammen gelacht, über die Geschichten, die ich ihm erzählte.«

»Ich trat aus dem Zimmer auf den Gang, schloß die Türe

hinter mir. Es war ein Sonntagmorgen, keine Besuchszeit, die Gänge waren leer. Ich öffnete die Milchglastüre, die ins Treppenhaus führte. Da kam ein Mann die Treppen hinauf, im schwarzen Anzug, ein schwarzer Mantel und ein schwarzer Hut, der sein Gesicht teilweise verdeckte. Ich spreche ihn an und sage: ›Es ist keine Besuchszeit! Wohin wollen Sie denn?‹ Aber der Mann schiebt mich einfach zur Seite und geht an mir vorbei. Ich sehe ihm nach, wie er die Glastür öffnet, wie sie hinter ihm zufällt. Mir war ganz kalt geworden bei seinem Anblick.«

»Muß ich dir noch das Ende erzählen?« fragte er, noch leiser, aber ganz klar.

Ich hätte am liebsten gelacht. Ich hätte am liebsten gesagt: »Hör auf mit solchen Gruselgeschichten.« Ich konnte weder lachen noch etwas sagen, und er war schon fortgefahren:

»Ich eile ihm nach. Ich sehe, wie er in das Zimmer dieses Patienten geht, aber dann, als ich selbst das Zimmer betrete, kurz nach ihm, ist der Schwarze nicht mehr zu sehen. Er ist nicht mehr da, obwohl es nur diesen einen Zugang gibt, aber der Patient liegt in seinem Bett und ist tot. Eine Minute vorher haben wir noch geplaudert, und nun ist er tot, und ich kann nur noch den Arzt rufen ...«

Ich sage nichts. Mir ist nur noch kälter als zuvor. Ich rücke noch näher an Georg heran, damit wir uns beide wärmen ...

Am nächsten Morgen hatte das Wetter umgeschlagen. Es gab Nebel, und es nieselte draußen. Georg schien es etwas besser zu gehen. Ich sagte zu ihm: »Komm, steh auf, etwas Bewegung wird dir guttun?« Er schüttelte den Kopf. Ich ging zu Rika. Sie schüttelte den Kopf. Ich ging zu Monika, aber die lag wie immer mit dem Gesicht zur Wand, hörte mich erst gar nicht.

Ich ging nach draußen, machte für mich allein meine Gymnastik. Ich aß allein meinen Reis. So war es! Der eine konnte dem anderen nichts mehr sagen. Wir haben in diesen Tagen nur das Wichtigste miteinander gesprochen – oder das Unwichtigste, wenn man will. Iß etwas. Willst du dich nicht waschen? Willst du nicht an die Luft gehen? Eine andere Unterhaltung gab es nicht. Nichts sonst existierte. Die Bibel war ein Buch. Gott existierte nicht. Es gab nur: Ach, was gäbe ich jetzt für ein Stück Fleisch! Jetzt eine warme Decke! Rika sagte: »Einmal möchte ich mir noch die Haare waschen, in warmem Wasser, mit einem guten Shampoo. Wenn ich sie mit dieser schrecklichen Seife wasche, werden sie nur ganz stumpf.« – Hatten wir jegliches Gefühl verloren? Aber es war so. Nur diese primitiven Notwendigkeiten des Menschen beherrschten uns. Ich hatte seither nicht mehr in Willies Bibel gelesen. Und wenn die anderen beteten, so merkte ich es nicht, dann taten sie auch das für sich allein.

Georg verließ den ganzen Tag nicht seinen Platz. Erst gegen Abend, schon in der Dunkelheit, half ich ihm auf; darin war er eigen, er wollte immer erst zur Latrine gehen, wenn die anderen nichts davon merkten. Er legte den Arm um meine Schultern. Wir torkelten dann bis zum Eingang der Hütte. Von dort aus wollte er dann allein gehen, und bisher hatte er die wenigen Meter auch immer geschafft. Diesmal schlug er schon beim ersten Schritt auf den Boden. Er gab keinen Laut von sich.

Es war stockdunkel. Kein Mond, kein Stern schien. Ich war auch schwach, mir zitterten die Knie. Ich sagte: »Komm, Georg, steh auf!« Er versuchte, sich zu erheben, ich stützte ihn dabei, er kam ein bißchen hoch, dann schlug er wieder hin. Ich versuchte, ihn hochzuziehen. Aber ich war zu schwach. Da sagte er: »Ach, komm! Laß mich hier liegen.«

»Du kannst doch nicht die ganze Nacht hier liegenbleiben.«

»Warum nicht? Ich bleib' hier liegen, bis es hell wird, bis sie den Bambusgong schlagen, dann will ich doch mal sehen, ob sie mich aufheben, ob sie wirklich ein Herz im Leib haben.«

Irgendwie habe ich es dann doch geschafft. Irgendwie habe

ich den schweren Körper hochgekriegt, Georg, von dem ich gehofft hatte, daß er mir hilft, wenn ich schlappmache. Wir waren nun schon zehn Wochen in Gefangenschaft, er hatte einige Kilo verloren, aber er war immer noch ein Brocken Kerl. Ich stieg voraus auf das Lager, zog ihn auf die Bambuspritsche, streifte ihm die Schuhe herunter und legte mich dann wieder dicht neben ihn.

Es war still. Aber plötzlich sagte er: »Hör mal, kannst du mir helfen?«

»Ja, was ist es?«

»Es ist ganz dumm, aber ich kann das ›Vaterunser‹ nicht mehr, ich komme über die erste Zeile nicht hinaus, ›Vater unser, der Du bist im Himmel ...‹, dann ist es aus, ich habe das wirklich vergessen.«

»Nichts einfacher als das«, sagte ich. »Vater unser, der Du bist im Himmel ...«, und dann blieb ich stecken. »Warte!« sagte ich, »einen Moment, das haben wir gleich.« Ich dachte an zu Hause, sofort würde es mir dann einfallen, ich brauchte nur an das Mittagessen zu denken; der Papa kommt die Treppe herauf, meine Mutter sagt: Schnell, schnell, die Suppe wird kalt, alles steht um den Tisch, denn es wird im Stehen gebetet, mit dem Blick zum Kruzifix über der Tür. Vater hat seine Jacke über den Stuhl gehängt, den obersten Hemdknopf gelöst. »Aller Augen warten auf Dich, o Herr ...« Jetzt muß das »Vaterunser« kommen, es schließt sich an. *Einen Moment noch, Georg, gleich weiß ich weiter.* Aber das Bild verschwindet, ich kann es nicht festhalten. Ich denke an Weihnachten. Die Tür ist verschlossen, dahinter wird die Krippe aufgebaut, der Baum geschmückt, ganz streng, nur mit weißen Kerzen, silbernen Kugeln und Lametta. Die Tür geht auf, wir dürfen unsere Geschenke noch nicht ansehen, erst wird vor der Krippe das »Vaterunser« gebetet, mein Vater betet es vor. Ich sehe, wie seine Lippen sich bewegen, aber ich höre nichts, nichts höre ich; vielleicht kann ich es ihm von den Lippen ablesen ...

»Vater unser, der du bist im Himmel ...« Hundertmal hatte
ich es selber gebetet, tausendmal, und nun kann ich es beim
besten Willen nicht, und ich muß es Georg sagen.
»Es tut mir leid, Georg, aber ich habe es vergessen, es geht
mir wie dir, ich komme über die erste Zeile nicht hinaus.«
Es muß ein Schock gewesen sein für ihn. »Daß *du* das vergessen hast! O Gott, daß du es vergessen hast. Weißt du,
was das heißt!«
»Aber, Georg, was soll das heißen! Es heißt, daß ich einfach
vollkommen verblödet bin, das ist nur der Hunger, das
schlechte Essen.«
»Nein!« sagte er heftig. »O Gott, jetzt weiß ich, daß ich
nicht mehr nach Hause komme.«
Er weinte wie ein Kind. So lagen wir in dieser Nacht zusammen. Er fror. Mir war kalt. Und mir fiel immer noch
nicht ein, wie es weiterging, so sehr ich auch mein Hirn
zermarterte.
Der nächste Tag war wieder sonnig. Der Gong ertönte. Um
7 Uhr plärrte das Radio, das Huong über den Zaun der
Amerikaner hielt. Ich saß neben Georg. Ich saß den ganzen
Tag neben ihm. Er redete Dinge, die ich nicht verstand. Er
sagte: »Wenn ich ein Grundstück ausgebaggert habe, das
war immer in Ordnung, warum macht man mir jetzt Vor-
würfe?« Er sagte: »Wenn mein Vater mich hier sehen
würde, daß ich hier in so einem Baggerloch arbeiten muß,
der würde für mich auf die Barrikaden gehen. Und meine
Mutter erst!«
Er phantasierte. Er redete den ganzen Tag von Dingen, die
ich nicht verstand, an diesem Tag, der so sonnig war. Gegen
Nachmittag sagte er plötzlich, er möchte auf die Latrine.
Rika und ich haben versucht, ihn aus dem Bett zu heben.
Aber dann schüttelte er den Kopf: »Jetzt ist es schon pas-
siert.«
Wir haben ihn gewaschen, eine frische Hose angezogen.
Dr. Kuschner kam, und Gus, der Amerikaner, der ein wenig

Deutsch sprach. Er machte seine Späße mit *Lederhosen* und *Riesengaudi* und *Oktoberfest* und sah ganz hilflos dabei drein. Dr. Kuschner hatte ein ernstes Gesicht, noch ernster als sonst.

Georg zeigte keine Reaktionen mehr. Er lag vollkommen ruhig da. Auf Fragen gab er keine Antwort. Die Augen waren geschlossen. Er atmete ruhig. Er war die ganzen Tage nie so ruhig gewesen. Der Y Si kam, horchte das Herz und die Lunge ab und sagte: »Es ist alles in Ordnung. Er ist nur ein bißchen schwach. Das gibt sich wieder.« Aber er log, er wußte, daß er log, und diesmal tat er es wohl aus Mitleid mit uns.

In dieser Nacht wurde es entsetzlich kalt. Georgs Zustand war unverändert schlimm; er lag einfach ruhig da. Auf einmal sagte Rika: »Könnte ich nicht zwischen euch schlafen, ich friere so? Ich werde unter diesen ›Reisdecken‹ nicht warm. Kann ich nicht zwischen euch liegen, vielleicht wird es dann besser.« Sie legte sich dann in unsere Mitte. Etwa gegen 10 Uhr merkte ich, wie es immer enger wurde in meiner Ecke. Ich bat Rika, ein bißchen zu rücken.

»Ich kann nicht«, sagte sie, »der Georg macht mir keinen Platz. Ich hab' ihn schon drum gebeten, aber er antwortet nicht.«

»Bitte, Georg«, sagte ich, »rück ein Stückchen, du hast auf deiner Seite noch soviel Platz.« Aber er antwortete auch mir nicht. Da sagte Rika: »Du, ich glaube ... mein Gott, ich höre ihn gar nicht mehr atmen.«

Ich richtete mich auf. »Was!«

»Er atmet nicht mehr.«

Ich saß da, steif, kerzengerade. Es war stockdunkel in der Hütte. Ich beugte mich über Rika. »Georg! Sag etwas. Sag doch etwas, Georg, Georg!« Aber Georg war tot.

Ich rannte nach draußen. Ich schrie nach dem Hilfsarzt. Ich rief nach Dr. Kuschner. Da kamen schon die Wachen angerannt. Kurz darauf kamen die andern, Huong, der Dolmetscher, der Y Si. Einer hatte ein kleines Petroleumlämpchen dabei.

Georg lag da, ganz friedlich, die Augen geschlossen, wie ein Schlafender, nicht vom Tod gezeichnet. Er hatte dunkle Haare, und in den zehn Wochen, elf nun fast, seiner Gefangenschaft war ihm ein dunkler, voller Bart gewachsen, und er war sehr stolz darauf gewesen, Little John durfte immer nur die Spitzen abschneiden. »Mein ganzes Leben lang wollte ich mir einen Vollbart wachsen lassen«, hatte Georg noch wenige Tage zuvor gescherzt, »aber nie bin ich dazu gekommen, ich mußte wohl erst in Gefangenschaft geraten.«

Ich stand dort und dachte, eigentlich gibt es gar keinen Unterschied zwischen Georg, dem Lebenden, und Georg, dem Toten. Er sah immer noch so kräftig aus. Aber dann dachte ich: Wozu? Wie kann das geschehen? Wie kann Gott das zulassen? Warum setzt er einen Menschen in die Welt, läßt ihn heranwachsen, macht einen Menschen so gut, macht ihn so stark und läßt ihn dann einfach im Stich, läßt ihn einfach so elend sterben, was ergibt das für einen Sinn?

Und plötzlich, als ich so dalag, konnte ich es wieder, das »Vaterunser«, diesmal stockte ich nicht, es ging ganz flüssig, aber es war nun zu spät. Er hörte es nicht mehr. Georg war gestorben, am 76. Tag seiner Gefangenschaft.

Rika und ich zogen Georg aus. Wir wuschen ihn, zogen ihm den schwarzen Pyjama an, die Kleidung seiner Gefangenschaft. Wir deckten ihn mit den Reissäcken zu, die ihm als Decken gedient hatten, diese grauen und verwaschenen Decken, auf denen noch zu lesen war US AID, *Rice for the People*, auch das Zeichen war da, die beiden sich haltenden Hände.

Aber auch das sah ich nur mit Bitternis. Jeder wußte, jeder erzählte es sich, jeder in diesem Lande konnte es einem bestätigen, wie dieser Reis, der für das südvietnamesische Volk gedacht war, in die Hände der Kommunisten geriet.

In Saigon, so hatten die Amerikaner mir gesagt, werden zwanzig Prozent aller im Hafen gelöschten Waren gestohlen, und in Da Nang lag die Prozentzahl noch weit höher. Jeder sagte es einem, daß mehr als fünfzig Prozent aller Gelder, die die freie Welt für Südvietnam schickt, in die Taschen korrupter Kaufleute, Beamter und Militärs des Saigoner Regimes fließen. Ich stellte mir den Weg der beiden zusammengenähten Reissäcke vor, unter denen Georg lag, wie sie unterschlagen, ins Ausland geschmuggelt und dann an die Kommunisten gegen harte Dollars verkauft worden waren.

An das hatte Georg sicher nicht gedacht, als er in dieses Land gekommen war, um zu helfen. Jetzt lag er dort, unter den Reissäcken. Er ist auch mit ihnen begraben worden.

Der Traum des Amerikaners

B. D.

Vier Tage später verliert Rika Kortmann das Bewußtsein, und nach weiteren drei Tagen stirbt sie, ohne noch einmal zu sich gekommen zu sein. Sie, mit 28 Jahren die älteste von uns, seit Oktober 1968 im Malteserhospital in Da Nang tätig, stirbt in Gefangenschaft, wie ihr Vater, von dem ein aus Rußland heimkehrender Kriegsgefangener berichtete, er sei schon 1944 bei einem Bombenangriff auf eines der Lager ums Leben gekommen.

Hindrika Kortmann stirbt an den Folgen der Unterernährung, der Hungerödeme, der Schlaflosigkeit und an der unzureichenden medizinischen Versorgung. Später wird uns einmal gesagt, wir hätten unsere Krankheiten schon alle mit in die Gefangenschaft gebracht, aber davon kann keine Rede sein, das war nur ein Ausdruck ihres schlechten Gewissens; ich bin überzeugt, man hätte sie retten können, und ebenso, daß die notwendigen Medikamente dazu vorhanden waren. Ebenfalls später, sehr viel später, habe ich die Aussage von Willie, Sergeant Willie A. Watkins, Neger, 22 Jahre, gelesen, der im September jenes Jahres aus dem Camp in die USA entlassen wurde. Willie erinnerte sich genau an Rika Kortmann, sie sei, nach seinen Worten, immer diejenige gewesen, die von allen die stärkste Willens- und Überlebenskraft gehabt habe, und vor allem sei sie für alle übrigen

Gefangenen des Camps »Vorbild und Ermutigung« gewesen, und jeder habe ihren Tod als »besonders überraschend und sehr plötzlich« empfunden.

Ich weiß nur, daß Rika seit dem Tod von Georg selber mit dem Schlimmsten rechnete. Sie war medizinisch die Erfahrenste von uns, Krankenschwester seit über sechs Jahren. Sie wußte, wie schwer krank sie war, obwohl sie nie darüber gesprochen hat, um uns nicht zu beunruhigen. Aber am Tag nach Georgs Tod sagte sie: »Wenn wir nicht bald hier herauskommen, dann sterben wir alle.« Und sie fügte hinzu: »Wer weiß, wozu es gut ist, was uns damit erspart bleibt.«

Im Grunde wollte sie auch keine Hilfe mehr annehmen, ich merkte, wie zuwider ihr dieser Y Si des Lagers war. Vier Tage nach Georgs Tod hatte einer der Amerikaner einen Herzstillstand gehabt, es gab das übliche Geschrei, das übliche Gerenne, und der Y Si kam sozusagen als letzter hinzu, er hatte es nie eilig, ließ sich immer Zeit, er schritt gravitätisch einher, mit seinen Aluminiumtöpfen und seinen Spritzen. Dieser Vorfall hatte Rika furchtbar aufgebracht, von dem Augenblick an zitterte sie schon, wenn jener Y Si sich ihr nur näherte. Sie als Operationsschwester, die immer auf Ordnung und Sauberkeit bedacht war, konnte es kaum mit ansehen, wie der Y Si mit seinen Spritzen verfuhr, sich nicht einmal die Mühe machte, die Einstichstelle vorher mit Alkohol zu säubern.

Rika war zusammengebrochen, als Dr. Kuschner von diesem Vorfall berichtete. Wir mußten sie in die Hütte tragen. Sie atmete schwer, der Schweiß stand ihr auf dem Gesicht, kalter Schweiß, es war ein Schock, den sie erlitten hatte. Wir legten ihr die Beine hoch. Wir hatten dazu nur ein paar Scheite Holz.

Der Y Si ließ sich herab, nach ihr zu sehen. Er horchte sie ab, erlaubte auch Dr. Kuschner diesmal nicht, eine Untersuchung zu machen. Auch Huong war dazugekommen. Die beiden diskutierten. Sollte der Y Si Morphin spritzen oder nicht? Huong schien die Erlaubnis dazu geben zu müssen.

Dr. Kuschner, der genug von ihrem Gespräch verstand, unterbrach sie endlich. »Tut etwas, oder laßt sie sterben!« Es war eine Stimme voller Zorn, aber auch voller Ohnmacht. Sie beendeten ihr Gerede, und der Y Si gab Rika eine Morphin in den Oberarm, die erste, und viel zu spät.

Von diesem Augenblick an schlief Rika, erwachte nicht mehr aus ihrer Bewußtlosigkeit. Sie lag da, auf dem Rücken, das schöne Haar ungekämmt und zerzaust, das Haar, das sie nicht mehr hatte waschen können. Aber sie war immer noch schön. Wenn man Beriberi hat, sieht man nicht verhungert aus, im Gegenteil, bei dieser Krankheit sind die weiblichen Formen noch betont, und ich fand sie schön wie immer. Sie trug ihr Malteserkleid.

Am nächsten Tag, am 15. Juli, kam der Y Si, und wieder brachte er Dr. Kuschner mit, ohne ihm mehr zu erlauben, als sie abzuhorchen. Wieder gab es die flüsternde Unterhaltung zwischen Huong und dem Y Si. Sie kamen am 16., am 17. und ich sah es Dr. Kuschner an, daß es mit Rika zu Ende ging. Ich habe trotzdem die Hoffnung nicht aufgegeben. Ich habe getan, was mir noch möglich war, den Schweiß von ihrer Stirn getrocknet, die Lippen abgewischt, damit sie freier atmen konnte. Ich hatte einen Fetzen Stoff und ein Bambusrohr draußen vor der Hütte, das Bob mir geschnitzt hatte, in dem ich Wasser aufhob. Und dann sehe ich, wie ihre Hände nach Halt suchen, wie ihr ruhiges Gesicht sich plötzlich verzerrt.

Ich laufe nach draußen. Ich schreie nach dem amerikanischen Arzt. Nicht nach dem Vietnamesen. »Kusch, Kusch, komm schnell.« Kusch, wie ich ihn nannte, kommt angerannt. Gleichzeitig sehe ich den Y Si aus seiner Hütte treten, sehe auch ihn kommen, so langsam, als wolle er damit ausdrücken, die stirbt ohnehin, was brauche ich mich hier noch zu beeilen.

Rika liegt noch immer da und bekommt kaum Atem. Dr. Kuschner sagt: »Sie wird sterben. Vielleicht zieht es sich noch etwas hin, wenn sie eine Morphin bekommt, aber sterben wird sie.«

Da geht dieser Y Si zu seiner Hütte zurück, *geht* zurück, gemächlichen Schrittes, kommt zurück, *gehend*, mit seiner Spritze, mit seinem eingefallenen Brustkasten, seinem vorgeschobenen Bauch, seinen hängenden Schultern, in diesem wippenden Schritt – und ich hasse ihn! Zum erstenmal *hasse* ich, es ist ganz rot in mir vor Haß, ich *hasse* sie alle, ich *hasse* dieses ganze Volk, und ich *hasse* diesen besonders, wie er dort ankommt, in seinen Ho-Tschi-Minh-Sandalen, in seinem schwarzen Pyjama, die Spritze in der Hand; ich könnte ihn auf der Stelle umbringen. Er kommt da herein wie der Hohe Priester selbst, reibt nicht einmal die Stelle mit Alkohol ab, stößt die Nadel einfach in den Arm, zieht an, um zu sehen, ob er ein Gefäß getroffen hat. Ich schreie: »Faß sie nicht an! Niemand gibt dir das Recht, sie anzufassen.« Aber er versteht mich nicht. Er beugt sich über sie, hebt ihre Augenlider, streift sie wieder herunter. Er breitet den »Reissack« über sie.

Rika! Ich wende mich an Monika, die in der Hütte liegt, die dort liegt und nichts mitbekommen hat. Ich sage es ihr, ich sage ihr, daß Rika gestorben ist, aber sie liegt da und versteht mich nicht. Ich stoße den Y Si beiseite. Ich gehe nach draußen. Da stehen sie vor der Hütte herum, die Wachen, auf ihre Waffen gestützt, und ich merke, sie wundern sich, daß ich nicht weine, daß sie keine Tränen sehen, daß ich mich nicht auf den Boden werfe und schreie und mir die Haare raufe.

Ich hatte es oft genug in An Hoa gesehen, und ich wollte plötzlich, ich hätte es gekonnt in diesem Augenblick ...

Es war 13.30 Uhr, am 17. Juli, als Rika Kortmann starb, und zwei Stunden später schon war sie beerdigt. Als ich von dem Grab, zwei Gräber nun, zurückkam, sah ich die Kleider in der Hütte liegen, ein Bündel in der Ecke, Georgs weißes Malteserhemd, das voller dunkler Flecken war, denn er hatte aus der Nase geblutet, Rikas Malteserkleid – wir hatten sie in dem weißen Camp-Pyjama bestattet. Ich habe die Sachen genommen und bin damit zum Fluß hinuntergegangen, um sie zu waschen; es war gut, jetzt etwas zu tun.

Ich kniete dort, an dem ins Wasser gebauten Steg, ich schrubbte das Hemd und das Kleid, aber ich bekam beides nicht sauber. Ich wollte die Sachen schon wegwerfen, ich dachte mir, tragen wirst du es ja doch nie können, dieses Hemd, das dich immer nur an Georgs Tod erinnern wird. Da legte jemand die Hand auf meinen Arm, es war Dr. Kuschner, der mich die ganze Zeit beobachtet hatte, ohne daß ich es wußte, er schüttelte den Kopf und sagte: »Du solltest die Kleider nicht wegwerfen!«

Ich muß ihn wohl sehr verzweifelt angesehen haben, oder er hatte meine Gedanken gelesen, sie waren ja nicht schwer zu erraten, jedenfalls fuhr er dann fort: »Ich hatte heute nacht einen Traum. Wenn du willst, erzähle ich ihn dir.«

Wir saßen am Fluß, und er erzählte: »Es kam ein Hubschrauber, kreiste über unserem Camp, ganz tief ging er herunter. Der Pilot mußte unser Lager wohl entdeckt haben, und ich dachte noch im Traum, Junge, das ist aber gefährlich, was du da tust, da hörte ich auch schon die Wachen schießen. Er war so tief, daß ich den Piloten in seiner Kanzel sah, ich sah sein Gesicht ganz klar, und er lächelte mir zu, als wolle er sagen, warte nur, gleich bin ich bei euch unten. Aber dann war das Lächeln weg, sie hatten ihn getroffen.

»Die Maschine stürzte, sie schlug direkt im Lager auf, auf dem Platz vor der Vortragshütte. Der Rumpf des Hubschraubers platzte auseinander ... und aus dem Rumpf fielen dicke Pakete, diese amerikanischen C-Rationen, die fielen da aus dem Rumpf heraus. Hunderte von diesen Paketen lagen da plötzlich herum.«

Ich blickte den amerikanischen Arzt verwundert an, und ich fragte mich: Warum erzählt er mir diesen Traum?

Dr. Kuschner lächelte. Es war ein trauriges Lächeln.

»Die Pakete lagen dort«, fuhr er fort, »einige waren aufgeplatzt, und ich sah all die herrlichen Dinge, die Konserven, die Schokoladenriegel, die Zigaretten ... und ich habe mich draufgestürzt wie ein Wilder. Ich raffte die Pakete zusammen, schleppte sie in meine Hütte und rannte wieder hinaus, um noch mehr davon zusammenzuraffen. Irgendwo in den Trümmern lag der Pilot des Hubschraubers, vielleicht war er gar nicht tot, vielleicht war ihm noch zu helfen, und ich war Arzt, als Arzt hätte ich ihm als erster helfen müssen. Aber ich dachte immer nur, bring die Pakete in Sicherheit, raff soviel zusammen, wie du kannst, ehe die anderen das merken ...«

Ganz verstand ich ihn immer noch nicht. Da fragte er: »Wie lange bist du in Gefangenschaft?«

Es waren jetzt elf Wochen.

»Nach zwei Jahren Gefangenschaft wirst du den Traum verstehen«, sagte er da. »Vielleicht schon nach einem Jahr.« Er deutete auf die Kleider, die ich hatte wegwerfen wollen. »Es sind die Sachen von Toten, ich weiß. Aber heb sie auf. Nirgendwo im Dschungel wirst du so ein gutes Hemd finden. Du wirst einmal froh darum sein. Du wirst es tragen, ohne dir nur das Geringste dabei zu denken. Es ist traurig, aber eines Tages wirst du nur noch an dich denken. An niemanden anders, nur noch an dich. Ein Hubschrauberpilot kann verbluten, du rennst nach einem Schokoladenriegel – das ist die Geschichte dieser Gefangenschaft. Das ist alles, was schließlich bleibt, es ist nur eine Frage, ob du am Leben bleibst. *Its just a matter of staying alive*«, endete er.

Ich mußte oft daran denken, an Dr. Kuschner, an ihn und seinen Traum, und was er bedeutete. Es war keine schöne Wahrheit. Aber es war die Wahrheit.

Du willst leben! Das dachte ich, als ich vom Fluß zurückging, zwei Stunden, nachdem zu dem ersten ein zweites Grab hinzugekommen war. Sie sind tot, begreif es! Du kannst es nicht ändern. Das ist die Realität. Das mußt du akzeptieren. Mach dir keine Gedanken mehr darüber! Versuch es zu vergessen! *Its just a matter of staying alive.*

Und ich wollte leben! Jetzt, da ich ganz begriff, daß Monika und ich allein zurückgeblieben waren, mehr denn je. Ich hängte die Sachen vor unsere Hütte zum Trocknen in die Sonne, und ich habe Georgs Hemd dann getragen, bis zum letzten Tag meiner Gefangenschaft trug ich sein Hemd, und ganz waren die dunklen Flecken auch dann immer noch nicht verschwunden.

Ich saß draußen, auf dem Baumstamm, auf dem ich gesessen hatte nach Marie-Luises Tod, nach dem Tod von Georg. Ich hatte Angst, in die Hütte zu gehen, die jetzt so leer war, drei leere Plätze, und wer weiß, wie lang Monika noch durchhielt; alle hatten ja immer gesagt, sie würde als erste sterben. Nun aber lebten nur noch sie und ich.

Dann kam das Abendessen. Willie, der Neger, brachte es, stellte es auf den abgesägten Baumstamm, zwei Portionen, auf einem Aluminiumteller der Maniok, das bißchen Reis, und in einer Plastikschale zwei Eßlöffel dieser Maggisoße. Es war halb fünf; die Küche klappte auch an diesem Tag.

Ich aß meine Portion, würgte sie hinunter, und einen Teil von Monikas Portion dazu, die ja doch nichts aß. Mit dem Rest ging ich in die Hütte. Monika lag in ihrer Ecke, das Gesicht abgewandt, zusammengekrümmt; so vegetierte sie nun schon seit ihrer Rückkehr dahin, seit sieben Wochen.

Da bemerkte ich plötzlich, daß mein schwarzer Camp-Pyjama nicht mehr an seinem Platz lag. Ich trug ihn abwechselnd mit meiner Malteserhose und mit dem Malteserhemd, damit ich eines immer waschen konnte. Die sauberen Kleider benützte ich dann als Kopfkissen, aber jetzt waren sie fort, sie lagen nicht mehr an ihrem Platz. Dann sah ich, daß Monika meinen schwarzen Pyjama trug, irgendwann in den letzten Stunden mußte sie meine sauberen Kleider angezogen haben.

Ich weiß nicht, was mit mir geschah. Ich habe wohl die Nerven verloren. Ich schrie sie an, ich packte sie, und immer wieder schrie ich, völlig besinnungslos: »Wer hat dir erlaubt, meine Kleider anzuziehen? Wer hat dir das erlaubt! Das sind *meine* Kleider!«

Ich packte ihre Hand, riß sie hoch. Sie saß da, starrte mich an, das Gesicht geschwollen, die Augen mit tiefen Ringen. Sie stammelte etwas, zum erstenmal sagte sie etwas, was ich verstand: »Man hat mir die Kleider hingelegt. Jemand hat gesagt, ich soll sie anziehen ... Ich sollte frische Kleider anziehen, sonst würden sie mich nicht mitnehmen in dem VW ... der VW hätte ganz frische Bezüge.« Sie weinte.

Ich aber dachte nur, sie hat *meine* Kleider angezogen. Sie mußte es getan haben, während wir Rika begruben. *Meine* Kleider, und ihre eigenen dreckigen hatte sie zusammengerollt und einfach da hingelegt. »Wenn du dir einbildest, du kannst einfach deine dreckige Wäsche hier hinschmeißen, dann irrst du dich.« Ich schrie noch immer. »Das waren *meine* Kleider!«

Sie brach wieder in Tränen aus. Sie wollte sich wieder hinlegen, aber ich hielt ihren Arm gepackt und schrie: »Damit ist es jetzt aus! Hör zu! Wir waren fünf, als wir in Gefangenschaft kamen. Drei sind bereits vor die Hunde gegangen, und du wirst die nächste sein, wenn du so weitermachst. Meinetwegen kannst du krepieren, aber ich nicht, ich will leben! Und wenn ich über Leichen gehen muß.« Ich war völlig von Sinnen. »Ich will hier 'raus! Ich will am Leben bleiben. Ich will hier 'raus! Und du gehst mit! Du gehst mit mir, verstehst du, mit mir nach Haus', wie lange es auch dauert, wir gehen zusammen nach Haus'. Hast du das verstanden!«

»Ja.«

Hatte sie wirklich ja gesagt? »Hast du das wirklich verstanden? Von morgen früh an hol' ich dich aus dem Bett 'raus, jeden Tag. Und dann wird gelaufen, dann machst du Gymnastik, und das wird jede Stunde wiederholt, bis du wieder ganz auf den Beinen bist! Ab morgen geht es los. Und du machst, was ich dir sage. So, und jetzt wird gegessen!«

Ich habe sie mit dem kalten Reis gefüttert, einen Löffel, zwei, drei, und sie erbrach sich nicht, auch das war das erstemal. Das war am 17. Juli abends, am Tag von Rikas Tod, und am nächsten Morgen holte ich sie aus dem Bett, wie ich es gesagt hatte, und Dr. Kuschner, der es beobachtet hatte, schüttelte den Kopf und sagte: »Vorsicht, Bernhard, was hast du vor? Willst du sie umbringen?«

Aber ich war wie besessen von der Idee, sie wieder zum Laufen zu bringen.

Linker Fuß, rechter Fuß

M. S.

Warum schreit er mich so an, dachte ich, was will er von mir? Warum soll ich immer gehen? Ich will schlafen, aber er läßt mich nicht schlafen; warum redet er dauernd auf mich ein. Ich soll aufstehen, ich soll mich bewegen, ich soll mich in die Sonne vor die Hütte setzen. Aber ich bin so erschöpft. Ich will schlafen ...
Warum ruft Rika dauernd nach Georg? Auch Bernhard ruft nach ihm. Warum nimmt Rika das Kreuz von der Wand, sie hat ja selbst keine Kraft mehr, sie muß sich mit einer Hand stützen, damit sie nicht fällt. Woher hat sie das Kreuz, und was will sie damit?
Sie rufen schon wieder. Warum lassen sie mich nicht schlafen? Warum diese lauten Rufe, dieses Füßescharren, viele Stimmen, hundert Füße, alle draußen vor der Hütte. Was machen sie mit Georg, warum tragen sie ihn hinaus, ob sie ihn wieder baden?
Ich möchte ein Bad und dann schlafen.
Rika liegt neben mir. Sie bekommt keine Luft. Sie röchelt. Ich muß ihr helfen ... Wer ist das, wer ist dieses fremde Gesicht, das sich da über mich beugt ... die vietnamesische Krankenschwester ... sie wird nie fertigwerden!
Endlich ist es ruhig. Es ist herrlich ruhig, und ich kann endlich schlafen.

Warum hast du meine Kleider angezogen?

Ich höre ihn doch ganz gut, warum schreit Bernhard so, seine Stimme hallt wie in einem großen Raum, in einem großen Saal.

Der linke Fuß. Den linken Fuß vor! Der linke, sage ich! Und jetzt den rechten, der rechte, ja so, halt dich an mir fest.

Ich kann nicht mehr laufen. Ich bin müde. Meine Füße tun mir weh.

Jetzt wieder den linken! Der linke, sage ich! Mein Gott, was stellst du dich an.

Mir wird schwarz vor den Augen. Mir ist immer schwarz vor den Augen. Ich kann nicht mehr.

Doch, du kannst. Warte! Hier, nimm den Stock in die Hand! Und jetzt weiter!

Ich möchte mich wieder hinlegen.

Und jetzt versuchst du, allein stehen zu bleiben. Ich laß' dich jetzt los.

Ich kann nicht allein stehen. Was sagt er? Wer ist das?

Das ist Little John.

Wer ist das, Little John?

Er ist Amerikaner. Er wird dir die Haare schneiden, er macht dir einen großartigen Haarschnitt, wenn du tust, was ich sage.

Was sagt er? Ich verstehe nicht, was er sagt.

Er sagt, daß aus dir nichts mehr werden wird! Er sagt, sie haben den Campdirektor bereits gefragt, ob ich nicht zu ihnen ziehen kann, wenn ich dann ganz allein bin. Willst du, daß ich ganz allein übrigbleibe? Willst du mich im Stich lassen! Oder tust du, was ich sage. Also weiter.

Laß mich ausruhen, nur ein bißchen.

Noch einmal. Linker Fuß, rechter Fuß, so geht es doch schon wunderbar. So, jetzt kannst du dich ausruhen. Hier, setz dich hierher. Hier hast du Sonne, es ist sonst mein Platz.

Wo bin ich? Was ist das dort?

Das ist unsere Hütte. Das ist ein Baumstumpf. Und die

*Bank, auf der du sitzt, die habe ich selber gebaut, die habe
ich selber gezimmert.*
Es ist alles ganz dunkel. Der Baum ist ganz schwarz.
Er ist grün!
Er ist schwarz, er wird immer schwärzer ... alles wird ganz
schwarz ...

Laufübungen

B. D.

Sie kamen sofort alle angerannt, die ganzen Amerikaner, die unsere Laufübungen immer verfolgten, Dr. Kuschner an der Spitze. An diesem Morgen hatte Monika zum erstenmal allein auf den Füßen gestanden, die ersten Schritte allein gemacht, aber dann war sie auf der Bank zusammengebrochen. Dr. Kuschner half mir, sie in die Hütte zu tragen. Hinterher nahm er mich beiseite, und wieder warnte er mich, ich solle es nicht übertreiben. »Das, was du da machst, ist eine Roßkur. Sei nicht so ungeduldig. Du mußt langsam vorgehen. Denk immer daran, wenn sie das nicht übersteht, dann ist das deine Schuld.«

Ich glaube, das brachte mich zur Besinnung. Ich dachte darüber nach, warum ich das tat. Um Monika zu helfen – oder mir? Es war eine Frage, auf die ich keine Antwort wußte. Ging es darum, ihr Leben zu retten, oder ging es nur darum, daß ich Angst hatte, allein zu sein, ganz allein?

Nach zwei Tagen Pause nahm ich unser Programm wieder auf, allerdings vorsichtiger diesmal. Die ersten Schritte, die Monika gemacht hatte, das waren nicht mehr als Schrittchen von fünf Zentimeter, sie konnte die Beine gar nicht mehr heben. Sie mußte praktisch das Laufen von neuem lernen.

Sie schaffte mit diesen winzigen Schritten nur drei Meter,

mit diesen ganz kleinen Schritten, aber schon war sie ganz kaputt und stöhnte, sie könne nicht mehr, sie möchte sich hinlegen. Ich teilte unser Programm nun besser ein, wir liefen kürzere Zeit, dafür öfter; dreimal am Vormittag, zweimal am Nachmittag. Bis Ende Juli, vierzehn Tage nach Rikas Tod, brachte sie es auf zehn Meter, zehn Meter hin und zehn zurück, wobei ich sie immer stützte.

Wir begannen dann auch mit leichter Gymnastik. Arme rollen, Nacken rollen. Anfang August sagte ich, nun seien wir soweit, daß wir die erste Kniebeuge versuchen könnten. Sie stand vor mir in ihrem weißen Pyjama. Ich stand hinter ihr, griff ihr unter die Arme und sagte: »So, jetzt gehst du in die Knie.«

Sie versuchte es, langsam, ich ließ sie los; sie knickte zusammen. Ich hatte meine Hände noch unter ihren Achselhöhlen, sonst wäre sie wieder zusammengeklappt. Es kostete mich alle meine Kraft, um sie wieder auf die Beine zu bringen, und sie stand da und sagte einfach: »O Gott, o Gott, das wird nie mehr etwas.«

Aber am Nachmittag waren wir wieder draußen und machten einen neuen Versuch. Diesmal gab ich ihr einen Stock in die Hand, hielt ihn so, daß sie sich daran festklammern konnte, und es gelang ihr, zwei Kniebeugen zu machen. Ich war sehr stolz und sehr glücklich.

Im Laufe der nächsten Tage kamen wir auf drei Kniebeugen, und wir gingen zusammen zwanzig Meter, immer so, daß ich ihr einen Stock in die linke Hand gab und sie auf der rechten Seite stützte. Und langsam begann Monika zu begreifen, was mit ihr vorging. Es waren allerdings nur Augenblicke, Minuten nur, in denen sie mich richtig ansah, mich erkannte, wußte, was wir taten, dann geriet das wieder in Vergessenheit.

Wir machten Fortschritte, hatten Rückfälle, das ging auf und ab, und sie meinte: »Im Grunde kommen wir nicht weiter. Ich kann nicht allein gehen, und das mit den Kniebeugen ist auch nur Mogelei, du hebst mich ja immer hoch.« Aber ich sagte: »Nein, du schaffst es ganz allein. Ich halte dich ja nur, damit du das Gleichgewicht nicht verlierst.« Das muß ihr Mut gemacht haben, denn einen Tag später – ich saß wieder mal auf dem Baumstamm – kam sie aus der Hütte heraus, ganz unvermutet. Ich traute meinen Augen nicht. Sie stand da, mit dem Stock in der Hand, stieg die Stufen herunter, lief drei, vier Meter. Plötzlich lag sie wieder am Boden. Sie brach in Tränen aus, weil sie wieder zusammengebrochen war. Aber ich hatte ihre Schritte beobachtet, sie waren jetzt schon zwanzig Zentimeter groß.

Es ging seither von Tag zu Tag besser. Wir führten weitere Übungen ein. Sie hielt sich an einem Querbalken in der Hütte fest und ließ sich durchhängen, um das Kreuz zu dehnen, die Wirbelsäule zu trainieren. Ich massierte ihr die Waden und Oberschenkel, weil sie von unseren Laufübungen immer entsetzlichen Muskelkater hatte.

Etwa Mitte August, als ich in den Dschungel gegangen war, um Holz für die Küche zu sammeln, geschah folgendes: Ich hatte das Holz abgeliefert und war auf dem Weg zurück, da stand Monika wieder vor der Hütte, klammerte sich an den Pfosten und weinte wie ein kleines Kind, die Tränen liefen ihr nur so herunter. Ich lief zu ihr hin, wollte ihr helfen, da sagte sie: »Es ist passiert! Ich bin heute allein auf die Latrine gegangen ... stell dir das vor ... allein den ganzen Weg hin und zurück.« Und ich dachte, so war man, das heißt, sie ist allein in die Hocke gegangen und allein wieder hochgekommen. Da konnte sie schon wirklich weinen. Das war so, als ob jemand eine Million in der Lotterie gewinnt.

Gegen Ende August konnte sie wieder allein laufen. Wir hatten auch Laufübungen bergauf gemacht, einen leichten Anstieg, und eines Tages schaffte sie es, allein von der Hütte aus über den kleinen Hügel bis zum Bach hinunterzulaufen, um sich zu waschen. Das war das erstemal seit der Ankunft im Camp der Amerikaner, also seit dem 26. Mai, daß sie sich selber waschen konnte.

Nur eines war eigenartig. Sie hatte bisher nie nach den anderen gefragt, und ich hatte von mir aus auch nie davon gesprochen. Wir hatten beide Angst vor diesem Augenblick, und ich hatte mir vorgenommen, ihr sowenig wie möglich zu erzählen. Aber dann kam ein Abend, wir saßen draußen vor der Hütte, die Sonne war am Untergehen, es war ein richtiger schöner Herbstabend, da fragte sie auf einmal: »Jetzt sag es mir. Sag mir, was ist mit den anderen passiert?«

Eine Blume aus dem Dschungel

M. S.

Wir saßen bis spät draußen, und eine der Wachen kam mit seinem Gewehr, wir sollten in die Hütte, wir sollten schlafen gehen, aber wir sind einfach sitzengeblieben, bis spät nach Sonnenuntergang.

Ich fühlte mich immer noch schwach, aber Angst vor den Wachen kannte ich nicht mehr, selbst das Gewehr machte mir keinen Schrecken mehr. Irgend etwas mit meinen Augen war nicht in Ordnung, ich konnte nur die Dinge, die seitlich in meinem Blickfeld lagen, richtig sehen. Was ich hörte, auch Bernhards Stimme, die immer so laut gewesen war, klang nun gedämpft, als hätte ich Watte in den Ohren, und beim Essen, wenn ich den Reis hinunterdrückte, hatte ich überhaupt keinen Geschmack. Aber das eigenartigste war, ich wußte immer noch nicht mit ganzer Sicherheit, was Wirklichkeit oder Traum war, was ich wirklich erlebte, und ich fragte mich, saßen wir wirklich hier draußen?

Ich trug zum Beispiel einen blauen Mantel, er hing mir um die Schultern, aber ich wußte beim besten Willen nicht, wie ich zu dem Mantel gekommen war. Ich fragte Bernhard.

»Der ist von Lin Quy.«

»Und wer ist Lin Quy?« Ich war sicher, daß ich den Namen zum erstenmal hörte.

Bernhard deutete zu einer der Hütten. »Ein gefangener südvietnamesischer Offizier, Captain Lin Quy. Wir haben die ersten Tage hier in seiner Hütte verbracht. Er hat ihn dir geschenkt, als die Nächte so kalt wurden.«

»Und was ist mit den Verbänden an meinen Oberarmen?« Sie mußten alt sein, sie waren verschmutzt, steif von getrocknetem Eiter, aber es gab keine neuen, das hatte Bernhard mir schon gesagt.

»Der Y Si hat dich gespritzt, Vitamin B1 und Glucose, vermute ich. Er hat es nicht gerade mit der Reinlichkeit, er benützt für alles dieselbe Nadel.«

Ich blickte mich um. »Sag mal, gibt es hier eigentlich eine vietnamesische Krankenschwester?«

Er sah mich so komisch an. »Ach du, mit deiner vietnamesischen Krankenschwester! Was du von der gesponnen hast! Und die Geschichte mit dem VW, was sollte das eigentlich?« Wieder sah er mich an. »Sag mal, woran erinnerst du dich eigentlich wirklich?«

Ja, woran erinnerte ich mich wirklich? Ich erinnerte mich genau, wie ich dort stand und sie auf meine Schuhe blickten, Marie-Luises rote Leinenschuhe, als wollten sie mir die Schuld an Marie-Luises Tod geben ... Dann nur noch Fetzen ... Bruchstücke ... Rika, die nach Georg ruft ... das Kreuz aus geflochtenem Stroh, das sie von der Wand nimmt ... die vielen Stimmen, daß Füße scharren ... Ich dachte, du mußt ihn wohl fragen, irgendwann mußt du ihn nach allem fragen.

Es war inzwischen dunkel geworden. Ein paar Sterne standen am Himmel. Ich kenne mich gut aus mit den Sternbildern; ich kenne den Großen Bären, den Wagen, und ich fand sie an diesem Himmel, ich fand sie alle wieder, und ich dachte, du bist wenigstens unter dem gleichen Himmel.

Plötzlich hörte ich etwas ganz in unserer Nähe. Es klang wie ein Fauchen, aber ich traute meinen Ohren nicht; aber da war es wieder, ein heftiges Fauchen, wie von einem großen Tier, einer Raubkatze. Ich hatte wahnsinnige Angst, aber eigentlich mehr, weil ich dachte, jetzt weißt du wieder nicht, ob du dir das nur einbildest oder ob es Wirklichkeit ist.

Jetzt wurde das ganze Camp wach. Die Wachen kamen aus ihren Hütten gelaufen. Ich hörte sie schreien, Taschenlampen flackerten auf. Ich sah die Männer, die mit ihren Taschenlampen von Baum zu Baum liefen, in die Kronen hinaufleuchteten, und andere, die mit Stöcken gegen die Bäume schlugen. Und dann fiel ein Schuß, ein einzelner Schuß. Dann wurde es wieder ruhig. Ich sah Bernhard an, und auch er mußte gemerkt haben, wovor ich am meisten Angst hatte.

»Nein, nein«, sagte er, »du hast ganz richtig gehört. Das muß irgendeine Wildkatze gewesen sein. Sie sagen, es gebe hier noch Tiger und schwarze Panther, so etwas muß es gewesen sein.«

»Du hast das Fauchen also auch gehört?«

»Natürlich habe ich es gehört. Übrigens nicht das erstemal, gestern auch schon. Dieses Tier muß seit gestern nacht um das Camp schleichen. Am besten, wir gehen jetzt in die Hütte.«

»Nein, warte noch.« Ich hatte mich an einen Satz erinnert, den ich irgendwo gelesen hatte: Dreimal kommt der Tiger, dann greift er an. Das war so ein Satz, von dem man nicht weiß, stimmt das, oder stimmt das nicht, ich hatte ihn einfach aufgeschnappt. Und da war noch etwas anderes, auch so etwas Angelesenes; daß wilde Tiere Tote ausgraben, wenn sie hungrig sind. Ich hatte bis dahin Bernhard nie gefragt, ich hatte mich in mein Schneckenhaus zurückgezogen, aber jetzt fragte ich: »Sag mir, was ist mit den anderen passiert? Wo liegt denn ihr Grab?«

Bernhard zeigt in den Dschungel. »Es sind zwei Gräber. Es ist nicht weit, gleich vor dem Camp. Ich werde morgen mit dir hingehen.«

Ich nahm meinen Mut zusammen. »Wer hat sie begraben? Die Vietnamesen?«

»Nein, die Amerikaner.«

Er war sehr einsilbig. »Du kannst es mir ruhig sagen. Haben sie einen Sarg bekommen?« Denn ich dachte immer noch an die Raubkatze. Da erzählte er mir, wie Dr. Kuschner und die anderen amerikanischen Gefangenen sofort nach dem Tod von Georg und Rika weggegangen waren, um im Dschungel Bambus zu schlagen. Und die Vietnamesen hätten dann mit ihren Buschmessern den Bambus aufgeschlitzt, so daß es richtige Bretter gab, von dreißig Zentimeter Breite, und daraus hätten sie dann den Sarg gezimmert; er beschrieb mir das ganz genau. Dann wurden die Särge mit Lianen verschnürt, und Willie und Ike, auch ein Neger – ich hörte die Namen zum erstenmal –, hätten die Särge zu der Stelle getragen, wo die anderen die Erde ausgehoben hatten. – Hoffentlich haben sie tief genug gegraben, dachte ich.

Nur die Amerikaner waren dann bei dem Begräbnis dabei gewesen. Jeder hatte eine Handvoll Erde auf die Särge geworfen. Bernhard hatte ein paar Worte gesprochen, auf englisch. Er erzählte mir an jenem Abend auf der Bank, vielleicht um mich zu trösten, vielleicht auch nur, um irgend etwas zu sagen, um das Schweigen nicht noch größer werden zu lassen: »Weißt du, es ist schrecklich, das alles, aber wie ich es jetzt sehe, ist unser ganzes Leben nur eine Art von Gefangenschaft, wir sind immer von Zäunen umgeben, wir sind immer eingesperrt, wir kommen da nicht 'raus – oder nur auf *eine* Weise; denn bis in den Himmel wächst kein Stacheldraht ...«

Am nächsten Tag ging ich dann zum erstenmal zu den Gräbern. Ich benützte noch einen Stock, aber ich konnte jetzt immer besser gehen. Und ich ging allein. Ich hatte Bernhard gebeten, mir nur den Weg zu zeigen.

Es war leicht zu finden. Die beiden Stellen waren noch kahl, ein kleiner kahler Fleck im Dschungel. Es gab kein Kreuz, keine Blumen, nur die beiden aufgegrabenen Flecken, die irgendwann nach dem nächsten Regen wieder zuwachsen würden.

Ich bin dann immer wieder zu den Gräbern gegangen. Ich bin immer lange dort geblieben. Auch in der Nacht darauf hatte ich wieder das Fauchen gehört, und wieder waren die Wachen mit ihren Taschenlampen von Baum zu Baum gelaufen, und mit ihren Stöcken. So war mein erster Weg jeden Morgen zu den Gräbern, und mein letzter am Abend, um zu sehen, ob alles in Ordnung war. Ich habe ein paar Gräser gesammelt, ein bißchen Grün, das habe ich in einer alten Fischdose zwischen die Gräber gestellt.

Ich konnte einfach keine Blume finden. Ich dachte mir, warum gibt es in dem ganzen Dschungel keine Blume! Ich bin dann auch weitergelaufen in den Dschungel hinein, auf der Suche nach einer Blume oder wenigstens einer besonders schönen Pflanze. Ich ging immer tiefer in den Dschungel hinein, niemand folgte mir, niemand kümmerte sich um mich, sie trauten mir wohl nicht zu, daß ich weglaufen könnte, so schwach, wie ich war.

Bei diesen Wanderungen stand ich dann plötzlich an einem Weg! Es war ein richtiger Weg, mit Fahrspuren, und so breit, daß gut ein Jeep dort fahren konnte, und als ich dem Weg folgte, sah ich die Kurve, von der ich geträumt hatte. Genau diese Kurve, und ich dachte, wie ist das möglich, ich war ja nie hier gewesen zuvor. Und ich dachte, jetzt könntest du gut weglaufen.

Ich war weit vom Lager weg. Ich hörte nichts mehr von dem Camp, nur die Affen, die in den Bäumen sprangen. Es würden Stunden vergehen, bis man nach mir suchen würde, denn sie wußten, daß ich mich immer lange bei den Gräbern aufhielt. Aber wie lange würde ich die Kraft haben zu laufen? Und wohin sollte ich laufen, wohin führte dieser Weg?

Und wenn sie dich einholen, dann werden sie dich gleich erschießen, weil du versucht hast zu fliehen.

Und ich dachte auch an die Worte von Bernhard. Ich dachte, nein, so kannst du nicht fliehen, nicht mit den Füßen, aber daran können sie dich doch nicht hindern, daß du dich in Gedanken befreist, daß du in Gedanken immer deine Freiheit behalten wirst. Das hab' ich mir vorgenommen, damals.

Ich habe dann doch noch eine Blume für die Gräber von Georg und Rika bekommen. Das war die erste von zwei Blumen, die ich in der ganzen Gefangenschaft bekam. Diese erste bedeutete Tod, die zweite sollte die Freiheit bedeuten, Leben. Die erste war eine Orchidee, die zweite eine Rose.

Ich erinnerte mich so genau an den Tag, weil es der 16. September war, mein Geburtstag, mein erster in der Gefangenschaft. Damals stand schon fest, daß wir zwei Tage später dieses Lager verlassen würden. Wir haben uns darüber den Kopf zerbrochen, ob es gut war, daß man uns in ein anderes Camp brachte. Ich zweifelte daran. In Camp I hatte Tat, der Dolmetscher, so sehr von diesem Lager geschwärmt, mit seinen Filmvorführungen und »Wisskie«, und es war nur schlimmer geworden. Außerdem hatten uns die Amerikaner gesagt, wir sollten alles versuchen, in diesem Camp zu bleiben, denn von hier waren wirklich schon einige entlassen worden, aber man fragte uns nicht.

Der Hauptgrund aber, warum wir hier wohl weg sollten, war, daß Anfang September plötzlich immer wieder amerikanische Hubschrauber über dem Camp auftauchten. Und dabei blieb es nicht. Wir hörten jetzt Tag und Nacht, wie die amerikanischen Flugzeuge ihre Bomben abwarfen. Wir hörten die Detonationen, ja selbst Schüsse aus den Bordwaffen. Es gab einen Bunker im Camp, und die amerikanischen Gefangenen haben ihn mehrmals aufgesucht. Wir hatten keinen Bunker. Wir konnten nur in unserer Hütte sitzen bleiben und hoffen, daß nichts passierte.

Die Amerikaner waren nun auch der Meinung, daß unser Camp bald geräumt würde. Dr. Kuschner brachte mir noch verschiedene zerrissene Kleider, und die habe ich dann, so gut es ging, geflickt. Außerdem gab es noch diese Liste mit den Namen der Amerikaner, die Rika in Bernhards Hosenaufschlag eingenäht hatte.

Die Flugzeuge bombardierten das Gebiet immer noch. Außerdem schoß es jetzt Tag und Nacht. Wir hörten Maschinengewehre, und Bernhard wußte sie genau auseinanderzuhalten; das schnelle Geknatter des amerikanischen Gewehrs und das viel langsamere des chinesischen MGs. Das hieß, es wurde also in der Nähe des Lagers gekämpft, und die Wachen wurden schon nervös. Dann war Huong, der Dolmetscher, gekommen, das war schon am 17., einen Tag nach meinem Geburtstag, und sagte, wir sollten uns fertig machen, wir würden morgen das Camp verlassen.

Er sagte es nur zu uns, nicht zu den Amerikanern, und am Abend kam Dr. Kuschner und holte die Kleider ab, auch die, die ich noch nicht fertig hatte, denn er hatte Erfahrung darin; er meinte, es könnte sein, daß wir mitten in der Nacht aufbrechen müßten, und dann wären sie ihre Sachen los, die würden die Wachen sofort stehlen. Und er sagte noch: »Good Luck. I am sure, I'll see you again. Und er sollte recht behalten damit.

Wir hatten einen geflochtenen Korb aus Bambus bekommen, in den wir unsere Sachen einpacken sollten. Was sich da alles angesammelt hatte; ich kam mir ungeheuer reich vor, als wir den Korb packten. Die Decken aus Reissäcken; ein Aluminiumteller; ein Handtuch; Georgs Hose und Hemd; Rikas Malteserkleid. Den blauen Mantel von Leutnant Lin Quy mußte ich zurücklassen, der war ganz zerschlissen. Die roten Leinenschuhe von Marie-Luise ließen wir auch zurück, die hatten sich auf dem Marsch durch den regennassen Dschungel aufgelöst. Ich bekam Georgs Turnschuhe, Bernhard trug seine »weißen« Tennisschuhe, die auch bereits in

Stücke gingen. Und dann besaßen wir noch Marie-Luises grünes Täschchen und ihren Strohhut.

Es sollte also weitergehen, irgendwohin, man hatte es uns nicht gesagt, auch nicht, wie lange der Marsch diesmal dauern würde. Ich fürchtete mich davor. Und ich würde nie mehr zu den Gräbern gehen können.

Aber bevor wir dann das Camp verließen, war noch mein Geburtstag. Bernhard hatte ihn vergessen, ich hatte damit gerechnet, daß er mir gratulieren würde. Ich war ein bißchen traurig, deshalb habe ich ihm auch nichts gesagt. Ich dachte an meine früheren Geburtstage, die immer sehr schön gewesen waren, denn im September ist in Lebach immer »Grüne Woche«, eine Festwoche, die immer mit meinem Geburtstag zusammenfällt. Sie beginnt am Sonntag mit einem Pferderennen, am Montag gibt es andere Sportveranstaltungen, Dienstag ist der große Markt, der ist schon Jahrhunderte alt. Mittwoch war der Tag der Soldaten, mit Fallschirmspringen. Donnerstag war Modetag; Freitag Polizeitag; am Samstag »Bunter Abend«. Und am Sonntag, zum Abschluß, gab es Reitturniere und ein großes Feuerwerk. Mein Geburtstag fiel immer in diese Woche, manchmal sogar auf den Sonntag, so daß ich mir einbilden konnte, dieses Feuerwerk da, das machen sie für dich! Deshalb war mein Geburtstag immer ein besonderes Ereignis, und nun feierte ich ihn hier, das heißt, ich feierte ihn nicht.

Aber dann stand auf einmal dieser Captain Lin Quy da mit der Blume. Er hatte Holz gesammelt. Er kam aus dem Dschungel zurück, das Bündel Holz auf dem Rücken und eine Orchidee in der Hand. Es war eine rotgelbe Orchidee, und er gab sie mir. Nun hatte ich also doch etwas bekommen zu meinem Geburtstag.

Außer »Good morning«, das er sagte, wenn er in den Dschungel ging und an unserer Hütte vorbeikam, hatten wir beide nie miteinander gesprochen. Er wußte auch nicht, daß ich Geburtstag hatte, es war ein reiner Zufall, daß er die

Blume gerade an diesem Tag im Dschungel gefunden hatte und mir brachte, eine rotgelbe Orchidee.

Ich hab' die Blume genommen und bin damit zu den beiden Gräbern gegangen, ein letztes Mal. Ich habe die Fischdose frisch mit Wasser gefüllt und die Blume dort hingestellt.

Man sagte, daß sie besonders lange halten, diese Art von Orchideen ...

Weihnachtsgeschenke

M. S.

Das Camp lag hoch in den Bergen. Das letzte Stück stieg man 87 Stufen hinauf, die in das steinige Erdreich hineingeschlagen waren, die einzelnen Stufen mit Holzstämmen abgestützt. 87 Stufen – ich weiß es deshalb so genau, weil jede einzelne mich soviel Mühe kostete.

Wir kamen gegen Abend in dieses Camp, und wir bekamen eine der beiden Hütten, die sich hinter einem Bambuszaun befanden. Die Pfähle waren in den Boden gerammt, einer neben dem anderen, drei bis vier Meter hoch, mit scharfen Spitzen. Wie die Stufen habe ich sie gezählt; es waren 1569 Pfähle. Ich ging sie ab, zählte sie einzeln mit dem Finger ab, machte mir nach je zehn ein Zeichen, dann nach hundert, drei besondere für die Fünfhunderter-Marken und eine eigene für den tausendsten Pfahl. Ich habe das nicht einmal getan in dem halben Jahre, das wir in diesem Lager in den Bergen verbrachten, sondern viele, viele Male. Ich ging dort herum, zählend, mit den Fingern die runden Pfähle berührend, immer wieder herum, im Kreis, noch einmal und noch einmal, stundenlang, wie die Maulesel das tun, denen man die Augen verbindet, und die dann immer im Kreis laufen, um Wasser hochzupumpen; in Griechenland hatte ich das einmal gesehen. Jeder, der mich beim Zählen beobachtet hätte, mußte mich für verrückt halten, und im gewissen Sinne war man ja verrückt. Viel mehr konnte man in diesem Lager sonst nicht tun.

Wir hatten zwei und einen halben Tag gebraucht für unseren Marsch vom Camp der Amerikaner hierher. Es war immer bergan gegangen; das Camp lag in etwa 1000 Meter Höhe — die beste Höhe, um sich zu erholen, meinte Bernhard; er hatte manchmal einen seltsamen Humor.

Das Lager war wirklich so etwas wie ein Erholungs-Camp für die Vietnamesen, meistens Verwundete, die von der Front kamen. Um uns kümmerte man sich wenig. Wir waren die beiden einzigen Gefangenen. Es gab keine Campregeln. Wir konnten tun und lassen, was wir wollten, in unserer Hütte hinter dem Bambuszaun. Es war eine dunkle, feuchte und kalte Hütte, halb in die Erde gebaut. Sie hatte zwei Schlafstellen, zwischen denen eine Feuerstelle lag.

Diese Feuerstelle, ein offenes Feuer, das von Erde umgeben war, war wichtig, das Wichtigste überhaupt. Es war Ende September, der Winter stand vor der Tür, die Monsunzeit, die Zeit des Regens. Wir hatten gleich Holz gesucht, Holz gehackt und in unserer Hütte gestapelt. Es gab bitterkalte Tage, und wir hatten nur unsere dünnen Kleider, die dünnen, schwarzen Pyjamas und die Malteserkleidung, dazu die Decken aus Reissäcken. Von Anfang Dezember an ließen wir das Feuer des Nachts nicht mehr ausgehen. Alle zwei Stunden stand jemand auf und legte Holz nach. Am liebsten hätten wir die ganze Zeit am Feuer gesessen, aber dazu waren wir körperlich nicht in der Lage. Das Essen war sehr viel schlechter in diesem Camp, und länger als zwei Stunden am Feuer zu sitzen, brachten wir nicht fertig.

Die Tage waren sogar schlimmer, denn am Tage durfte das Feuer nicht brennen; die Rauchschwaden, die durch das Hüttendach abzogen, hätten den Flugzeugen das Camp verraten können. Ein paarmal, als es besonders bitterkalt war, ließen wir das Feuer brennen, aber da waren die Vietnamesen in die Hütte hereingestürzt und schlugen wortlos mit Prügeln in das Feuer hinein, rissen die Glut auseinander; sie fürchteten auch hier die amerikanischen Flugzeuge; wir mußten unseren eigenen Bunker graben, dessen Zugang direkt in unserer Hütte lag.

Aber so etwas ging hier ohne großes Geschrei, ohne Drohungen und Strafen ab. Die Kälte, der Regen, die Einsamkeit des Bergcamps – sie traf uns alle, und das schuf fast so etwas wie eine Gemeinschaft zwischen Gefangenen und Bewachern. Sie ließen uns hungern, aber auch das war, weil sie selber wenig hatten, und es gab nicht den Haß und die Gleichgültigkeit wie in den anderen Camps. Wir halfen in der Küche, beim Reisstampfen und Aussieben, wir fegten den Hof zwischen den Hütten, säuberten ihn von Laub und Ästen, die Wind und Regen heruntergerissen hatten.

Es wurde immer kälter. Manchmal regnete es vierzehn Tage an einem Stück, Tag und Nacht, ununterbrochen; dann gab es zwei Tage Pause, und dann begann es erneut zu regnen. Wir wagten uns kaum noch aus unserer Hütte heraus. Niemand sagte uns, was man mit uns vorhatte. Wir waren nun wirklich vollkommen vergessen von der Welt.

So kam Weihnachten. Der Heiligabend war ein eiskalter Tag, aber wenigstens regnete es nicht mehr. Seit Tagen schon war das Camp wie ausgestorben; die Vietnamesen waren einer nach dem anderen verschwunden. Nur der Campleiter und der Koch blieben mit uns zurück.

Am Morgen des 24. Dezember ging Bernhard in den Dschungel. Er schleppte Berge von Palmenzweigen und Farnkraut herbei. Er dekorierte den Eingang des Bambuszaunes damit, er steckte Palmenwedel vor unserer Hütte in den Boden. In der Hütte stand in der Mitte ein Pfosten, der das Dach trug, auch den schmückte er, so daß es aussah, als hätten wir einen grünen Baum; ich dachte, vielleicht findest du ein Bäumchen.

Ich fand keinen Baum, aber ich fand etwas anderes. Am Rande des Camps gab es einen ausgehöhlten Baumstamm mit Wasser. Es kam von einem Wasserfall in den Bergen, wurde von weither in Bambusröhren hergeleitet und floß in den Baumstamm, und dort, auf dem Rand des Stammes, lag ein Stück von einem Spiegel und ein Kamm. Ich glaube nicht, daß beides dort vergessen worden war, denn der Spiegel war nur eine Scherbe, und dem Kamm fehlte ein Teil der Zähne, und doch war es das herrlichste Weihnachtsgeschenk der Welt.

Marie-Luise hatte als einzige von uns einen Kamm besessen, in ihrem grünen Täschchen, der Kamm, der den Vietnamesen soviel Schrecken eingejagt hatte, aber sie hatte ihn auf dem Elf-Tage-Marsch bei einer Rast verloren. Das war eines der schrecklichsten Dinge in der Gefangenschaft, diese ganzen Jahre, sich nie richtig waschen zu können, immer dieselben Kleider zu tragen, sich nicht kämmen zu können, keinen Spiegel zu haben. Ich verstand Marie-Luise jetzt so gut, die sich um ihr Aussehen, um ihren Lidschatten gesorgt hatte. Da lag nun ein Stück Spiegel. Und ich hatte plötzlich Angst. Was würde ich sehen, wenn ich hineinschaute?

Wir hatten fast die ganzen ersten drei Monate lang unsere Kleider nicht gewechselt. Wir trugen wegen der Kälte immer alles am Leib, was wir besaßen. Die Kleider wurden klamm von der hohen Luftfeuchtigkeit, sie wurden naß, wenn man durch den Regen in die Küche mußte, um das Essen zu holen. Die Verbände an meinen Oberarmen waren jetzt vier Monate alt; nein, das konnte kein schöner Anblick sein.

Fingernägel wurden abgekaut. Die Zehennägel ließ man wachsen, bis man sie abreißen konnte. Die Zähne »putzten« wir im Dschungel, indem man mit kleinen Bambusspießchen darin herumstocherte und sie mit Tee spülte. Das Schlimmste war natürlich, daß man eine Frau war; die Tage ein immer wiederkehrender Alptraum, und ich war glücklich, als ich einmal ein paar Fetzen Papier hatte oder wenn die Menstruation manchmal für Monate ausblieb ...

Ich hatte Angst, in den Spiegel zu blicken; denn da war noch etwas — mein Haar! Das war so erniedrigend für eine Frau; meine Haare waren mir immer mehr ausgefallen, oben wuchs ein dünner Flaum nach, das war zu fühlen, rundherum hatte ich nur noch einen dünnen Kranz.

Es war bitter, es war eine bittere Stunde, denn schließlich war man doch eine Frau. Gab es etwas Schlimmeres, als ein junges Mädchen, das fast kahl war? Ich schämte mich immer, vor Bernhard, vor den Vietnamesen, vor mir selber. Ich lag nachts lange wach und dachte, wenn du nun plötzlich entlassen wirst, wenn du so kahl nach Hause kommst! Es quälte mich am Tag und in der Nacht, und deshalb zögerte ich noch immer, in den Spiegel zu sehen. Am Morgen hatte Bernhard noch gesagt: »Was meinst du, sollten wir uns nicht für heute abend etwas schön machen?« Schön machen? Ich weiß noch, daß ich es mir überlegte, wie ich es anstellen könnte, aus kleinen Bambusstöckchen »Lockenwickler« zu produzieren, um den Rest meines Haares einzulegen; jetzt, wo ich einen Kamm besaß, konnte ich das Haar vielleicht toupieren, damit es voller aussah. Dieses schrecklich dünne Haar.

Schließlich nahm ich allen Mut zusammen und blickte in den Spiegel, und sogleich wünschte ich, ich hätte es nicht getan. Es war furchtbar. Dieses unnatürlich geschwollene Gesicht, in dem die Augen nur noch Schlitze waren! Die Mundwinkel waren wund und eingerissen. Diese farblosen Augenbrauen. Selbst die Haare hatte ich mir nicht so schlimm vorgestellt; unter dem dünnen Flaum schimmerte überall die Kopfhaut hindurch. Da hatte ich einen Spiegel gefunden, nach dem ich mich so gesehnt hatte, aber der Anblick war so deprimierend, daß ich die Scherbe wegschleuderte, als hätte ich Feuer angefaßt. Und ich stand da und weinte.

Ich bin in die Hütte zurückgegangen. Ich verkroch mich auf mein Lager. Das bist du, dachte ich. Ich glaube, an diesem Tag hätte ich mich umbringen können ...

Am Abend saßen wir am Feuer wie immer. Wir sprachen – gegen alle Campregeln – von zu Hause, und es deprimierte uns noch mehr. Wir sprachen von den anderen, von Marie-Luise, von Georg und Rika.

Bernhard besaß ein kleines Meßbuch, in Englisch. Der Amerikaner, dem es gehört hatte, war im anderen Camp gestorben, und Bernhard hatte es geschenkt bekommen, als er dem Neger Willie seine Bibel zurückgab. Bernhard übersetzte das Weihnachtsevangelium. Wir beteten für die drei Verstorbenen. Wir sangen Weihnachtslieder. Es war unsere erste Weihnacht in der Gefangenschaft, und wir hatten ein starkes Gefühl der Zusammengehörigkeit.

Wir legten uns früh schlafen. Wir wachten auf, als uns zu kalt wurde, machten das Feuer neu an. Den gefundenen Kamm hatte ich gesäubert, gewaschen und Bernhard geschenkt. Er war ganz überrascht und glücklich darüber. Er meinte, jetzt fehle ihm nur noch ein Spiegel, aber ich habe ihm nichts davon gesagt, daß dort draußen irgendwo eine Scherbe lag.

Dann kam der 25., der Weihnachtstag. Der Koch forderte mich auf, ein Huhn zu schlachten, aber ich konnte es nicht über mich bringen; er schlachtete es, und ich mußte es rupfen und ausnehmen und malte mir unser Weihnachtsessen aus — aber mittags bekamen wir unsere übliche Portion Maniok mit etwas Reis und Maggisoße. Sie hatten also gewollt, daß ich es für sie schlachtete!

Bernhard tröstete mich. Vielleicht gäbe es am Abend noch eine Überraschung. Der Nachmittag verging. Wir holten unser Abendessen; diesmal gab es eine große Portion Reis und es waren sogar auch noch Reste von dem Huhn dabei. Es war bereits dunkel geworden, als Bernhard unser leeres Geschirr in die Küche zurückbrachte; er hatte dann immer das Geschirr in einer Hand, in der anderen einen brennenden Bambusstab, der ihm Licht geben sollte. Es verging eine halbe Stunde. Er kam nicht zurück. Ich war draußen und zählte die Bambuspfähle. Und dann kam er an, mit einer Petroleumlampe und einem Paket unter dem Arm.

Er hatte Kaffeemehl für zwei, frisches Wasser zum Kochen, eine Schachtel Zigaretten und eine kleine Tüte mit Bonbons, vier Stück Zucker. Nun waren wir doch noch richtig beschenkt worden!

Wir kochten den Kaffee. Wir rauchten jeder eine Zigarette. Dann kam wieder die Nacht, die Kälte, das Aufstehen und Holz-Nachlegen. Und es kamen die Geräusche von Clothilde, unserer Hausratte. Bernhard hatte ein hölzernes Kästchen gezimmert, das er hoch unter das Hüttendach hing, dort bewahrten wir unsere »Wertsachen« auf: ein Handtuch, ein halbes Stück Seife, sein Meßbuch. Wir hatten die Bonbons und die restlichen zwei Stück Zucker dort hineingelegt, aber am Morgen stellten wir fest, daß Clothilde die Stäbe durchnagt hatte; der Zucker war weg. Nun ja, schließlich war es ja Weihnachten ...

Von allerlei Tieren

M. S.

Ich habe Ratten immer gefürchtet, Schlangen und Ratten.
In Lebach floß hinter unserem Haus ein Bach, und dort
sah ich als Kind manchmal die Ratten vorbeischwimmen,
den Kopf aus dem Wasser gehoben; ich konnte mir keinen
scheußlicheren Anblick vorstellen. Und nun lebte ich schon
seit Monaten mit einer Ratte Kopf an Kopf, denn das war
beim Schlafen ihr Lieblingsplatz.

Diese Ratte war schon am ersten Tag bei unserem Einzug
in die Hütte aufgetaucht, und sie hatte sich durch nichts vertreiben lassen. Natürlich hätten wir sie fangen und töten
können, aber irgendwie kamen wir gar nicht auf die Idee,
vielleicht, weil es auch ein Lebewesen war, das unsere
Gefangenschaft teilte. So hatte ich ihr sogar einen Namen
gegeben, Clothilde, nach einer Lehrerin, die genau dieselben
Knopfaugen hatte.

Clothilde schien sich mit der Zeit recht wohl zu fühlen.
Tagsüber hielt sie sich meist in diesem Bunker auf, aber
sobald wir Feuer machten, war sie da, dann gehörte das
Reich ihr, sie sprang herum, turnte mit einem hellen
Gepiepse den Stamm hoch. Schliefen wir, stahl sie, was sie
bekam, Zucker, Bananen, nur den Reis rührte sie nicht an;
vielleicht war es das, was unsere Freundschaft wirklich
besiegelte! Ganz verlor ich die Furcht nie, ein leises Ekel-

gefühl, besonders weil Clothildes Lieblingsschlafplatz direkt neben meinem Kopf war; ich sah es morgens immer an den Spuren, die sie hinterlassen hatte. Aber dann war es wiederum gut, daß ich mich rechtzeitig daran gewöhnte, denn in allen Gefängnissen des Nordens sollten uns Ratten begleiten ...

Überhaupt spielten Tiere in der ganzen Zeit der Gefangenschaft eine wichtige Rolle. Da waren einmal die Tiere, die uns plagten und zur Verzweiflung brachten. Aber auch die anderen, ohne die man es manchmal nicht mehr ausgehalten hätte.

Es gab natürlich immer und überall Ungeziefer. Die Moskitos zerstachen einen immer und überall. In Camp Bao Cao konnte ich jeden Tag die Parade von großen roten Ameisen beobachten, die unter der Tür in die Zelle hereinliefen, am Bettpfosten hochkletterten; was man auch tat, ich hatte immer das Gefühl, als ob tausend Ameisen über meinen Körper liefen. In Camp K77 gab es Wanzen; an einem Morgen habe ich sie gezählt, als ich sie aus meinem Moskitonetz herausschüttelte, es waren 65 Stück. Woanders gab es Spinnen, der Körper so groß wie ein Fünfmarkstück, und auf dem einzelnen Baum in dem Hof, der zu meiner Zelle im Camp K77 gehörte, hingen immer Hunderte von Stinkkäfern – nicht nur, daß der ganze Hof davon stank, sie ließen sich immer dann gerade fallen, wenn man sich einmal unter den Baum in den Schatten setzen wollte. Aber das Schlimmste von allem, die schlimmste Plage waren die Blutegel.

Es gab sie immer nur streckenweise im Dschungel, an Stellen, an denen es besonders feucht und naß war. Auf dem Marsch vom Camp der Amerikaner in das Berglager waren wir durch eine solche Gegend gekommen. Da hingen einem in kürzester Zeit zehn bis fünfzehn Blutegel an den Händen und Beinen. Sie kletterten in die Schuhe, saßen einem zwischen den Zehen. Wir wußten nicht, wie man sie am besten abkriegt, und so haben wir sie einfach abgezogen, was große Wunden verursachte, die ständig bluteten. Aber das war noch nichts gegen das, was wir dann später auf dem Marsch in den Norden erlebten.

Man hatte uns gewarnt und uns ein Säckchen mit Salz gegen die Blutegel gegeben. Es hatte die Größe eines Ping-Pong-Balles, das Salz war in Stoff eingewickelt, doch hatte uns niemand erklärt, wie das Salz zu gebrauchen war. Bernhard und ich rissen uns weiterhin die Blutegel ab und tupften mit dem Säckchen die Wunden aus. Was das für ein Schmerz war, ich hätte jedesmal hochspringen können. Die Beine waren ja voller Blutegelbisse, dazu die Schrammen und Risse von Dornen, das war alles entzündet – und dann in diese offenen Wunden Salz! Ich hatte jedesmal Tränen in den Augen, und eines Tages schwor ich mir, das machst du nicht mehr.

Wir liefen also weiter mit unseren blutenden Füßen, ganze Bäche von Blut sind an einem heruntergeflossen. Bernhard hatte ziemlich geschlossene Schuhe an, und doch mußte er von Zeit zu Zeit stehenbleiben, um das Blut auszuleeren; das vermag sich niemand vorzustellen. Wir kamen damals durch ganz besonders schlimm verseuchte Blutegelgebiete, und ich bekam ständig Gleichgewichtsstörungen durch den hohen Blutverlust. Und die Ironie von dem Ganzen war, daß Bernhard eines Tages kam und sagte, jetzt wisse er auch Bescheid mit dem Salz: Es war Wahnsinn, was wir gemacht hatten, das völlig Falsche; denn machte man dieses Säckchen naß und tupfte damit auf den Blutegel, so fiel der einfach ab; er ließ das Saugen sein, fiel ab, und es gab keine großen Wunden. Doch diese Erkenntnis kam für uns viel zu spät ...

Abgesehen von den Wildkatzen im Lager der Amerikaner haben mich die Elefanten und Krokodile am meisten erschreckt. Die Elefanten bekam ich nie zu Gesicht, ich hörte sie nur immer wieder aus der Ferne, wie ein dunkles Horn klang das, und das erinnerte mich immer an die Geschichte, die ein amerikanischer Offizier in An Hoa erzählt hatte. Eine Gruppe von zwölf *Spezial Forces* war mit Fallschirmen über dem Dschungel abgesprungen. Nach einiger Zeit kam eine ganze Serie von Funksprüchen, man solle sofort einen Hubschrauber schicken, um sie herauszufliegen, sie würden angegriffen; es waren aber keine Vietkongs, sondern eine Herde von Elefanten, und sie funkten um Hilfe, zwei der Leute seien schon verletzt.

Die Krokodile gab es auf dem Marsch in den Norden. Mit uns marschierte ein elfjähriger Junge. Er hatte seine Eltern im Süden verloren und lief da mit uns, ganz allein, nur ein Kärtchen um den Hals, mit Namen und Anschrift eines Verwandten im Norden. Er machte den ganzen Marsch mit, war immer ein wenig ängstlich und hielt sich an unsere Gruppe. An einem dieser Tage kam uns ein Trupp Montagnards entgegen, auf einem Pfad, hoch in den Bergen. Sie kamen von der Jagd, hatten ihre Pfeile und Jagdtaschen umhängen, und einer trug ein graues verschnürtes Paket bei sich. Auf einmal schrie dieser Junge auf und rannte den Weg zurück. Alle lachten, denn sie wußten Bescheid, sie hatten gleich erkannt, was dieses Paket war: ein junges Krokodil, das an Kopf und Schwanz so zusammengebunden war, daß der Montagnard nur den Arm durchzustecken brauchte, um es wie ein Paket tragen zu können. Junge Krokodile waren eine beliebte Jagdbeute, und abends konnten wir dann beobachten, wie die Montagnards das Krokodil brieten und aßen. Sie haben auch Schlangen gebraten, Vögel und Affen.

Diese Krokodile – wenn sie ausgewachsen waren, wurden sie bis zwei Meter lang – wurden nicht mit Pfeilen erlegt, sondern lebendig gefangen. In diesem Gebiet, in dem es besonders viele gab, kam ich eines Tages an einem Teich vorbei. Er lag direkt neben unserem Pfad, er war nicht sehr tief, und da es schrecklich heiß war, dachte ich, das ist herrlich, du gehst jetzt durch das Wasser. Am Rande entdeckte ich ein paar kegelförmige Körbe. Ich war neugierig, was das wohl sein könnte, ging bis ans Wasser und wollte mit den Füßen nach den Körben treten. Aber dann hab' ich es aus irgendeinem Gefühl heraus bleibenlassen, und abends im Lager habe ich dann herumgefragt, und der »Doktor«, einer unserer Begleiter, sah mich ganz komisch an und sagte, in diesen Körben fingen die Montagnards ihre Krokodile. Da wurde mir noch nachträglich schlecht bei dem Gedanken, daß ich mit meinen leichten Ho-Tschi-Minh-Sandalen durch diesen Teich hatte gehen wollen ...

Aber es gab natürlich auch all die Tiere, die einem über die langen Stunden hinweghalfen. Da waren immer wieder die Affen, die man stundenlang beobachten konnte, die Vögel, die Schlangen. In diesem Bergcamp gab es eine, die immer wieder kam. Im September hatte sie zuerst einen ganz roten Kopf gehabt, der färbte sich dann, wurde braun und dann grau, je kälter es wurde, und als wir das Camp verließen, schimmerte das Rot schon wieder hindurch. Im Camp K77 gab es im Hof Steinplatten, da gab es immer Eidechsen zu beobachten, und eine grau-schwarz gefleckte Schlange, die ganz ruhig sitzen blieb, zusammengerollt, und nur den Kopf aufrichtete, wenn der amerikanische Gefangene, den wir nie zu sehen bekamen, *My Fair Lady* pfiff.

Sie wußten schon in diesem Lager, daß ich Tiere gern hatte. Sie brachten mir Hunde zum Waschen, sie ließen einen Hasen und ein Huhn zu mir in den Hof. Am liebsten waren mir die Vögel, die ich nach und nach anlockte. Ich hatte manchmal bis zu fünfzehn Vögel, sie waren so zahm, daß sie mir auf die Hand flogen. Wenn die Wachen das bemerkten, schossen sie immer wieder in die Luft, um mich zu ärgern, aber die Vögel kamen immer wieder. Und dann war natürlich da noch die Katze, Meo, aber das ist eine Geschichte für sich ...

Außer Clothilde und Meo, der Katze, bekam in all diesen Jahren nur noch ein drittes Tier einen Namen, das war Amanda. Es war auch im Camp in den Bergen, und ich war lange nicht sicher, war Amanda nun ein Schwein oder ein Hund. Bernhard jedenfalls behauptete allen Ernstes, es sei eine Mischung zwischen beiden.

Dem Aussehen nach hatte Amanda tatsächlich Ähnlichkeit mit einem mageren, verhungernden Schwein. Benehmen tat – sie oder es? – sich wie ein Hund. Sie oder es sprang da herum wie ein Hund, auf hohen Beinen, setzte kein bißchen Fett an, war immer in Bewegung, apportierte kleine Stöcke, und wenn man pfiff oder den Namen rief, kam sie oder es sofort angerannt. Ich habe nie ein so gut gelauntes Tier gesehen wie Amanda.

Es gab zwei richtige Schweine in diesem Camp, die hatten eine Hütte, ihren Auslauf, wurden zweimal am Tag mit den Abfällen von der Küche gefüttert, aber Amanda lief frei herum, verschwand im Dschungel, kam zurück und schlief des Nachts vor unserer Hütte wie ein Hofhund. Wohin ich auch ging, sie oder es begleitete mich, sprang um einen herum, machte seine Kunststücke, warf die Hinterbeine hoch, wollte einen Stock apportieren.

Ich hatte mich so an Amanda gewöhnt, daß ich Bernhard sagte, als es hieß, daß wir das Camp in den Bergen verlassen würden, am liebsten würde ich Amanda mitnehmen. Dann, eines Morgens, war Amanda verschwunden; sie oder es lag nicht mehr vor der Hütte, ich konnte pfeifen, wie ich wollte. Wir hatten gerade unser Frühstück geholt, da hörten wir ein Schreien und Quietschen. Bernhard sah auf und sagte: »Das *war* Amanda.« Ich wollte es nicht glauben. Ich kam in die Küche, und dort hing tatsächlich ein Schwein, ganz dünn und mager. Sie hatten wirklich Amanda geschlachtet. Ich konnte es Bernhard gar nicht sagen.

Sie haben das Fleisch dann besonders präpariert, mit Gewürzen und Salz, in Dosen gefüllt, und als wir das Camp verließen, bekam jeder von uns eine Dose mit auf den Weg. Da sagte Bernhard: »Siehst du, jetzt nimmst du Amanda doch noch mit auf den Weg.« Das geschah Ende März, ein halbes Jahr, nachdem wir in das Berg-Camp gekommen waren.

Damals schien sich Bernhards Hoffnung endlich zu erfüllen, daß wir in die Freiheit entlassen würden. Er hatte immer damit gerechnet. Schon Weihnachten, dachte er zuerst, würden wir wieder zu Hause sein, im Gegensatz zu mir, die ich viel pessimistischer war. Bernhard konnten meine Zweifel richtig zornig werden lassen. Davon wollte er nichts hören. Das brachte ihn auf. »Du, mit deinen Zweifeln! Sei doch nicht so pessimistisch! Lauf nicht mit diesem Gesicht herum! Was sollen die Vietnamesen denken!«

Bernhard war vom ersten Tag an überzeugt gewesen, daß sie uns entlassen würden. Er lebte davon. Und ich dachte mir, was wird sein, wenn diese Hoffnung enttäuscht wird ...

Schmeckt Ihnen das Gemüse?

B. D.

Im März wurde das Wetter endlich besser. Wir brauchten des Nachts nicht mehr unser Feuer zu unterhalten. Das dauernde Heranschleppen von Holz fiel weg; es blieb wenig zu tun. Der Campplatz war von uns schon so sauber gefegt, daß das direkt eine Gefahr bedeutete, die Flugzeuge könnten das Lager entdecken. Ich half jetzt meistens in der Küche, um eine Beschäftigung zu haben.

Dieses Camp in den Bergen hatte sehr wahrscheinlich nie als Gefangenenlager gedient. Es war vornehmlich ein Durchgangslager für Vietkongs, die mit halbausgeheilten Verwundungen aus den Kampfgebieten kamen und sich hier erholten, ehe sie wieder in den Norden zurückkehrten, so wechselten die Gesichter dauernd. Nur der Koch war vom ersten Tag an dagewesen. Er war eine bedauernswerte Erscheinung. Der Daumen und der Zeigefinger der linken Hand waren ihm abgeschossen worden. Er hatte eine große Narbe am Unterschenkel und eine Schußverletzung im Unterleib, die nie richtig ausgeheilt war und immer wieder zu nässen begann. Und vor allem haßte er es, Koch zu sein, er gab sich Mühe, aber es nützte nichts, man merkte es seinem Essen an, daß er es nach den vielen Jahren an der Front als einen Abstieg betrachtete, hier als Koch gelandet zu sein. Und wenn die Feiertage kamen, zu Neujahr, zum Tetfest, dann mußte er weg von seinen Töpfen, dann kochte der Y Si des Lagers auf, der alles andere als ein Krankenpfleger war, sondern von Haus aus ein Reisbauer, ein guter Koch ... aber Koch, das war eben eine Stufe niedriger.

Ich saß an diesem Morgen vor der Küche in der Sonne und schälte Calla-Blätter. Das waren die Blätter einer Staude, aus denen die Vietnamesen Gemüse zubereiteten – allerdings nicht für uns, obwohl davon genug in dieser Gegend wuchs. Calla-Gemüse gab es nur für die Vietnamesen, und die Calla-Reste waren für die Schweine.

Ich saß dort, als ein Pfiff ertönte, immer das Zeichen, daß jemand die Stufen zu unserem Camp heraufkam. Das geschah so oft, daß ich die beiden Männer, die dann auch erschienen, nicht weiter beachtete; außerdem waren meine Augen in der letzten Zeit immer schlechter geworden, in der Ferne sah ich nicht mehr gut. So erkannte ich den einen von beiden erst, als er direkt vor mir stand, in seinem schwarzen Anzug mit den aufgenähten Taschen und seinen über den Ohren abgescherten Haaren, Huong, der Dolmetscher aus dem Camp der Amerikaner.

Ich war so überrascht, meine Gedanken hatten sich so oft mit der Zeit dort beschäftigt, daß ich unwillkürlich aufstand und Huong die Hand entgegenstreckte, denn hier im Camp in den Bergen war ein Händedruck üblich geworden. Aber Huongs Mund verzog sich nur noch etwas schiefer, und er übersah meine Hand.

Er sagte auf englisch: »Guten Tag! Wie geht es Ihnen?«

Ich antwortete nicht. Ich setzte mich und fuhr mit meiner Arbeit fort.

»Es freut mich, Sie zu sehen!« sagte Huong. »Man behandelt Sie hier gut? Sie haben wenig an zu Hause gedacht? That's very good for you! Sie sehen viel besser aus als früher. Ich sehe, die Politik der Menschlichkeit und Milde des vietnamesischen Volkes zeigt ihre Wirkung.«

Er hatte sich weiß Gott nicht geändert, dieser Huong.

Er sagte: »Ich sehe, Sie betätigen sich. That's very good for you. Wie schmeckt Ihnen das Gemüse?«

»Das kann ich Ihnen nicht sagen.«

»Sie können nicht sagen, daß es Ihnen gut schmeckt? That's very bad for you!«

»Calla-Gemüse gibt es für uns nicht«, sagte ich, »das gibt es nur für Vietnamesen und die Schweine, nicht für die Gefangenen.

Er starrte mich an aus Augen, die plötzlich kalt und gehässig waren. »Ich sehe, Sie haben immer noch nicht gelernt, daß Sie ein Gefangener sind. Ich bedauere das. Ich bin hierhergekommen, um Ihnen eine gute Nachricht zu bringen. Ich weiß nicht, ob ich den Weg nicht vergeblich gemacht habe. Wir werden sehen. Was Ihnen fehlt, sind ein paar Tage Unterricht. Wir werden heute nachmittag mit der Diskussion beginnen. Ich hoffe, Sie werden sehr aufmerksam sein. Es wird sehr viel davon abhängen für Sie.«

Der Gedanke ließ mir keine Ruhe mehr die nächsten Stunden: Hatte ich einen Fehler gemacht, daß ich Huong mit meiner Antwort provozierte? Was hatte er damit gemeint, er sei gekommen, um eine gute Nachricht zu bringen?

Nachdem Huong mich vor der Hütte hatte sitzen lassen, beobachtete ich, daß er einen der Männer des Camps herbeirief, den wir »Künstler« nannten, weil er die Haare länger trug als die anderen und eine große Fertigkeit darin hatte, Körbe zu flechten und allerlei Dinge aus Bambus zu basteln. Ich sah, daß Huong mit ihm sprach, ihm etwas erklärte und ihm dann zwei Reissäcke und eine feste Schnur übergab, Dinge, die Huongs Begleiter mitgebracht hatte. Ich verstand, daß »Künstler« aus diesen Sachen etwas anfertigen sollte.

Was hatte das zu bedeuten? Huong, der hier im Lager auftauchte, der einen Zwei-Tage-Marsch auf sich nahm, nur um uns »Unterricht« zu geben? Und seine Bemerkung? Ich hatte immer die Hoffnung gehabt, daß dieses unser letztes

Lager sein würde, daß man uns bald entlassen werde. Es gab sogar, wie mir schien, sichere Anzeichen dafür, daß dies nicht nur eine vage und unbegründete Hoffnung war. Anfang Dezember war ein Vietnamese über die Stufen in unser Camp heraufgekommen, der zu den Wachen des Camps der Amerikaner gehörte. Von diesem Mann hatte ich erfahren, daß im September, gar nicht lange nach unserem Weggang, drei Amerikaner aus dem Camp – darunter unser Willie, der Neger, der zusammen mit Ike die beiden Särge getragen hatte – nach Hause entlassen worden waren. Es war eine Tatsache, die feststand, die Einzelheiten, die der Vietnamese berichtete, waren zu genau: Sie hatten einen politischen Kurs von fünf Tagen mitgemacht, hatten ein Dokument unterzeichnet, daß man sie gut behandelt hätte, daß man medizinisch ausgezeichnet für sie gesorgt hätte, daß das Essen gut gewesen sei und daß sie nie mißhandelt worden seien. Jedenfalls waren sie entlassen worden. War Huong zu demselben Zweck hierhergekommen?

Ich kehrte in unsere Hütte zurück und berichtete Monika von allem. Aber ich wußte schon, wie sie reagieren würde. Sie dämpfte auch jetzt meinen Optimismus. Sie erinnerte mich an das, was Dr. Kuschner uns kurz vor dem Aufbruch gesagt hatte. Der amerikanische Arzt hatte damals gemeint, daß er nicht glaube, daß man uns entlassen werde, denn wir sollten bedenken, daß drei von uns gestorben seien und daß die Vietnamesen unter allen Umständen versuchen würden, diese Tatsache vor der Öffentlichkeit zu verheimlichen!

»Dann hätten sie diese drei Amerikaner auch nicht entlassen dürfen«, sagte ich, »denn sie haben ja auch alles mitbekommen und werden sicher darüber berichten.« Und ich erinnerte sie an die Briefe, die wir beide Mitte November hatten nach Hause schreiben dürfen. Auch dem stand eine andere Tatsache gegenüber: Auch Dr. Kuschner und einigen anderen amerikanischen Gefangenen hatte man erlaubt zu schreiben – und dann hatten sie durch einen Zufall ihre Briefe Wochen später in der Müllgrube neben der Küche wiedergefunden; sie waren einfach nicht befördert worden. Aber so ging es die ganze Zeit – diese Waage zwischen Hoffnung und Ernüchterung, die sich dauernd hob und senkte; mal war die eine Seite oben, mal die andere ...

Ich konnte den Nachmittag kaum erwarten. Wirklich ließ Huong uns dann rufen. Sie hatten eine der Hütten provisorisch hergerichtet, mit einem Tisch in der Mitte für Huong und seinen Begleiter, der eine Art Protokollführer war. Er schrieb jedenfalls unaufhörlich, aber er tat es so, daß er dauernd seine Papiere durcheinanderbrachte, kreuz und quer auf den Blättern schrieb, so daß ich den Verdacht hatte, das Ganze geschehe nur, um uns zu imponieren oder einzuschüchtern.
Ansonsten wiederholten sich die »Diskussionen«, die Huong mit uns schon im Camp der Amerikaner geführt hatte. Nach einer Ermahnung, ihm aufmerksam zuzuhören, kamen die alten Phrasen von der Grausamkeit und Ungerechtigkeit des Krieges der Amerikaner und der Gerechtigkeit der vietnamesischen Sache. Von der hohen Waffenbrüderschaft des Nordens und der Verwerflichkeit der Bonner Regierung, die die Amerikaner unterstütze ... das alles sollte fünf Tage dauern, begann am Morgen um sechs Uhr, ging bis elf, dann wieder von zwei bis fünf Uhr. Ich hörte schon gar nicht mehr hin, sondern klammerte mich an den Gedanken, daß die drei Amerikaner nach einem solchen Fünf-Tage-Kurs entlassen worden waren.
Dann, am letzten Tag, fragte Huong plötzlich: »Waren Sie schon einmal in Nordvietnam?«
Ich sah Monika an, mehr um sie zu warnen, mir die Antwort zu überlassen: »Nein.«
Huong lächelte sein falsches Lächeln. »Haben Sie Interesse, nach Nordvietnam zu gehen?«

Er sagte es so, wie man jemanden fragt, wie ist es mit einem Abstecher nach den Kanarischen Inseln. Ich ließ mir nichts anmerken. »Ich habe Interesse daran, nach Hause zu gehen«, antwortete ich, »gleich über welchen Weg, und gleich wie lange.«

»Sie glauben also, wir werden Sie entlassen?«

Ich gab ihm mit steinernem Gesicht die Antwort, die er von mir erwartete: »Ich vertraue auf die Milde und Güte des vietnamesischen Volkes, wie man sie uns so oft gezeigt hat.« Wir sahen uns an. Wir wußten beide, was wir dachten, aber ihm genügte der Triumph, daß ich das ausgesprochen hatte.

»Sie haben endlich dazugelernt«, sagte er. Und nach einer Pause. »Wir können Sie nicht den Amerikanern oder der Armee von Saigon übergeben. Verstehen Sie das?«

Ich sagte, daß ich es verstünde.

»Wir könnten Sie nach Nordvietnam bringen und von dort entlassen.«

Er hatte das Wort ausgesprochen. »Wann wird das sein?« fragte ich.

Huong hatte sich erhoben. »Ich werde mir überlegen, ob ich Ihre Entlassung befürworten kann. Sie sollten sich jedenfalls vorbereiten. Es ist ein weiter Weg nach Norden. Sie sollten sich dafür gut vorbereiten.«

Am Nachmittag verließen Huong und sein Begleiter das Camp. Was war mit der Schale der Hoffnung? War sie ganz oben? Ich sah Huong nach, bis schließlich seine abstehenden Haare hinter der Bergkuppe verschwanden. Ich hoffte, daß er wiederkommen würde, und doch hoffte ich, daß ich ihn nie mehr zu sehen bekäme. Jemand berührte mich an der Schulter. Es war der Vietnamese, den wir »Künstler« nannten. Er hielt die beiden Reissäcke in den Händen oder das, was er daraus gemacht hatte: Er hatte die Säcke auseinandergeschnitten und neu zusammengenäht, so daß sich zwei Schläuche von je einem Meter Länge ergaben, daran waren die Schnüre über Kreuz so angebracht, daß man das Ganze wie einen Rucksack auf dem Rücken tragen konnte.

Ich blickte »Künstler« fragend an. Er winkte mir, mitzukommen. Wir gingen zur Küche. Dort lag ein Haufen Steine, fein aufgeschichtet, und er begann, die Rucksäcke damit zu füllen. Mir war immer noch nicht klar, was das sollte, da sagte der Vietnamese: »Das ist zum Training für Sie beide. Sie werden das Training brauchen. Das wird ein langer Marsch in den Norden ...«

»Monsieur«

B. D.

In den nächsten vierzehn Tagen trainierte ich mit dem
»Reisrucksack« voller Steine. Ich lief im Camp auf und ab,
die Stufen hinunter, den Berg wieder hinauf. Monika war zu
schwach, um da mitzuhalten. Ich war ganz besessen, als
könnte ich damit unsere Entlassung erzwingen oder be-
schleunigen. Aber manchmal kam mir doch der Gedanke,
das alles könne nur eine Schikane sein, eine besondere Form
der Tortur, die man sich für uns ausgedacht hatte. Lachten
und feixten die Vietnamesen nicht hinter unserem Rücken?
Aber da gab es schließlich noch andere gute Anzeichen. Das
Essen wurde plötzlich besser; während der zwei Wochen
unseres Trainings bekamen wir zum erstenmal zusätzlich zu
unserer üblichen Ration etwas Fleisch. In der ersten Woche
waren es genau drei winzige Stückchen gewesen, in der
zweiten vier. Es mußte also etwas Entscheidendes bevor-
stehen, und am Spätnachmittag des 31. März traf dann
»Monsieur« in unserem Camp ein.
Wir hatten gerade eine Nachmittagsrunde beendet, als die
Gruppe eintraf. Es waren vier Mann, und daß es sich bei
einem davon um einen hohen Funktionär handelte, daran
gab es keinen Zweifel für mich. »Monsieur« – wir erfuhren
seinen Namen nie, und so nannten wir ihn so, weil er französisch sprach – war ein *officier majeur*, so jedenfalls stellte

sein Dolmetscher ihn später vor, der *chef du départment*, was immer das heißen sollte. »Monsieur« kam mit eigenem Dolmetscher und zwei Leibwachen, die sein gesamtes Gepäck trugen, die ihm im Camp sein ganz besonderes Essen kochten, ihm Feuer für seine Zigaretten reichten.

Wir hatten seinen »Einzug« in das Camp beobachtet und waren zuerst in unseren Hoffnungen enttäuscht worden, denn niemand fragte nach uns. »Monsieur« nahm sein Essen ein, ließ sich Kaffee kochen und schritt dann zu einer Ordensverleihung.

Drei Männer des Camps nahmen vor ihm Aufstellung. Der eine war der Koch, der auch in diesem Augenblick aussah wie der leibhaftige Robinson Crusoe mit seiner ausgefransten Hose und strubbeligem Haar; die Hand mit den abgeschossenen zwei Fingern lag ziemlich lässig an der Hosennaht. Der zweite war ein Vietnamese, den wir »Tüftler« nannten, ein älterer Mann mit strähnigem, schwarzem Haar. Er hatte eine schwere TB, war klapperdürr und im übrigen ein Mann, dem nichts gelang, der kein Feuer in Gang brachte, der keine Fische mitbrachte, wenn er mit den anderen an den Bach angeln ging. Er wurde von allen herumgestoßen, man schob ihm immer die Dreckarbeiten im Lager zu, das Misten der Ställe, und war im übrigen froh, wenn er nichts tat und ruhig in einer Ecke saß. Der dritte war ein Mann, den wir den »Langen« nannten.

Wir hatten nicht sofort begriffen, was da vor sich ging, mitten im Dschungel. Die drei standen dort, sie bekamen von »Monsieur« eine kurze Rede gehalten, und dann kam einer der Leibwächter mit den Orden, die »Monsieur« den dreien persönlich anheftete. Es war eine kurze, improvisierte Zeremonie, und keine der beiden Parteien schien besonders angetan davon. Die drei Vietnamesen schienen sich noch mehr aus den Auszeichnungen zu machen, aber »Monsieur« erledigte die ganze Sache eher mit Überdruß. Es dämmerte jetzt bereits, und ich dachte, ist er vielleicht gar nicht wegen uns hergekommen, als der Dolmetscher auf uns zukam und uns aufforderte, ihm zu folgen.

Er führte uns zu jener Hütte, in der uns Huong seine Fünf-Tage-Kur verabreicht hatte. Jetzt saß »Monsieur« hinter dem Tisch, seine beiden Leibwachen hinter ihm, immer auf dem Sprung, ihm seine Zigaretten anzuzünden. Er rauchte viel, und ich sah die Schachtel vor ihm liegen – *Rubis* hieß die Marke, die er rauchte. Auch der Campleiter war da. Lächelte er? Meine Hoffnungen stiegen.

Wir nahmen »Monsieur« gegenüber an dem Tisch Platz. Zu meiner Rechten bemerkte ich einen anderen Tisch, und darauf lagen unsere beiden Reisrucksäcke, die wir nach dem Training immer abzugeben hatten. Davor standen, ordentlich in zwei Häufchen aufgeteilt, zweimal ein Pfund Zucker, zwei kleine Büchsen Pudermilch mit französischer Aufschrift und zwei Dosen, in denen man Monikas geliebtes Schwein eingepökelt hatte. Jetzt war ich sicher, daß unser Campleiter wirklich lächelte.

Der Dolmetscher erklärte, wer »Monsieur« sei, ein *officier majeur*, der *chef du départment* – aber zunächst gab es noch einmal eine Unterbrechung. »Monsieur« hatte an Monikas Oberarmen die beiden verschmutzten und uralten Verbände entdeckt, mit denen sie die nie ausgeheilten Spritzenabszesse verbunden hatte. »Monsieur« gab einen Befehl, wir warteten, dann kam der Y Si des Lagers angerannt. Mit Zornesfalten auf der Stirn schrie »Monsieur« ihn an, der Y Si lief mit hochrotem Kopf davon, kam wieder, hatte plötzlich einen sauberen Streifen Mull, eine Penicillintablette, die er zerdrückte, das Pulver auf die Wunden streute und zwei neue Verbände anlegte. Während das geschah, wurde nichts gesprochen; »Monsieur« rauchte, der Dolmetscher zog den Kopf in die Schultern, der Campleiter lächelte. Es war ein freundliches Lächeln, und es sagte, daß alles gut werden würde.

Dann begann »Monsieur« zu sprechen. Der Dolmetscher übersetzte seine Worte ins Englische. Ich erinnere mich an jedes Wort, und die ersten Worte waren: »Es tut mir leid.« »Es tut mir leid«, sagte »Monsieur«, »daß Ihre Gefangenschaft so lang dauerte. Sie waren Fremde, und viele Fremde sind unsere Feinde, und so mußten wir untersuchen, ob Sie nicht Spione waren. Wir haben Ihre Aussagen nachgeprüft. Wir mußten feststellen, daß Ihre Aussagen wahr sind, daß Sie Mitglieder einer medizinischen Organisation und als Krankenpfleger tätig waren. Wir haben daher beschlossen, Sie nach Deutschland zu entlassen.«

Was redet er noch weiter, dachte ich. Laß uns sofort losmarschieren. Laß uns Tag und Nacht marschieren, ohne Pause. Laß uns laufen, ohne zu Essen, ohne anzuhalten. Ich blickte Monika triumphierend an, aber ich sah ihr die Freude nicht an. Ihr Gesicht war verschlossen wie immer. Und ich hätte sie am liebsten gepackt und wäre mit ihr vor allen durch den Raum getanzt.

»Es tut uns leid, daß drei Ihrer Freunde nicht mehr nach Hause zurückkehren können«, war »Monsieur« fortgefahren. »Wir, das vietnamesische Volk, das auch in seinem Befreiungskampf die Gesetze der Menschlichkeit und Milde gegenüber seinen Kriegsgefangenen walten läßt, bedauern den Tod Ihrer Freunde. Wir haben alles getan, um diese Leute durchzubringen, aber Sie wissen, daß unsere Mittel hier im Dschungel beschränkt sind. Sie wissen, daß es auch hier in diesem Camp einen Toten gab, im letzten Winter« – das stimmte –, »weil wir nicht wie die Amerikaner extra für ihn einen Hubschrauber schicken können. Und Sie wissen, wie es um den Gesundheitszustand der drei Männer bestellt ist, die ich heute ausgezeichnet habe.«

Laß ihn zu Ende kommen, dachte ich. Laß uns losmarschieren, noch in dieser Stunde. Nach Hause! Nach Deutschland. Ich hatte es die ganze Zeit gewußt! Warum machte Monika so ein Gesicht?

»Ich nehme an, daß Sie bereit sind, den guten Willen des vietnamesischen Volkes seinen Feinden gegenüber zu bestätigen, die faire Behandlung, die Sie in der Gefangenschaft erfahren haben.« »Monsieur« beugte sich vor. »Abgesehen davon, daß Ihre Freunde bereits mit einer Krankheit behaftet in die Gefangenschaft gekommen sein müssen. Ich habe dazu den Bericht des Y Sis vorliegen, der diese Tatsache einwandfrei bestätigt.« Er nahm eine der Zigaretten. Er ließ sich Feuer geben. Der Dolmetscher schob uns ein Schriftstück hin, dazu einen Federhalter.

Ich glaubte Huongs Schrift zu erkennen, doch ich war nicht sicher, da das Dokument in Vietnamesisch abgefaßt war. Niemand machte Anstalten, uns seinen Inhalt zu übersetzen. Ich sah Monika an; ich fürchtete, sie könnte mit ihrer Bockigkeit im letzten Moment alles verderben. Ich war längst entschlossen, alles zu unterschreiben, was man mir vorlegte, wenn ich dafür die Freiheit bekam. Ich drückte ihr den Federhalter in die Hand. »Mach jetzt keine Geschichten!« sagte ich so natürlich wie möglich und sicher, daß mich keiner verstand. Sie setzte ihre Unterschrift auf ihr Protokoll, und ich unterzeichnete das meine.

»Monsieur« drückte seine Zigarette aus. Er lehnte sich weit in seinem Stuhl zurück. Er begann wieder zu sprechen. Seine Stimme bekam etwas Offizielles. *»De maintenant vous êtes lebérer ...«*

Es war nicht das beste Französisch, aber es war der schönste Satz der Welt: *Von jetzt an sind Sie entlassen!* Und der Dolmetscher fuhr fort, zu übersetzen: »Das vietnamesische Volk gibt Ihnen die Freiheit zurück. Sie werden in Ihre Heimat und zu Ihren Familien zurückkehren.«

»Monsieur« deutete auf den Tisch mit den Rucksäcken. »Sie werden von hier aus nach Nordvietnam laufen müssen. Die ersten zehn Tage werden beschwerlich sein, aber dann werden Sie an eine Straße kommen und den Rest des Weges in Autos zurücklegen. Man wird Sie nach Hanoi bringen und

Ihnen dort ein Flugzeug zur Verfügung stellen, das Sie in die Heimat zurückbringt. Haben Sie noch Fragen?«

Ich hatte nur eine Frage. »Wann werden wir aufbrechen?«

»Morgen früh. Sie werden drei Begleiter erhalten, die mit Ihnen in den Norden gehen. Ich betone, es sind Ihre Begleiter, keine Bewacher. Wenn Sie Wünsche haben, können Sie diese Herrn Bô vorbringen; er wird Ihre Gruppe anführen.«

Seine Stimme bekam noch einmal den offiziellen Ton. »Bitte, grüßen Sie Ihre Angehörigen in Deutschland. Ich hoffe, daß nach dem Ende des Krieges die Zusammenarbeit zwischen dem deutschen und vietnamesischen Volk auf freundschaftlicher Basis aufgebaut werden kann, zugunsten der beiden Nationen.«

»Monsieur« erhob sich. Wir wollten aufstehen, aber er winkte ab, wir sollten sitzen bleiben. Dann brachten sie Tee, »Monsieur« bot uns von seinen Rubis-Zigaretten an. Wir saßen dort, rauchten und tranken Tee, es war, als seien wir niemals von ihnen als Feinde behandelt worden ...

Wir gingen dann zu unserer Hütte zurück. Wir hatten unsere Rucksäcke mitbekommen, und die Sachen, die wirklich unsere Marschverpflegung waren, den Zucker, die Pudermilch, die Dose Fleisch. Der Rucksack war ganz federleicht auf meinem Rücken. Ich glaube, ich habe gesungen, als ich meinen Rucksack packte. Monika war ruhig. »Er hat wirklich gesagt, wir sind entlassen?« fragte sie.

»Nun hör auf! Du siehst, daß nicht du, sondern ich recht behalten habe!«

Aber sie wollte es genau wissen: »Was hat er wörtlich gesagt?«

»De maintenant vous êtes lebérer ... Von jetzt an sind Sie entlassen. Das vietnamesische Volk gibt Ihnen die Freiheit zurück.«

»Hast du mal daran gedacht, was für ein Datum morgen ist?« fragte sie.

»Nein, wieso?«

»Morgen ist der 1. April. Kennst du das nicht, einen in den April schicken ...«

Ich wurde ehrlich wütend. Ich verstand sie nicht! Sie ging mir auf die Nerven mit ihrem ewigen Pessimismus. Aber mir konnte sie die Stimmung nicht verderben.

Am anderen Morgen war ich früher auf als alle anderen. Draußen war es dunstig, aber das Wetter hätte sein können, wie es wollte, für mich war es ein herrlicher Tag. Ich packte die restlichen Sachen in meinen Rucksack. Ich machte meine Gymnastik. Ich atmete ganz tief die Luft ein. Ich war ganz wild darauf, loszumarschieren.

Der Koch machte sein Feuer an. Ich ging hinüber zu der Küche. »Monsieur« und sein Dolmetscher und seine Leibwächter hatten das Camp bereits verlassen. Herr Bô und die zwei anderen waren noch nicht eingetroffen.

Langsam standen auch die anderen auf. Ich sah den Vietnamesen, den wir den »Langen« nannten, aus seiner Hütte treten, ein Buschmesser in der Hand, wohl um Kleinholz zu schneiden. Der »Lange« war ein Sergeant, der erst vor wenigen Wochen mit einer Verwundung von der Front gekommen war. Er sprach etwas Englisch, und er hatte mir Fotografien von seiner Familie im Norden gezeigt, von seiner Frau und den Kindern, von den Reisfeldern, die jetzt seine Frau bestellte, mit seinem alten Vater. Ich ging lachend auf ihn zu, gab ihm die Hand und sagte: »Alles Gute! Wir brechen jetzt gleich auf. Ich wünsche Ihnen, daß Sie ebenfalls bald in den Norden zurückgehen können, zu Ihrer Familie.«

Die Reaktion des Vietnamesen kam vollkommen unerwartet. Sein Gesicht verfinsterte sich, wurde dunkel und starr. Es war, als könnte ich auf diesem Gesicht ablesen, was in seinem Kopf vorging, ich sah, daß ihm dieser Krieg an die Nieren ging, sah das das erste und einzige Mal, daß ein Vietnamese das ganz offen zeigte, vor uns, den Weißen und

Feinden. Es stand alles in seinem Gesicht geschrieben: die lange Trennung von der Familie, der Krieg, der ihm zum Halse heraushing ...

Er blickte auf das Messer in seiner Hand, das Buschmesser. Er hob den Arm und schleuderte das Messer gegen einen Baum. Es traf mit der Spitze, es stak dort tief in dem Stamm, und das Heft zitterte. Der »Lange« ging schweigend davon und ließ es dort stecken.

Es war, wie gesagt, das erste und einzige Mal, daß ich so klar und offen die Gefühle eines Vietnamesen, eines Sergeanten der Volksarmee dazu, lesen konnte, daß ich verstand, was in diesem Mann vorging, ihn, der am Abend zuvor noch einen Orden erhalten hatte; aber vielleicht war es auch nur, weil ich an diesem Morgen die ganze Welt verstanden hätte ...

Herr Bô und der lange Marsch

B. D.

Gegen 7 Uhr brachen wir auf. Es hatte in der Nacht geregnet, der Morgen war dunstig und feucht, aber was spielte das für eine Rolle. Ich trug die schwarze Pyjamahose und Georgs Malteserhemd. Monika hatte ihre weiße Pyjamahose angezogen und ihre Malteserbluse; das war sozusagen unsere Festkleidung.

Jeder trug seine eigenen Sachen in dem »Reisrucksack« auf dem Rücken, die Kleider zum Wechseln, die wenigen persönlichen Dinge, die Sonderrationen. Und dazu hatte jeder eine Reisration für fünfzehn Tage bekommen, die wir in einem langen Strumpf um den Hals trugen. Es war gut, daß wir fleißig trainiert hatten, denn das alles zusammen war ein ganz hübsches Gewicht. Aber ich hätte noch zusätzlich einen Sack mit Steinen geschleppt; denn für uns war es ja der Marsch in die Freiheit.

Es ging, wie ich es erwartet hatte, in die Berge hinein. Der Dschungel war feucht, die Gewächse besonders dickblättrig. Bald plagten uns die Blutegel in unbeschreiblicher Weise. Man machte keine zehn Schritte und hatte sie an den Füßen und Händen. Endlich, gegen 10 Uhr, kam die Sonne heraus.

Es wurde schnell heiß. Wir kletterten steile Berge hinauf. Die Mittagspause war nur kurz, denn Wolken zogen sich zusammen, und in der Ferne donnerte und blitzte es. Wir luden unser Gepäck auf. Wir kamen an diesem Nachmittag so hoch in die Berge, daß wir letzten Endes im Nebel verschwanden. Wir machten keine weitere Pause mehr. Als wir dann die Montagnard-Siedlung erreichten, mußte ich an einem Baum stehenbleiben und mich vor Schwäche übergeben.

Wir waren durch den Regen, der unterwegs eingesetzt hatte, durchnäßt. Wir hängten unsere nassen Kleider in die Nähe der Feuerstelle. Anh Sinh, einer unserer Begleiter, bereitete das Essen; er nahm von jedem eine Portion Reis, eine Milchdose voll von dem ungekochten Reis aus unserem Strumpf. Wir aßen Reis, dazu von dem gesalzenen Fleisch, dann gab es Tee. Wir legten uns auf unsere Plastiktücher auf den Boden, deckten uns mit den »Reissäcken« zu, rückten ganz nahe zusammen, um uns gegenseitig zu wärmen. Das war unser erster Tag auf diesem Marsch.

Unsere Begleitung bestand aus drei Männern. Der Mann, der uns anführte, der Leiter unserer kleinen Gruppe, war Ong Bô, das heißt »Herr Bô«. Er legte Wert darauf, so angesprochen zu werden, obwohl wir bald herausfanden, daß er Oberleutnant der nordvietnamesischen Armee war. Ong Bô hatte seit 1959 in Südvietnam gekämpft, und dies war seine erste Rückkehr in den Norden, aus dem er stammte, nach elf Jahren, weil er das Glück – oder Pech – gehabt hatte, bisher nie schwer verwundet worden zu sein. Mit neunzehn Jahren war er in den Krieg gezogen, jetzt war er einunddreißig. Auf seinem Oberschenkel war die lange Narbe einer eben erst verheilten Schußwunde zu sehen.

Bô war in eine schwarze Uniform gekleidet, und er trug das Koppel mit dem breiten, viereckigen Metallschloß mit dem Stern des Nordens. Er hatte immer eine Pistole umgeschnallt – ein ostdeutsches Modell –, und er besaß diesen Wasserlilienhut, wie Bob ihn getragen hatte. Es sollte kein Abend vergehen auf unserem Marsch, ohne daß Ong Bô nicht zwei Dinge tat: Als erstes wusch er seinen Hut und brachte ihn so in Form, daß die Krempe schön steif abstand; war das geschehen, breitete er eines dieser Plastiktücher vor sich aus, nahm seine Pistole auseinander, säuberte sie und baute sie wieder zusammen. Im übrigen war Bô ein Einzelgänger, der uns in Ruhe ließ und in Ruhe gelassen werden wollte, der tagsüber am liebsten allein der Gruppe voranging und abends für sich allein dasaß, seine Waffe reinigte und eine Zigarette nach der anderen rauchte.

Der zweite Mann, der mit uns ging, das war der »Doktor«. Einen anderen Namen hatte er für uns nicht; das war überhaupt so, in der ganzen Gefangenschaft, meistens erfuhren wir die Namen nicht, und so behalf man sich mit diesen Spitznamen; da gab es dann den »Sonny Boy«, den »Stahlhelm-Baron«, »Shorty« und »Grisco« – das ist ein amerikanisches Tafelöl, wohl von der billigen Sorte, und die Amerikaner, die dem Vietnamesen diesen Namen gegeben hatten, wollten damit zum Ausdruck bringen, was für ein öliger, aalglatter und schmieriger Kerl »Grisco« war.

Der »Doktor« stammte aus dem Süden, aus einem Gebiet, das von Saigon kontrolliert wurde, und seine Eltern lebten noch dort. Er selbst war als Junge nach Nordvietnam gekommen, hatte in Hanoi eine zweijährige Ausbildung als Y Si mitgemacht. Er war dann in den Süden zurückgekehrt, hatte für den Vietkong die letzten acht Jahre als Hilfsarzt gearbeitet und ging jetzt nach Hanoi zurück, um dort fertig zu studieren. »Doktor« war ein Schwätzer vor dem Herrn, ein ewiger Spaßmacher; ob es bergauf oder bergab ging, ob es brütend heiß war oder regnete, immer war er es, der jeden ansprach, mit jedem schwätzte, der einmal vorne weg lief, einmal hinten war, mit hochrotem Kopf, und noch seine Späße machte, wenn keiner von uns mehr Puste hatte. Er war groß, hatte einen langen, dürren Körper und war aber muskulös und zäh. Und auch er besaß zwei Dinge, auf die er ungeheuer stolz war, ein Kofferradio und eine große

Taschenlampe. Selbst als die Batterien der Lampe längst leer waren, lief er abends in den Dschungelcamps mit der Lampe herum, um allen zu zeigen, daß er sie besaß.

Der dritte Mann, der mit uns ging, war ein Sergeant der nordvietnamesischen Armee, der sechs Jahre in Südvietnam gekämpft hatte und jetzt aufgrund seiner Verwundungen – ein Oberschenkelschuß und eine Schußverletzung im Oberarm – nach Nordvietnam zurückkehrte. Er war ein kleines Kerlchen, hieß Simh, aber sie nannten ihn, weil er so ein Kerlchen war, Anh Simh, was soviel heißt wie »junger Mann Simh«. Er war vierzig. Simh hatte eine Frau und zwei Kinder in Nordvietnam, und er sprach immer davon, wie er jetzt wieder den Reis anbauen und Schweine züchten werde. Er, der kleinste und schwächlichste, hatte das meiste von allen zu tragen; neben seinen eigenen Sachen, den Kochutensilien, hatte er sich schon am ersten Tag auch noch die Reisration von Monika umgehängt. Außerdem war Anh Simh es, dem man die Dinge anvertraut hatte, die man uns bei der Gefangennahme abgenommen hatte: die Kameras, Uhren, unsere Ausweise, all das war bei unserem Abmarsch wieder aufgetaucht ...

Diese ersten Tage unseres Marsches, da war einer wie der andere. Die Nächte verbrachten wir in den Hütten der Montagnards. Es waren feste Hütten, mit einem Dach, das auch den stärksten Wolkenbruch abhielt; sie waren nicht mit Bambus gedeckt, wie die Kim, die eigentlichen Vietnamesen ihre Hütten decken, und auch nicht mit Schilf, wie die Flachländer verfahren, sondern mit Reisstroh, das in zwei Schichten übereinanderlag.

Es gab meistens zwei Feuerstellen, die unterhalten wurden, und wir lagen auf unseren Plastiktüchern, zugedeckt mit der »Reisdecke« und mit der Hängematte, die wir in unserem Gepäck hatten. Es war so recht angenehm warm, trotz der kalten Nächte. Es zog nicht von unten, obwohl diese

Hütten auf Stelzen gebaut waren, denn unter uns schlief das Vieh, die Schweine und die Hühner. Wenn ich dort lag, konnte ich die Montagnards um das Feuer sitzen sehen, wie sie ihre Pfeile für die Jagd der nächsten Tage herrichteten, und wie sie immer wieder zu Monika und mir herübersahen. Wir waren für sie wie Menschen von einem anderen Stern.

Wir standen meist sehr früh auf. Wir aßen unser Frühstück, dasselbe, was wir auch mittags und abends aßen: Reis, das gesalzene Dosenfleisch, dazu tranken wir Tee oder abgekochtes Wasser mit etwas Zucker. Dann führte Ong Bô seine Verhandlungen mit einem der Montagnards, der uns an dem kommenden Tag führen sollte. Es waren immer zähe Verhandlungen. Bezahlt wurde in Salz, ein Schälchen, zwei Schälchen, je nach der Hartnäckigkeit des Montagnard. Salz war das Allerwichtigste für diese Bergbewohner, die Währung dieses Dschungelgebietes, und dafür führten sie uns oft Wege, Abkürzungen, die nur ihnen bekannt waren und die uns schneller zu dem Hauptweg bringen sollten. Wir brauchten zehn Tage, um zu dem legendären Ho-Tschi-Minh-Pfad zu kommen, den damals noch kaum ein Weißer gesehen hatte, es sei denn aus der Luft.

Ich hatte immer ein wenig gezweifelt an den Geschichten der Amerikaner in An Hoa, die in einer Mischung von Zorn und Respekt über diese Straße sprachen. Sie stammte zum Teil noch aus der Zeit des französischen Indochina-Krieges, und über sie sollte der gesamte Nachschub für die Armeen im Süden fließen, Waffen und Munition, Lebensmittel und Medikamente, Truppen vor allem, über tausend Kilometer hinweg, von den Ausbildungszentren und Nachschublagern nördlich des 17. Breitengrades durch die Berge Laos, die Regenwälder, bis hinunter zu dem Zipfel, mit dem Kambodscha an Südvietnam grenzte. Es war die Vene, die Hauptschlagader, durch die immer frisches Blut dem Krieg zufloß, und dementsprechend flogen die Amerikaner ihre

Angriffe, luden ihre Bombenlasten über jener Straße ab. Sie hatten es mir gezeigt, sie brachten immer großartige Ergebnisse mit, die Luftaufnahmen zeigten die zerstörten Straßenteile, die verbrannten Waldstücke, tiefe Bombenkrater, aber auf mysteriöse Weise war der Pfad durch den Dschungel immer intakt geblieben.

Auch das Teilstück des Ho-Tschi-Minh-Pfades, auf das wir als erstes stießen, war zerstört. Wir waren auf einem schmalen Weg mitten durch dichten Wald gelaufen, als wir plötzlich rechts unter uns einen steilen Abhang und dort unten die Straße sahen, drei bis vier Meter breit.

Sie verlief direkt am unteren Fuß dieses steilen Abhanges, führte dann in engen Serpentinen die Hänge hinunter in ein Tal, aber sie war verwüstet, Bäume lagen quer über den Fahrweg, bedeckten ihn fast völlig. In der Nacht zuvor hatten Bomber ihre Last über dem Tal abgeworfen, und die Bomben hatten einen zweifachen Effekt erzielt: Die gefällten Bäume hatten die Straße blockiert, und, was schlimmer war, einige hatten die Absperrung eines Flusses getroffen, und die Wassermassen hatten das Erdreich mit sich gerissen, den Schotter aufgewühlt. Unten im Tal war die Straße auf einer Länge von fast hundert Metern überschwemmt.

Aber wir sahen auch etwas anderes: Überall waren sie schon wieder an der Arbeit, um die Straße wieder passierbar zu machen. Woher die vielen Männer kamen, schien ein Rätsel, aber sie waren da, zum Teil mit primitiven Werkzeugen, Schaufeln, Spitzhacken, mit Schubkarren und vielen kleinen Körben, aber auch mit Schubraupen. Auch später sollten uns diese Arbeitskommandos immer wieder begegnen, Montagnards, Bauern, die meisten alte Männer, viele Frauen, die da auf den steilsten Hängen, den abschüssigsten Straßen wie ein Heer von Ameisen arbeiteten. In Wirklichkeit, das sahen wir bald, war es nicht *eine* Straße, die da von Norden nach Süden lief, sondern eine große Ader mit vielen Verästelungen, Querverbindungen. Und wir begegneten jetzt auch bald den ersten nordvietnamesischen Einheiten; Truppenkontingente in grünen Uniformen, mit Rucksäcken, Gewehren und Handgranaten in Gürteltaschen; Transporteinheiten, schwer beladen mit Kisten, mit Tragestangen, an denen Munitionskästen hingen; Fahrradkolonnen, die ihre hochbepackten Räder neben sich herschoben, die aber immer auf Nebenwegen fuhren. Und immer wieder liefen wir an vielen Munitionslagern vorbei, die unter Zweigen getarnt waren. Wir hatten nach zehn Tagen den Ho-Tschi-Minh-Pfad erreicht, aber davon, daß uns jetzt ein Auto mitnehmen würde, davon war nicht die Rede ...

Wir übernachteten nicht mehr in den Hütten der Montagnards, sondern kamen jeden Abend in eines der Lager am Rande des Ho-Tschi-Minh-Pfades. Es mußte unzählige davon geben, um den Strom der Menschen, die von Süden nach Norden und von Norden nach Süden flossen, aufzunehmen, und sie tauchten immer wie ein Wunder am Abend nach einem langen Marsch plötzlich im Dschungel auf.

Man kam auf einen großen Hof, mitten im Dschungel, und rundherum waren Hütten, die eigentlich nur aus Dächern auf Balken bestanden. In der Mitte dieses Hofes war eine Art Rampe aufgebaut, fast zwanzig Meter lang. Diese Rampe, das lernten wir bald, diente dazu, daß die Ankommenden hier zuerst einmal ihre Rucksäcke, ihr sonstiges Gepäck abstellten. Es war zugleich der Platz, wo man sich umsah, die Leute suchte, die mit einem des Morgens losgezogen waren, sich seine Erlebnisse berichtete, den weiteren Weg besprach. Dann suchte man sich einen Platz für die Nacht in den Hütten – die Balken, auf denen die Dächer ruhten, dienten dazu, die Hängematten festzubinden; die Entfernung der beiden Balken entsprach der Länge einer Hängematte, so daß dann nachts oft fünfzig Menschen in langen Reihen unter diesen Dächern in ihren Hängematten schliefen. Hatte man seinen Platz für die Nacht erobert, dann nahm man aus seinem Gepäck die Reisration für das Abendessen, brachte sie in die Küche; meist kochten ein oder zwei Vietnamesen dort den Reis für das ganze Lager. War der Reis fertig, dann wurde gerufen, gegen einen Gong geschlagen. Die Leute holten ihre Ration, ihr abgekochtes Wasser und kehrten damit zu ihrer Hängematte zurück.

Auf diese Weise vergingen die Tage und Nächte. Wir kannten nun schon eine ganze Reihe von anderen Gruppen, die mit uns in den Norden unterwegs waren. Man brach am Morgen zusammen auf, verlor sich, sah sich vielleicht sogar an einem Abend nicht wieder und traf sich am nächsten Tag im nächsten Lager. Gleich zu Beginn waren wir auf eine Gruppe von zehn Kindern gestoßen. Sie trugen lustige bunte Kleider, so wie ich sie bei den Kindern im Flachland von Da Nang gesehen hatte. Jedes hatte seinen eigenen kleinen Rucksack dabei. Ein alter Mann begleitete sie. Es waren Kinder, die aus einem von Amerikanern besetzten Gebiet stammten; sie hatten ihre Eltern verloren, besaßen keine anderen Angehörigen mehr und wurden von dem alten Mann nach Nordvietnam geführt, über tausend Kilometer hinweg, um dort eine Schul- und Berufsausbildung zu erhalten. Es waren, wie gesagt, Kinder vom *Kim*, den eigentlichen Vietnamesen.

Am nächsten Tag stießen wir dann auf eine andere Kindergruppe, zwölf elternlose Montagnards, Jungen und Mädchen, auch sie waren auf dem Weg in den Norden. Auch sie hatten einen älteren Mann als Führer, und wir konnten beobachten, wie sich in den nächsten Tagen ein richtiger Wettkampf zwischen den beiden Gruppen entspann, bei dem jede Gruppe die andere zu übertreffen suchte. Die Kinder der *Kim* trugen ein gewisses Maß an Herabsetzung gegenüber den Kindern der Montagnards zur Schau. Sie waren größer für ihr Alter, besser gekleidet; aber die Montagnard-Kinder, verwildert und teilweise in Fetzen gekleidet, hatten den *Kim*-Kindern voraus, die Berge besser zu kennen, besser und ausdauernder laufen zu können, und daß sie sich in den Durchgangslagern sofort auskannten. Die *Kim*-Kinder saßen dann nur herum oder machten Unsinn, während die Montagnards mit ernsten Gesichtern Holz herbeischleppten, Geschirr abwuschen, sich betätigten.

So waren wir nie allein, wenn wir morgens losgingen oder abends ankamen; oft waren wir Gruppen zu fünfzig bis hundert Leuten. Der Weg war beschwerlich, es ging immer bergauf, bergab, nur um wieder bergauf zu steigen. Während der ersten Zeit regnete es viel, besonders am Tage. Der Boden war rutschig. Wir fielen oft hin. Eine Feldflasche Wasser mußte für den Tag reichen. Das Fleisch war längst gegessen, der Zucker und die Pulvermilch gingen zu Ende.

Wir hatten die Grenze nach Laos passiert, waren hoch in den Bergen. Wir sahen die Spitzen von Zweitausendern, es war eiskalt, selbst beim Gehen froren wir in unseren dünnen Kleidern. Unsere Begleiter hatten Pullover dabei, dicke Windjacken, Handschuhe, dicke Socken. Meine Tennisschuhe hatten sich in Fetzen aufgelöst, ich hatte ein paar chinesische Gummisandalen bekommen, während man Monika mit ein paar Ho-Tschi-Minh-Sandalen ausgestattet hatte.

Wir mußten nun immer wieder Ruhepausen einlegen, wir mußten ganze Tage pausieren. Mir war ein Zehennagel abgebrochen, der Fuß eiterte. Monika hatte zuviel Kraft verloren, sie hatte Fieber, erbrach, und sie sagte einmal: »Ich weiß nicht, stehe ich mit einem Bein schon im Grab?« Sie schleppte ja das gleiche Gepäck wie wir, mit Ausnahme des Reisstrumpfes, den Anh Simh ihr abgenommen hatte. Aber es war mehr die Technik des Laufens, das Ducken unter Lianen, das Umgehen von Hindernissen, das soviel Kraft erforderte, der Rucksack rutschte einem dauernd auf dem Rücken hin und her. Und außerdem der Blutverlust von den Blutegelbissen. Wir fielen abends erschöpft in unsere Hängematten und konnten dann meist doch nicht schlafen.

Vor allem wurde Monikas Fieber immer schlimmer. Morgens war es weg, aber abends, wenn der »Doktor« ihre Temperatur maß, hatte sie über 39 Grad. Sie bekam von ihm Chinin, Anh Simh glaubte an ein Wundermittel, das er bei sich trug, ein mit Menthol versetztes Öl, auf das er schwörte und praktisch gegen alles anwendete, das aber natürlich nicht half. Wir waren jetzt schon fast einen Monat unterwegs. Ständig waren am Tag Flieger in der Luft, sie brausten oft ganz tief über uns hinweg und bombardierten Gebiete in der Nähe. Und noch immer hatten wir nichts von dem Auto gesehen, das uns nach Norden bringen sollte. Bis jetzt waren wir immer nur zu Fuß gelaufen ...

Der Lastwagen sah aus, als stammte er noch aus dem Zweiten Weltkrieg, und möglicherweise war es auch so. An einem dieser Abende, gegen 6 Uhr, hatten wir am Hauptstrang des Ho-Tschi-Minh-Pfades Rast gemacht. Herr Bô hatte sich zur Straße hinuntergebegeben, und plötzlich hörten wir Motorengeräusch, und dieser Lastwagen fuhr aus einem unterirdischen Stollen auf die Straße hinaus.
Auch der Wagen war getarnt. Vom Führerhaus aus ging eine Holzplatte über den Kühler nach vorne, wurde dort von zwei Stützen gehalten, die mit der Stoßstange verbunden waren, und der Fahrer war dabei, diese Fläche mit Zweigen zu tarnen. Als wir zur Straße hinunterstiegen, bemerkte ich in einem in den Berghang gegrabenen Bunker weitere Fahrzeuge.
Ein Soldat mit einem Feldtelefon in der Hand verschwand in diesen Stollen; ich vermutete, daß es dort eine Anschlußstelle gab. Schließlich kam er zurück und rief Ong Bô zu sich. Und dann erfuhren wir: Die Straße war frei, Der Wagen würde uns in ein Dschungelhospital bringen; dort sollten wir mehrere Tage pausieren.
Bei Anbruch der Dunkelheit fuhren wir los. Wir saßen hinten auf der Ladefläche. Anh Simh hatte uns gezeigt, wie

man sich am besten gegenseitig festhielt, man faßte seinen Nachbarn links und rechts um die Oberschenkel; das sei die bessere und sicherere Methode. Und sie war notwendig, denn das Geschaukel war unbeschreiblich. Fuhren wir über ein Schlagloch, und die Straße schien plötzlich nur noch aus Schlaglöchern zu bestehen, dann hob man sich von der Ladefläche ab, um ziemlich unsanft wieder darauf zurückzufallen. In den Kurven rutschten wir von der einen auf die andere Seite.

Rauchen war verboten. Der Fahrer fuhr mit Licht. Am Wegrand standen Posten mit Taschenlampen, die sofort signalisierten, wenn Flugzeuge im Anflug waren. Und wie der Fahrer bei diesem Höllentempo die engen Kehren nicht verfehlte, blieb mir ein Rätsel, ebenso, wie es möglich war, daß der Lastwagen sich nicht in seine Einzelteile auflöste. Es stank nach Benzin, roch nach Öl, der Motor ratterte. Aber es war herrlich! Es war nach zwölf Monaten Gefangenschaft das erste Auto! Es war der erste Motor, den wir knattern hörten. Und wir kamen vorwärts!

Um Mitternacht gab es den ersten Aufenthalt, um frisch aufzutanken und Kühlerwasser und Öl nachzufüllen. Wir befanden uns auf einem Umladeplatz, einem Knotenpunkt mitten in einem Wald, und dort verstand ich zum erstenmal richtig die volle Bedeutung dieser Verkehrsader durch den Dschungel, Kolonnen von Lastwagen kamen an, leer, zehn, fünfzehn Fahrzeuge. Sie wurden in aller Eile beladen und fuhren wieder los in die Nacht. Kaum waren sie fort, kamen neue Kolonnen. Es verging eine halbe Stunde, und dann starteten auch diese wieder, hochbeladen mit Munitionskisten. Der Lärm der Motoren, das Quitschen der Bremsen, das Knirschen der Reifen auf dem geschotterten Weg, die Kommandos der Männer, die den Verkehr dirigierten – eine Stunde erlebten wir das mit, daß einem die Ohren wehtaten. Endlich konnten wir weiterfahren.

Während wir auf dem ersten Teilstück unserer Nachtfahrt

durch ein von Bombeneinschlägen verwüstetes Gelände gekommen waren, in dem die Bäume und Sträucher beiderseits der Straße wie abrasiert waren, fuhren wir jetzt durch dichten, unberührten Wald. Es war eine Vollmondnacht, und der Fahrer, der gewechselt hatte, war ein noch größerer »Künstler« und brauste mit noch größerer Geschwindigkeit über den Pfad nach Norden.

Gegen 4 Uhr morgens war die Fahrt für uns zu Ende. Wir stiegen ab. Vietnamesen, die uns ganz offensichtlich erwartet hatten, standen an der Straße. Wir liefen durch Wald. Die Soldaten, die uns empfangen hatten, besaßen Taschenlampen; sie hatten sie mit Leinentüchern zugedeckt, damit der Lichtschein nicht zu stark war. Der »Doktor« war überglücklich, und er lief von einem zum anderen, um sich für seine Taschenlampe neue Batterien zu erbitten.

Langsam ging bereits die Sonne auf. Wir sahen einen gut angelegten Weg, einen niedrigen Gartenzaun aus Holz und dahinter Holzhütten, die aus Sicherheitsgründen fast einen Meter tief in das Erdreich hineingebaut waren. Die Eingänge lagen genau in der Mitte und waren auch durch die Aufschüttungen gegen Bombensplitter geschützt. Das war also das Dschungelhospital.

Im Inneren war es sauber. Es gab Bettstellen aus Holz! Zwei junge Vietnamesinnen im grünen OP-Kittel und mit Mundschutz brachten uns ein Essen, wie wir es in der ganzen Zeit der Gefangenschaft nicht mehr bekommen hatten: Eine Hühnersuppe, Rührei, Calla-Gemüse, Bambusspitzen-Salat, Schnittbohnen und dazu schneeweißen gekochten Reis. Wir konnten uns waschen. Wir bekamen frische Schlafanzüge. Man gab uns Decken, heile Moskitonetze. Ich schlief zum erstenmal seit über einem Jahr wieder richtig gut, ich schlief den Tag und die Nacht bis in den Morgen hinein ...

An den folgenden Tagen wurden wir untersucht. Es waren ausgebildete Ärzte, und sie machten es mit aller Gründlichkeit. Sie waren sehr stolz auf dieses Hospital mitten im Bergdschungel, das wohl vor allem der Versorgung der nach Süden gehenden Einheiten diente.

Sie maßen Blutdruck, Puls, Temperatur, sie nahmen Blutproben, legten Krankenblätter an. Mir selbst fehlte körperlich nicht viel, außer daß ich schwach und heruntergekommen war; Monikas dauerndes Fieber war besorgniserregender; sie hatte Anzeichen von Beriberi, und ihre Malaria war nie richtig ausgeheilt.

Sie erholte sich langsam, nur langsam ging das Fieber herunter, wurde ihr Blutdruck besser; aber wir mußten ja weiter, uns schwebte ein anderes Ziel vor Augen, die Freiheit.

Ende April, Anfang Mai machten wir uns wieder auf den Weg. Wir wußten nicht, daß noch einmal fast dreißig Tage vor uns lagen. Es gab für uns keine Autos mehr, sondern wieder nur lange Fußmärsche.

Wenig änderte sich. Die Flüchtlingsströme, mit denen wir gegen Norden zogen, schienen nur noch größer zu werden. Aber wir mußten jetzt nicht mehr die schweren Reisrationen mit uns schleppen, denn die Durchgangslager, die wir abends aufsuchten, konnten schon von Norden aus mit Reis und Lebensmitteln beliefert werden. Auch war das Wetter besser, je weiter die Jahreszeit fortschritt. Der Regen hörte ganz auf. Monika ging es weiter schlecht. Sie schleppte sich dahin. Wir froren nicht mehr, dafür schwitzten wir nun den ganzen Tag. Aber es ist besser zu schwitzen als zu frieren, das hatten wir längst gelernt.

Und dann – es war schließlich unser Marsch in die Freiheit!

Eine Kußhand

M. S.

Ich weiß nicht, woran sie gemerkt hatte, daß wir den 17. Breitengrad überschritten hatten, ich sah nur, wie diese Frau sich auf den Boden warf und die Erde küßte.

Ich weiß den Tag nicht mehr, ich habe keine besondere Erinnerung an die Umgebung, ich hatte keine Grenzpfähle gesehen, so wie wir sie zu Gesicht bekommen hatten, als wir die Grenze nach Laos überschritten. Ich hatte mir bei diesem 17. Breitengrad einen breiten Streifen Niemandsland vorgestellt, eine freigeschlagene Schneise, aber die Bäume waren hier wie dort gleich und die Wolken auch.

Diese Frau hatte uns ein langes Stück durch den Dschungel begleitet, eine Vietnamesin mittleren Alters, die mit ihren Kindern auf dem Weg in den Norden war, eine verschlossene Frau, die mit niemandem sprach. Und jetzt wurde ich Zeuge, wie sie sich voller Freude auf die Erde warf, dort kniete, mit beiden Händen in den Sand griff, ihn durch die Finger rinnen ließ – ganz so, als sei sie nun wirklich in ein gelobtes Land gekommen. Wer weiß, was sie im Süden durchgemacht hatte, daß sie so reagierte an diesem Tag, und wer weiß, was sie wirklich erwartete!

»Wir haben es geschafft!« sagte Bernhard. »Jetzt sind es sicher nur noch ein paar Tage, dann sind wir frei!«

Ich stand da, sah ihn an und merkte, daß ich seine Freude

nicht teilen konnte, seinen Optimismus. Ich spürte nur ein Zittern in den Knien; ich zweifelte noch immer, ob sie uns wirklich freilassen würden, ich hoffte *und* zweifelte.

In den vergangenen Wochen hatte der Gedanke an unsere Freilassung mir immer wieder Kraft gegeben. Ich wollte es, egal in welcher Verfassung ich war, packen! Ich sagte mir immer wieder – und wenn du auf allen Vieren nach Hause kriechst, laß es dir nicht anmerken, wie schlecht es dir geht. Jeder Schritt, den du langsamer gehst, jede Stunde, die du unnötig ausruhst, jeden Tag, den ihr durch deine Schuld verliert, ist ein Tag, der von deiner Freiheit abgeht. Das waren die Gedanken, die ich mir bei jedem Schritt wiederholte, aber das Schlimme war, daß ich nach wie vor zweifelte. Und als ich jetzt die Frau dort sah, und Bernhard sagte, so, jetzt hätten wir es geschafft, war mein Gedanke: Mein Gott, hoffentlich hast du recht, hoffentlich wirst du nicht schrecklich enttäuscht.

Die Szene mit der Frau hatte sich gegen Abend abgespielt. Wir kamen kurze Zeit danach in eines der Lager. Ich erbrach vor Fieber. Wir legten uns in unsere Hängematten, aber ich konnte nicht schlafen. Schon nach ein paar Stunden wurden wir 'rausgeholt. Es war der »Doktor«. Er stand da mit seiner Taschenlampe und sagte, wir sollten sofort aufstehen, ein Lastwagen warte auf uns, der uns weiterbringen würde. Wohin in den Norden? Nach Hanoi? Er gab mir keine Antwort. Er wußte wohl keine.

Bernhard war ganz aufgekratzt während der Fahrt. Ich dachte an die vielen Versprechungen, die man uns schon gemacht und dann nicht gehalten hatte. Ich habe versucht, während dieser Stunden auf dem Auto, mir vorzustellen, wie das sein würde. *Sie sind entlassen. Ein Flugzeug wird Sie nach Hause bringen.* In diesem Zustand? In diesen zerfetzten Kleidern? Ich stellte mir das Gesicht der Stewardeß vor, die Gesichter der anderen Passagiere.

Ich sagte zu Bernhard: »Hast du sie mal gefragt, wohin sie

uns bringen?« Aber er lachte nur und sagte: »Na, wohin werden sie uns schon bringen! Nach Hanoi selbstverständlich.«

Unsere drei Begleiter schienen mir verändert; vor allem der »Doktor«, der vorher immer so laut und fröhlich gewesen war, war plötzlich so still. Das Überschreiten des 17. Breitengrades hatte sie irgendwie verwandelt. Sie sprachen jetzt kaum noch mit uns. Sie rückten ein bißchen von uns ab. Es fiel mir besonders auf, weil sie uns auf diesem ganzen langen Marsch wirklich so behandelt hatten, als seien wir eine Gruppe, als gehörten wir zusammen. Sie waren unsere Begleiter, und wir waren frei, zwei Weiße im Strom der vielen Flüchtlinge in den Norden. Aber vielleicht war das nur so gewesen, um vor den anderen zu demonstrieren, das sind keine Feinde, keine Gefangenen, die dürft ihr nicht anrühren. Und warum hatte dieser Oberleutnant Bô jetzt immer die Hand an seinem Koppel, dort wo die Waffe hing? Oder sah ich nur Gespenster in dieser Nacht?

Wir fuhren die ganze Nacht. Flieger waren in der Luft, amerikanische. Wir sahen das Abschußfeuer von Flugabwehrgeschützen. Wir hörten die Einschläge von Bomben in der Ferne, und dann schienen die Mienen unserer drei Begleiter noch düsterer zu werden.

Es war gegen 3 Uhr, als der Wagen hielt, jedenfalls war es noch dunkel. Wir befanden uns in der Nähe einer kleinen Stadt. Auch hier lagen viele Häuser in Trümmern. Der »Doktor« bedeutete uns, still zu sein, nicht zu sprechen, vor allem kein Englisch. Er nannte uns auch den Grund. Dieses Gebiet unmittelbar nördlich des 17. Breitengrades würde von den Amerikanern ständig besonders stark bombardiert, und deshalb habe die Bevölkerung auf die *Mys* einen entsprechend großen Haß.

In aller Heimlichkeit wurden wir weggeführt. Der Lastwagen war weitergefahren. Wir liefen zu Fuß, nur eine kurze Strecke, bis wir zu einem kleinen Steinhaus kamen, das eine Art Ambulanzstation war. Eine alte Frau empfing uns, öffnete uns. Es gab zwei Räume, wir bekamen den hinteren zugewiesen.

Wir sollten hier, so stellte es sich heraus, den Rest der Nacht und den folgenden Tag verbringen, und am Abend würden wir dann mit einem Auto weitergebracht. Den Weg am Tag fortzusetzen, sei zu unsicher wegen der Bevölkerung.

Aber wir waren doch keine *Mys*! Wir waren Deutsche. Und wir waren entlassen! Mit diesem Gedanken schlief ich ein ...

Ich versuchte zu schlafen, dämmerte so dahin, bis ich den ohrenbetäubenden Lärm hörte. Es waren die Stimmen von Kindern, und ich dachte, ich träume, ich sei in Da Nang, auf der Kinderstation des Hospitals, wo die Vietnamesen, denen es besser ging, die wir hochgepäppelt hatten, auf dem Hof vor unseren Fenstern auch immer einen schrecklichen Lärm machten.

Vor meinem Bett stand jene alte Vietnamesin, die uns an diesem Morgen in der Ambulanzstation erwartet hatte. Sie legte den Finger an den Mund; ich sollte still sein, mich nicht rühren. Ich hörte jetzt, daß der Lärm von draußen kam und daß es kein fröhliches Kindergeschrei war. Es gab ein Fenster in dem Raum, und die alte Frau ging dorthin und spähte vorsichtig hinaus.

Sie war eine Frau von sicher sechzig Jahren, gebeugt, hatte ein Gesicht voller Falten. Ihr Haar war weißgrau, man sah nur einen Teil davon, denn sie hatte ein schwarzes Tuch um die Stirn geknüpft, was in Vietnam ein Zeichen der Trauer ist. An der Art, wie sie mich angesehen hatte, wie sie den Finger an die Lippen legte, hatte ich gemerkt, daß sie uns gut gesinnt war; das lernt man in der Gefangenschaft, ohne daß ein Wort gesprochen werden muß, aus einem Gesicht abzulesen, ob man von einem Menschen etwas zu erhoffen hat, oder ob man ihn fürchten muß.

Ich verstand immer noch nicht, was vorging dort draußen,

was das Schreien der Kinder zu bedeuten hatte. Ich sah mich um, ich kam erst langsam zu mir. Der Raum war eine Art Vorratslager für Medikamente. In Regalen in der Wand standen Schachteln in den verschiedensten Größen. Es gab einen Tisch und die drei Betten. Jetzt erinnerte ich mich auch an den ersten Raum, in dem sieben Bettgestelle nebeneinander gestanden hatten.

Das Schreien wurde immer lauter. Es hatte etwas Bedrohliches. Ich stand auf und trat zu der alten Frau. In dem Fenster war ein Gitter, und deshalb waren die Stimmen so laut. Und dann sah ich auch die Kinder. Es war eine Gruppe von etwa zwanzig Jungen in schmutzigen und zerlumpten Kleidern, aber ich hatte nicht lange Zeit, sie mir anzusehen. Sie mußten mich, mein Gesicht, dort am Fenster entdeckt haben. Ihr Geschrei wurde noch wütender, und ich sah noch, wie sie sich bückten und nach Dreck und Steinen griffen. Ich wich zurück. Ein ganzer Hagel von ihren Geschossen traf die Mauern des Hauses, und einige flogen durch das offene Fenster in den Raum.

Dieser Ong Bô erschien in der Tür. Er war schrecklich nervös und schrie – er wolle, daß ich vom Fenster weggehe. Er war ganz weiß im Gesicht. Ich sah, daß er wirklich Angst hatte, und das erst machte auch mir Angst.

Es war schließlich die alte Frau, die, mit einem Stock bewaffnet, die Ambulanz verließ. Ich spähte ganz vorsichtig aus dem Fenster und sah, wie sie auf die Kinder losging, allein, wie sie links und rechts auf die Jungen einschlug, aber natürlich schaffte sie es nicht, diese Kinderhorde in Schach zu halten oder zu vertreiben. Die Kinder liefen schreiend ein paar Meter weg und kamen dann wieder zurück und warfen mit Dreck und Steinen. So ging das den ganzen Tag. Unsere Begleiter hatten die Zeit benützt und von draußen Holzläden vor das Fenster gelegt, nagelten sie regelrecht zu. Aber im Grund war es jetzt drinnen noch schlimmer, weil man jetzt die Steine, die gegen das Holz prallten, noch deutlicher hörte. Und ich dachte – warum in aller Welt hassen uns diese Kinder so? Ausgerechnet Kinder! Ich hatte ihre Augen gesehen, voller Haß, einen Haß, wie ich ihn nie zuvor in dem ganzen Jahr erlebt hatte, und ich wußte, sie würden nicht zögern, uns zu töten. Aber daß es *Kinder* waren, darüber kam ich nicht hinweg, denn wegen dieser Kinder war ich in dieses Land gekommen, diese Kinder hatte ich gepflegt, nächtelang hatte ich an den Betten solcher Kinder gesessen, es war das, was als einziges einen Sinn ergab in diesem sinnlosen Krieg, Kindern zu helfen ...

Man hatte uns gesagt, daß wir am Abend weiterfahren würden, aber davon war jetzt nicht mehr die Rede. Sie hatten die Kinder nicht vertreiben können, im Gegenteil, es waren immer mehr geworden. Wir spürten, es ging jetzt auch nicht mehr um uns allein, auch nicht darum, daß unsere Begleiter ja für unsere Sicherheit verantwortlich waren – sie selber hatten jetzt einfach Angst.

So brach die Nacht an. Wir zogen uns nicht aus. Die Tür wurde verriegelt, die Fenster auch von innen verbarrikadiert. Es war Juni, Hochsommer, und es war eine Bruthitze in den Räumen. Und draußen hörte man noch immer das Geschrei der Kinder.

Ich legte mich unter mein Moskitonetz, aber an Schlaf war nicht zu denken. Ich kam mir unter dem Netz vor wie ein eingefangener Vogel. Draußen war es jetzt ruhig, aber ich dachte, was machen sie? Schleichen sie sich ganz leise an? Besorgen sie sich Waffen? Handgranaten? Wir hatten die Tür zwischen den beiden Räumen aufgelassen, und ich sah Ong Bô auf seinem Bett sitzen, ganz vorne an der Kante, die Pistole vor sich auf dem Schoß.

Ich glaube, es war keiner unter uns, der viel geschlafen hat in dieser Nacht, auch unsere Begleiter nicht. So verging eine Stunde nach der anderen. Ich hatte Angst, richtige Todesangst. Es war nicht nur die brütende Hitze in diesem

geschlossenen Raum – ich war bis auf die Haut naßge-
schwitzt vor Angst und Fieber.

Am Morgen war die Situation unverändert. Die Kinder
waren schon wieder da. Ich hörte, wie sich unsere drei Begleiter flüsternd besprachen. Sie hatten schon in aller früh die
alte Frau weggeschickt, sie sollte ein Auto herbeirufen und
Soldaten, die unseren Abzug deckten, aber das wußte ich
nicht.

Die Soldaten kamen. Es war eine Gruppe von etwa zwölf
Mann, aber ich hatte sofort das Gefühl, daß sie auf der Seite
der Kinder standen, daß sie uns genau so feindlich gesinnt
waren. Sie standen dort, als wir die Hütte verließen, in zwei
Reihen, links und rechts. Ich muß sagen, ich fürchtete mich
vor den nächsten Augenblicken. Auf ihren Gesichtern stand
etwas Unberechenbares. Ong Bô verhandelte mit einem von
ihnen, und im Hintergrund hatte die Horde Kinder ihr
wütendes Schreien wieder aufgenommen.

Die Verhandlung ging offensichtlich nicht so, wie Ong Bô
sich es vorgestellt hatte. Plötzlich schrien die beiden sich an!
Ich glaubte jetzt nicht mehr, daß wir aus dieser Situation
heil herauskommen würden. Es war wie ein Pulverfaß; es
fehlte nur noch der Funke.

Der einzige, der die Situation rettete, der kühlen Kopf
behielt, war der »Doktor«, der, von dem ich es am wenig-
sten erwartet hätte. Er, der eigentlich ein Spaßmacher war,
ein richtiger Clown, er stand plötzlich da, riß Bôs Waffe an
sich und brüllte die anderen zusammen. Ich stand neben
ihm und sah, daß ihm der Schweiß nur so über das Gesicht
lief, er war kreidebleich, aber er brachte sie zur Besinnung
mit der Waffe und seinen Worten. Die Soldaten zogen sich
zurück, und wir konnten zu einem wartenden Lastwagen
gehen. Wir saßen auf, hinten auf die Ladefläche, der Wagen
fuhr an, eine Weile rannten uns noch die Kinder nach,
schrien und bewarfen uns mit Dreck, aber der Fahrer trat
aufs Gas. Der »Doktor« war immer noch bleich ...

Aber auch dieses Erlebnis mit den Kindern, die diese weißen Fremden so haßten, hatte dann ein unerwartetes Ende; das heißt, es geschah etwas, nur wenig später, das dem Ganzen eine andere Bedeutung gab. Es war nur eine Kleinigkeit, und ich kann nicht sagen, daß es mich jene schreckliche Nacht vergessen ließ, aber es veränderte sie, es fügte ihr etwas hinzu, ohne das in meiner Erinnerung nur der Haß dieser Kinder geblieben wäre.

Aber so war es eigentlich immer, in diesen ganzen Jahren: Kaum war man sich ganz klar in seinen Gefühlen, kaum haßte man diese Vietnamesen für ihre Unmenschlichkeit – da geschah etwas, was einen in seinem Haß wieder wankend machte; und ich hätte mir manchmal gewünscht, daß ich sie nur hätte hassen können, sonst nichts ...

Es geschah auf dieser Landstraße. Wir saßen hinten auf dem Wagen, konnten über die hintere Klappe hinausblikken, auf den Staub, den wir aufwirbelten, auf die Gruppen von Flüchtlingen, die wir überholten. Und plötzlich entdeckte ich diesen Jungen.

Es war der Junge, der mir zum erstenmal aufgefallen war, als er sich so vor dem Krokodil erschreckte, das der Montagnard am Arm trug – dieser Junge, der seine Eltern verloren hatte und mutterseelenallein auf dem Weg in den Norden war. Wir hatten uns seither immer wieder gesehen, unterwegs, abends in den Durchgangslagern; er hatte sich uns angeschlossen, aber seit unserem Aufenthalt im Dschungelhospital hatten wir ihn aus den Augen verloren. Und jetzt entdeckte ich ihn unter den Leuten, die vor unserem Lastwagen an den Rand der Straße auswichen.

Und er mußte uns dann auch erkannt haben. Er strahlte plötzlich über das ganze Gesicht, dieses Gesicht, das immer so ernst gewesen war. Ich sah ihn in diesem Monat das erstemal lachen. Und er lief hinter unserem Wagen her, rannte sich die Seele aus dem Leib, bis er uns eingeholt hatte, und winkte und schrie uns zwei Worte nach.

»Duc«, schrie er, das heißt »Deutsch«, und das zweite Wort, das er rief, war »tôt«, und das heißt »gut«.

»Duc tôt!« schrie er, noch einmal, ganz außer Atem, und dann, als er mit dem Tempo des Wagens nicht mehr mitkam, hob er die Hand an den Mund und warf mir eine Kußhand zu.

Eine Kußhand – ich weiß nicht, woher er das hatte, wo er das je gesehen hatte, bei einem Franzosen vielleicht. Ich habe gewinkt, aber er verschwand schon in den Wolken von Staub. Der Fahrer fuhr wie ein Irrsinniger, und die Straßen waren voller Staub. Es war heiß und es hatte lange nicht geregnet.

Das Gewitter

M. S.

Wir fuhren in den nächsten Tagen auch weiterhin nur des
Nachts. Wir starteten bei einbrechender Dunkelheit und
verließen den Wagen vor Morgengrauen. Wir nahmen
keine anderen Flüchtlinge mit. Wir saßen allein mit unseren Begleitern auf der Ladefläche. Sie schwiegen, wenn wir
fragten, wohin es ging. Vielleicht wußten sie es selber nicht.
Nur eines war klar, daß es nach Norden ging, und auf den
Straßenschildern glaubte Bernhard den Namen Hanoi zu
erkennen.

Bernhard war ganz ruhig und zuversichtlich, eigentlich wie
immer in den letzten Wochen, obwohl aus den zehn Tagen
fast zwei Monate geworden waren. Er konnte auch schlafen,
tagsüber, wenn wir Station machten, und selbst nachts auf
dem rüttelnden Wagen. Ich sollte ihn wecken, wenn es etwas
Besonderes gäbe, aber es gab nichts Besonderes, außer daß
manchmal die einfliegenden Flugzeuge sogar den lauten
Motor übertönten.

So ging es weiter, zwei, drei Tage, ich weiß es nicht, in
meiner Erinnerung sind es unendlich viele Stunden voller
Hoffnung und Zweifel.

Was erwartet uns? Wohin bringt man uns? Was kommt
jetzt? Die alten Fragen. Aber die Zweifel überwogen. Ich
hatte Fieber, war übermüdet. Vielleicht lag es nur daran.

An einem dieser Tage hatten wir kaum drei Stunden geschlafen, da ging es wieder los, diesmal in einem verschlossenen Sanitätsfahrzeug. Es war ein heißer, schwüler Tag, es gab kaum eine Pause. Man sah nicht viel, durch die halb verhangenen Fenster, aber man merkte es an dem dichter werdenden Verkehr, daß wir uns einer großen Stadt näherten. Wir dachten natürlich sofort an Hanoi.

Es war noch hell, als wir in die Stadt einfuhren. In der Ferne grollte ein Gewitter. Ich bemühte mich, etwas zu sehen, ich versuchte, mir die Häuser einzuprägen. Dann sah ich eine Uhr, eine Standuhr auf einem Platz, ich sah die großen Zeiger, die Zeit, die sie anzeigte, ich starrte sie an, als sei sie ein Wunderwerk.

Ich stellte mir die Stadt vor, eine Stadt mit vielen Geschäften und vielen Menschen. Ich stellte mir die Auslagen vor und daß ich von Fenster zu Fenster ging und mir all die herrlichen Sachen ansah; ich wollte sie ja gar nicht kaufen, ich wollte nur all die Wunderdinge in den Auslagen sehen. Ich dachte nicht an Schmuck oder elegante Kleider, ich dachte an viel einfachere Dinge, an eine Zahnbürste, einen schönen Kamm, an Unterwäsche, an ein paar feste Schuhe. Wenn ich doch nur einer von diesen Menschen dort draußen sein könnte, wenn ich einen Augenblick in ihre Haut schlüpfen könnte, oder noch besser, wenn ich eine Tarnkappe besäße, um mich unerkannt unter ihnen bewegen zu können. Ob sie sich auch wohl Gedanken machten, wer in diesem Wagen durch die Straßen der Stadt fuhr! Ob sie überhaupt aufsahen? Ein Sanitätsauto war sicher etwas, das sie schon gar nicht mehr beachteten ...

Es war doch ein Gewitter gewesen, was ich gehört hatte, keine Flugzeuge. Es entlud sich direkt über uns. Blitze zuckten am Himmel und der Regen trommelte auf das Dach. Mir schien es, als habe der Fahrer sich verfahren. Ein-, zweimal hielt er. Ob er nach dem Weg fragte? Nach welchem

Weg? Da waren die Fragen wieder, und irgendwie stimmte das alles, dieses schlimme Gewitter, die Blitze, der Regen, der auf das Dach und gegen die Scheiben klatschte, es entsprach genau meiner inneren Verfassung.

Wohin bringt man uns? Wird man uns jetzt freilassen? Wird man sagen, Sie müssen das verstehen, wir können Sie in dieser Verfassung nicht nach Hause schicken, wir werden Sie erst einmal ein bißchen aufpäppeln. Wird man uns wieder so hinhalten? Wird es so sein, und wird es wieder eine Lüge sein? Ich blickte auf Bernhard, aber der lag auf dem Boden und schlief. Es war dunkel geworden.

Wir hatten die Stadt wieder verlassen; wenn die Blitze aufzuckten, sah man flaches Land und Bäume, die sich im Wind tief herunterbogen. Ja, es war flaches Land, weit ausgedehnt, kein Haus weit und breit. Ob bei diesem Wetter Flugzeuge flogen? Wenn Bernhard recht hatte, so ruhig zu schlafen, wenn wir gleich an einem Flugplatz sein würden? Er lag sicher außerhalb der Stadt. Diese ewige Unsicherheit!

Dann plötzlich trat der Fahrer auf die Bremse, als hätte er sein Ziel im letzten Augenblick erkannt. Oder war ihm das Benzin ausgegangen? Der Wagen fuhr wieder an, diesmal rückwärts, stieß langsam zurück, so als sei der Weg eng und schmal. Dann erstarb der Motor. Ich sah und hörte nichts. Es war still bis auf den Regen. Auf einem Flugplatz müßte man doch Flugzeuge hören. Ich hörte Stimmen.

Da waren Stimmen, und die hintere Tür des Wagens, eine zweiflügelige Tür, wurde von außen aufgerissen. Es regnete und blitzte, und vor meinen Augen tanzten die Lichter von Taschenlampen. Ein Mann sagte etwas in Vietnamesisch. Es gab mir einen Schock, diese Sprache, aber was hatte ich erwartet, vielleicht jemanden, der Deutsch sprach, den blonden korrekten Herrn aus meinen Fieberträumen?

Der »Doktor« stieß mich an. Ich sah, daß Ong Bô und Anh Simh den Wagen bereits verlassen hatten. Der »Doktor« deutete auf meinen Rucksack, auf die Bastmatte, die man uns statt der Hängematten gegeben hatte, um nachts darauf zu schlafen; er sagte nichts dazu, lächelte mich so komisch an, verlegen, entschuldigend, und deutete auf die Sachen, als wolle er mich darauf aufmerksam machen, sie nicht zurückzulassen. Wozu brauchte ich noch diesen schäbigen Rucksack und die Bastmatte? Was sollte ich damit in einem Flugzeug? Sie würden mich auslachen damit.

Es regnete noch immer sehr stark. Es waren jetzt noch mehr Taschenlampen. Ich sah unsere drei Begleiter weggehen, durch den Regen, der »Doktor« drehte sich noch einmal um, aber dann versperrte eine Gestalt mir den Blick. Ein Mund, den ich nicht sah, sagte: »Get out!« Wir hatten diesen Ton lange nicht mehr gehört, und wir hatten lange keine Gewehre mehr gesehen, die auf uns gerichtet waren, aber so lange war es wiederum auch nicht her, daß wir nicht verstanden, was es bedeutete. »Get out!« schrie der Mann, als wir nicht sofort reagierten.

Ich nahm meinen Rucksack, rollte meine Bastmatte zusammen und nahm sie unter den Arm. Ich vermied es, Bernhard anzusehen. Ich stieg aus. Ich sah einen langen Bau mit winzigen Löchern. Diese Löcher sollten Fenster sein. Es war ein Gefängnis. Jetzt sah ich nach Bernhard. Der stand wie erschlagen da, auch er mit dem Rucksack und der Bastmatte in der Hand, so, als könne er es nicht fassen, als wolle er nicht glauben, was er sah, als wolle er gleich den Mund aufmachen und protestieren, sehr höflich, aber bestimmt; was das, bitte, für ein Ton sei, den man sich da uns gegenüber erlaube!

Unsere drei Begleiter waren verschwunden. Nur Fremde waren um uns, Männer in Regenmänteln, mit Helmen. Und Waffen, nicht zu vergessen, mit Waffen. Der Strahl einer Taschenlampe leuchtete mein Gesicht ab. Wie blind schloß ich meine Augen. »You go first!« Ich spürte den Stoß in meinem Rücken. Ich wollte mich nach Bernhard umwenden, aber sie trieben mich schon fort. Ich spürte jetzt erst, daß ich in der kurzen Zeit vom Regen bis auf die Haut naß geworden war.

Sie liefen vor mir her, sie waren hinter mir. Es ging an dem großen, langen Gefängnisbau vorbei. Ich erkannte eine Reihe kleiner, viereckiger Steinbauten, jeder stand für sich allein. Einer der Männer, die vorausgingen, machte eine Tür auf. Ich sah ein schwaches, rötliches Licht von einer nackten Birne. Ich bekam einen Stoß, ich taumelte in den Raum, und hinter mir ging die Tür zu, und dann kam ein Geräusch, das neu war in meiner Gefangenschaft und vielleicht deshalb so grausam: Zwei Eisenstangen wurden von außen vorgeschoben, durch zwei Halter, so daß Eisen an Eisen knirschte ...

Der Raum war quadratisch, winzig klein, einen Schritt von der Tür, dann stieß man gegen die Pritsche, ein paar Bretter, niedrig über dem Boden. Ein Eimer stand am Boden. Ein kleiner schwarzer Kasten hing an der Wand, ein Lautsprecher. Die einzelne Birne. Das war alles. Der Boden war aus grauem Beton, und so grau wie der Boden waren auch die Wände, rauh verputzt. Ein Fenster gab es nicht.

Draußen war Geflüster, ein Laufen, hin und her. In der Nähe wiederholte sich das Geräusch, daß die Eisenstangen machten, wenn sie durch ihre Scharniere geschoben wurden.

Und dann hörte ich Bernhard schreien! Ich verstand nicht, was er schrie, vielleicht waren es auch keine bestimmten Worte. Ich hörte, wie er gegen das Holz der Tür schlug, mit den Fäusten dagegenschlug, mit den Füßen dagegentrat, aber vor allem schrie er, und ich dachte, so hat also alles nichts genützt. Jetzt haben sie dich doch 'reingelegt ...

Mein Verhältnis zu Bernhard war seit einiger Zeit nicht mehr ganz in Ordnung, und besonders in den letzten Wochen, auf unserem Marsch in den Norden, hatte es sich zugespitzt. Der Grund war, daß wir so verschieden waren und vor allem so verschieden auf unsere Gefangenschaft reagierten. Begonnen hatte das alles schon im Camp der

Amerikaner; damals als Bernhard mir praktisch das Leben gerettet hatte, durch seine Härte mir gegenüber, damals hatte er mir zum erstenmal erklärt, daß es von nun an für ihn nur eines gebe: zu überleben, hier herauszukommen, egal auf welche Weise.

Als man uns dann im Camp in den Bergen eröffnet hatte, daß wir frei, entlassen seien, glaubte Bernhard so fest daran, daß auch der leiseste Zweifel von meiner Seite ihn aufbrachte. Noch schlimmer aber war es, wenn er glaubte, ich würde durch mein Benehmen unsere Freilassung gefährden. Die letzte und sehr typische Szene hatte es in jenem Dschungelhotel gegeben. Es war an dem Tag, an dem ich mich zum erstenmal vom Bett erheben konnte, da kam Ong Bô auf die Idee, mir einen Besen vor die Füße zu schmeißen – ich solle den Hof kehren. Das war das typische mißachtende Verhalten der Vietnamesen einer Frau gegenüber, aber ich hab' den Besen genommen und hab' ihn ihm vor die Füße zurückgeschmissen. Ich habe ihn angeschrien, auf deutsch, irgend etwas von schlechter Kinderstube oder so; fein war es nicht, und laut war es auch.

Auf dem Weg in dieses Hospital, in jener Nacht, als ich nicht weiterkonnte, hatte er mich geschlagen, damit ich weiterginge, und jetzt hatte ich ihn in Weißglut gebracht. Er verlor einen Augenblick die Beherrschung, wußte sich nicht zu helfen. Er zog seine Pistole und setzte sie mir an die Schläfe. So standen wir uns gegenüber, und ich muß sagen, ich habe überhaupt keine Angst gehabt; er hatte die größere Angst, denn er war ja im Grunde ein ruhiger und gelassener Typ, und er wußte, was für Folgen das für *ihn* haben würde, wenn er jetzt abdrückte. Ich glaube, das hat ihn noch rasender gemacht, daß er wußte, er konnte mir nichts tun. Er ließ dann auch die Pistole sinken, sicherte sie und steckte sie zurück.

Nach dieser Szene war Bernhard gekommen, schneeweiß im Gesicht, und er schrie mich an, vor den Vietnamesen, was ich mir erlaube, ich wüßte doch, wie die Vietnamesen seien, wie nachtragend.

»Dir fällt kein Stein aus der Krone, wenn du mal den Hof kehrst«, sagte er. Ich würde alles gefährden, unsere Freilassung, wenn ich mich so benähme. »Mach mir bloß die Vietnamesen nicht sauer!«

Das hatte ich nicht zum erstenmal von ihm gehört. Das war nun einmal seine Einstellung, er glaubte, etwas damit zu erreichen, wenn er sich ihnen beugte.

Wir haben in den nächsten Tagen kaum noch miteinander gesprochen. Meistens marschierte er nun mit Ong Bô vorneweg, und ich hielt mich hinten am Schluß unserer Gruppe. Wir kamen oft eine Stunde später in den Lagern an als er. Wir hingen abends unsere Hängematten weit auseinander.

Das hatten sie also erreicht, diese verdammten Vietnamesen, daß wir zwei nicht mehr zusammenhielten in dieser Zeit. Ich konnte sie einfach nicht mehr ausstehen. Ich konnte diese Sprache nicht mehr hören.

Aber Bernhard verstand das nicht. Es gab noch ein paarmal solche Gespräche zwischen uns. Dann kam er wieder an und schimpfte, mit was für einem Gesicht ich herumlaufen würde. Anh Simh und der »Doktor« hätten ihn schon darauf angesprochen, was ich denn habe. Ich müßte unbedingt etwas freundlicher sein.

Freundlich sein! Wie er sich das dachte. »Verlangst du, daß ich mit einem lächelnden Gesicht durch den Dschungel laufe?«

Jawohl, das verlange er. »Hier geht es einzig und allein darum, zu überleben, das wird dir wohl ein Lächeln wert sein.«

Ich sollte mir mein Verhalten in Zukunft bitte genau überlegen. Ich müßte wissen, was ich täte. Wenn ich nicht auf ihn höre, dann müsse ich mich eben allein durchboxen. Er jedenfalls wolle nach Hause. Schließlich seien wir entlassen worden! Ganz offiziell entlassen worden, und auf dem Weg in die Freiheit.

»Verstehst du nicht, wir sind frei!« sagte er.

»Bist du da ganz sicher?«

Dann ging er schon wieder hoch. Ich mit meinen ewigen Zweifeln und Pessimismus. Ja, er war ganz überzeugt davon gewesen, daß am Ende dieses Marsches unsere Freiheit stand ...

Und jetzt ... jetzt hörte ich ihn schreien! Er hämmerte gegen die Türe und schrie sich die Lunge aus dem Leib, die Seele. Wieviel schlimmer war dies alles für ihn, für ihn, der so fest daran geglaubt hatte, daß sie ihr Wort halten würden. Ich war fast dankbar in diesem Augenblick für meine Zweifel, die mich vor *dem* bewahrten. Und alles, was zwischen uns gewesen war, fiel ab von mir in diesem Augenblick, als ich Bernhard in seiner Zelle schreien hörte; nein, das durfte nicht geschehen, daß es ihnen gelang, uns auseinanderzubringen.

Dann wurde es sehr still. Ich stand immer noch an der Tür, hatte mich nicht gerührt. Draußen kamen Schritte näher. Jemand schob eine Klappe auf. Ich sah ein Gesicht. »You sleep!« sagte eine Stimme. »You sleep!«

Wie sie sich das vorstellten. Ich setzte mich an den Rand der Pritsche. Das Licht ging aus. Das Gewitter war abgezogen, nur in der Ferne hörte man noch das Donnergrollen. Ich fing an zu weinen. Aber jetzt konnte ich ja weinen, niemand sah mich, ich verärgerte niemanden damit. Ich legte mich erst gar nicht hin. Ich saß dort den Rest der Nacht und weinte.

Bao Cao

B. D.

Es war das erstemal, daß ich den Begriff für Zeit und Stunden vollkommen verloren habe. Das Datum weiß ich, es ist der 4. Juni, der 404. Tag meiner Gefangenschaft, aber ich weiß nicht, ob die Sonne schon aufgegangen ist. Es ist dunkel in der Zelle. Eine Dunkelzelle. Das Wort allein hat etwas Schreckliches.

An diesem Tag solltest du frei sein, aber sie haben dich in eine Dunkelzelle gesperrt – etwas anderes kann ich nicht denken in diesem Augenblick. Ich will nichts anderes denken. Ich will es mir einprägen, ganz fest, daß ich nie mehr vergeblich hoffe.

Dann höre ich Schritte. Sie halten vor meiner Tür. Unwillkürlich schließe ich die Augen. Es ist zu spät, mir die Ohren zuzuhalten, sie schieben schon die Eisenstangen beiseite; ich nehme mir vor, mir in Zukunft die Ohren zuzuhalten. Ich will dieses Geräusch nicht hören.

Zwei Soldaten mit Gewehren stehen draußen und fordern mich auf, aus der Zelle herauszukommen. Selbst mit geschlossenen Augen blendet mich das Licht. Als ich ihnen schließlich folge, sehe ich zum erstenmal die kleinen Steinhäuser von außen. Sie haben alle die gleiche Bauweise, viereckige Betonklötze, halb in die Erde gebaut, und alle ohne Fenster. Ich sehe Monika nicht.

Die Soldaten führen mich einen schmalen Weg zu einer Mauer. Ein schmaler Einlaß. Dahinter liegt ein weiterer Gefängnishof, das große, langgestreckte Gebäude, das ich am Abend zuvor gesehen habe. Wir gehen durch den Eingang, Treppen hinauf, einen langen Gang entlang. Wir warten vor einer Tür, der Soldat geht durch sie hinein, ich höre Stimmen, dann kommt er wieder, er bedeutet mir mit dem Gewehr, daß ich eintreten soll.

Hinter einem langen Tisch an der Stirnseite des Raumes sitzen mehrere Vietnamesen; ich zähle acht. Vor dem Tisch stehen zwei Hocker. Der in der Mitte sitzende Vietnamese zeigt darauf: »Sit down!« Ich nehme den Hocker, stelle ihn einen halben Meter vor, will mich setzen, aber der Vietnamese brüllt mich an. Ich verstehe ihn nicht. Einer der Soldaten stellt den Hocker an die alte Stelle zurück. »Sit down!«

»Wie geht es Ihnen?« Der Vietnamese hat sich wieder beruhigt.

Wie immer wird das Gespräch in Englisch geführt. Ich habe ihn gut verstanden, aber ich kann nicht antworten.

»Haben Sie gut geschlafen?«

Erwartete er wirklich, daß ich etwas darauf sagte?

»Ihr Name ist Bernhard Diehl, und Sie sind am 27. April des vergangenen Jahres gefangengenommen worden.«

Warum erinnerte er mich auch noch daran!

»Sie sind Deutscher?«

»Ja, ich bin Deutscher.«

»Sie haben für die Amerikaner gekämpft.«

Ging das wirklich alles wieder von vorne los? »Nein, ich habe nicht für die Amerikaner gekämpft. Ich bin Krankenpfleger.«

Hinter mir geht die Türe auf. Ein Soldat kommt herein, meldet etwas. Und dann wird Monika hereingebracht. Sie nimmt neben mir auf dem zweiten Hocker Platz. Ich kann sie nicht ansehen; ich muß daran denken, daß ich ihr nie hatte glauben wollen, wenn sie ihre Zweifel äußerte. Ich wollte jetzt, ich hätte ihr geglaubt.

»Wie geht es Ihnen?«

Die Frage gilt Monika, und jetzt, wo ich sie ansehe, bemerke ich, daß sie lächelt. Aber ich denke, wozu? Das brauchst du jetzt nicht mehr tun.

»Sie sind Deutsche?«

»Ja.«

»Sie haben mit den Amerikanern gekämpft?«

»Sagen Sie mir, warum wir nicht entlassen werden.«

Ich halte es nicht mehr aus. Ich erhebe mich. Ich höre hinter mir, daß die Wachen ihre Gewehre entsichern. Ich sage, was ich zu sagen habe. »Wir sind entlassen worden! Man hat uns gesagt, daß wir in den Norden gebracht werden und daß wir von Hanoi mit dem Flugzeug nach Hause geflogen werden. Mit welchem Recht halten Sie uns jetzt wieder fest?« Ich sage es ohne große Hoffnung.

Oder will man uns provozieren? Will man uns nur noch einmal zeigen, wie großzügig man verfährt, wie milde und menschlich man ist, wenn man uns entläßt. Soll dies eine letzte Lektion sein, bevor man uns nach Hause schickt?

Ich hoffe schon wieder. Ich muß mir das abgewöhnen. »Man hat uns versprochen ...«

Der Vietnamese winkt ab. »Wir werden die Frage prüfen. Sie werden warten, bis man an höherer Stelle eine Entscheidung getroffen hat.«

Ich versuche es noch einmal. »Aber es wurde uns gesagt, ganz klar und unmißverständlich, wir seien entlassen, frei.«

Der Vietnamese sieht mich mit ungerührtem Gesicht über den Tisch hinweg an. Die anderen schweigen. Sie sitzen da wie Statisten. »Ich bin überzeugt, daß es sich da nur um ein großes Mißverständnis handeln kann. Sie müssen etwas Falsches verstanden haben. Oder Sie lügen.«

»Ich lüge nicht.«

»Sie wollen nicht damit sagen, daß man *Sie* angelogen hat,

das wollen Sie sicher nicht sagen, oder? Das wäre bedauerlich. Nehmen wir an, es ist ein Mißverständnis. Es wird sich aufklären. Es wird seine Zeit brauchen«, er lächelte wie einstudiert, »und diese Zeit werden Sie vorläufig bei uns verbringen.«

Deshalb hatte er uns rufen lassen, deshalb diese ganze Show mit Soldaten und sieben Statisten, er wollte sich vorstellen als Campleiter, er wollte uns die Campregeln erklären; es sah fast so aus, als hätte er zu viele Bewacher und zu wenige Gefangene und sei ganz glücklich über unser Auftauchen. Viel später erfuhr ich, daß die Amerikaner diesem Camp den Namen »Farenceworth« gegeben hatten, und zwar nach diesem Campleiter, der in seinem Auftreten Mr. Farenceworth glich, einem amerikanischen Showmaster. Wir nannten es das Camp Bao Cao. Was das bedeutete, die Erklärung bekamen wir gleich an diesem ersten Morgen.

»Sie werden sich an die Campregeln halten«, sagte jener Vietnamese, »und die erste und wichtigste Regel, die Sie sich merken müssen, lautet: Höflichkeit! Wenn immer Sie mit jemandem reden, wann immer Sie etwas wollen, sagen Sie ›Bao Cao‹.«

Ich fragte ihn, was das heiße.

Er wies mich darauf hin, daß ich bereits unhöflich gewesen sei. Ich hätte zu sagen: Bao Cao, was heißt dieses Wort. *Ich möchte bitte gerne* wissen, was dieses Wort heißt. *Ich möchte bitte* mich waschen. *Ich möchte bitte* mein Essen in Empfang nehmen. Das bedeutet Bao Cao, und jeder Gefangene habe sich daran zu halten.

Ich hatte immer noch gestanden, ich setzte mich jetzt. Er schrie mich an, ich hätte ihn erst zu bitten, wenn ich mich setzen wolle. Ich stand wieder auf. Von neuem ging das Geschrei los, ich hätte ihn zu bitten, ob ich mich erheben dürfe.

Er rief die Wachen herbei. »Abführen!« Und als ich mich

umwandte, schrie er wieder, ich hätte die Wachen *zu bitten,*
daß sie mich abführten ...

Sie führten uns wieder getrennt ab, jeden in seine Dunkelzelle. Bevor sie mich einschlossen, hatte ich zu warten. Ein
Vietnamese kam; er hatte einen Hocker und eine Haar-
schneidemaschine. Er sah mich an und wartete. Vielleicht
wartete er darauf, daß ich ihn *bitten würde,* mir den Kopf
kahl zu scheren. Er tat es dann, ohne daß ich ihn darum bat.
Es war eine alte Maschine, und überall blieben ein paar
Büschel stehen. Ich dachte mir, vielleicht solltest du ihn bitten, daß er dir eine ordentliche Vollglatze schneidet. In mir
ist alles bitter. Anstatt in einem Flugzeug zu sitzen, sitze ich
vor meiner Zelle, und man schneidet mir die Haare ab wie
einem Kriegsverbrecher. Ob man mit Monika dasselbe
macht?
Dann sitze ich wieder auf der Pritsche in meiner Dunkelzelle. Die Stunden vergehen, man merkt es nicht, man kann
sich an nichts klammern. Bao Cao – man ist zu einem Wesen
geworden, das sich unterwerfen muß, allem unterworfen ist.
In der Zelle ist es drückend heiß. Die Luft steht. Ich schwitze.
Ich kann nicht schlafen. Ich mache meine Gymnastik und
schwitze nur noch mehr. Mein Körper ist bedeckt mit feinen
Bläschen. Man kratzt sich, es blutet, aber man läßt das Kratzen nicht sein, warum auch.
Wieviel Stunden sind vergangen? Irgendwann werden die
Eisenstangen fortgezogen. Die Sonne blendet einen. Man
bringt das Essen. Aber ich mach' schon wieder etwas falsch.
Ich werde darauf hingewiesen: Wenn die Türe sich öffnet,
habe ich sofort aufzustehen, eine tiefe Verbeugung zu
machen und *zu bitten,* daß man mir mein Essen gibt.
Also noch eine Verbeugung. Mir fällt die Verbeugung nicht
schwer. Sollen sie ihre Verbeugung haben.
Das lerne ich bald: Verbeugungen müssen immer gemacht
werden, ob die Tür oder die kleine Lucke darin sich öffnet.

Und: Man hat nicht von sich aus zu reden, man wartet, bis man angesprochen wird. Wenn man spricht, so redet man nicht laut, sondern im Flüsterton. Campregel Nummer 2 im Lager Bao Cao: »Mit Wachen und höheren Beamten spricht der Gefangene im Flüsterton.«

Plötzlich ist meine Zelle erfüllt mit Lärm. Erst jetzt bemerke ich den kleinen in die Wand eingebauten Lautsprecher. Nachrichten werden übertragen, Propagandasendungen in Englisch. In der leeren Zelle ist die Akustik schlecht. Der Lautsprecher dröhnt, ich kann kaum etwas verstehen. Ich liege auf meiner Pritsche und denke, das wenigstens verbindet dich mit Monika, sie wird in diesem Augenblick dasselbe hören.

Schritte, die Türluke geht auf, ich stehe auf, mache meine Verbeugung. Aber der Vietnamese ist damit nicht zufrieden. Er deutet auf den Lautsprecher: »Sie haben während der Nachrichten nicht zu liegen! Sie haben auf ihrem Bett zu *sitzen* und zuzuhören! Das ist ein Befehl!«

Ich sitze also in Zukunft auf meinem Bett und höre dreimal am Tag die Sendungen der *Voice of Vietnam Radio*. Ich habe wieder etwas gelernt.

Dunkelheit. Neue Stunden, die sich nicht zählen lassen. Die Türe, die sich öffnet. Verbeugung. Ich bitte, mein Essen entgegennehmen zu dürfen, den Aluminiumteller mit gekochtem Kürbis und das Stück Brot, zwei kleine Becher Wasser, meine Ration für einen halben Tag. Es gibt nur zwei Mahlzeiten am Tag; man hat fünf Minuten Zeit, seinen Teller zu leeren. Die Zeit reicht gut aus. Der Wachsoldat kommt zurück, und ich bitte ihn, den Teller zurückreichen zu dürfen. Wie schnell man sich daran gewöhnt.

Kurz nach dem Essen geht die Luke auf. Der Posten reicht mir eine Zigarette herein. Als ich nach den Streichhölzern greifen will – ich halte die Zigarette in der linken Hand und will mit der rechten nach den Streichhölzern greifen –, ist der Posten ganz entsetzt. Er schüttelt den Kopf, stürzt davon. Ich muß eine so große Verfehlung begangen haben, daß die Wache das nicht allein klären kann, das muß gemeldet werden. Ich stehe da mit meiner Zigarette, ohne Feuer.

Es vergehen ein paar Minuten, dann kommen sie zurück, der Posten und ein höherer Funktionär. Sie diskutieren den Fall vor meiner Zelle. Dann geht die Tür auf, und der Vietnamese klärt mich auf. »Sie haben keine Disziplin!« schreit er mich an. »Sie haben keine Erziehung! Sie wollen wohl aufmucken?« Er klärt mich über eine weitere Regel auf: Wenn man mir ein Streichholz – oder was immer auch sonst – reicht, so habe ich das mit *beiden Händen* entgegenzunehmen! Ebenso habe ich die Schachtel mit *beiden Händen* zurückzugeben! »Wir werden Ihnen schon beibringen, höflich zu sein!«

Aber ich lerne in den nächsten Tagen noch mehr. Ich hatte am Abend in meiner Zelle für mich ein Gedicht aufgesagt; ich weiß nicht, wie ich darauf verfiel, es war die Dunkelheit, die schreckliche Stille, ich wollte wenigstens meine Stimme hören, und so sagte ich ein Gedicht auf, irgendein Schulgedicht, das mir gerade einfiel.

Da geht schon wieder die Klapptür auf und der Funktionär fragt mit finsterem Gesicht, was ich da vor mich hinspräche.

»Ich sage ein Gedicht auf.«

»Was für ein Gedicht?«

»Ein deutsches Gedicht, das ich in der Schule gelernt habe.«

»Ein westdeutsches Gedicht?«

War Goethe ein Westdeutscher? Eigentlich hatte er lange genug in Weimar gelebt. Ich riskiere es und sage: »Ein ostdeutsches Gedicht.«

Er stutzt einen Augenblick, ist verärgert und sagt dann: »Sie wissen, daß Sie nicht laut sprechen dürfen! Richten Sie sich danach.«

Nun, jedenfalls weiß ich es jetzt. Und er klärt mich gleich weiter auf. Gefangene klopfen nicht gegen die Wände. Gefangene führen keine Selbstgespräche. Gefangene singen nicht in ihrer Zelle. – Ob wohl viele Gefangene in ihrer Dunkelzelle singen?

Dann bin ich wieder allein. Ich sitze im Dunkeln. Ich weiß nichts von Monika. Und ich denke, was warst du für ein Narr.

Und dann entdecke ich die Striche an den Wänden. Jemand, der vor mir in dieser Zelle gesessen haben muß, hat sie in den grauen Verputz der Wand gekratzt, mit einem Nagel. Es sind viele Striche. Fünferblöcke. Die Monate. Und dann ein dicker Strich, das ist ein Jahr! Aber damit endet es nicht, es geht weiter, ich zähle weiter. Es sind jetzt keine Fünferblöcke mehr, die Striche werden immer ungerader, dünner, so als habe der Gefangene nach einem Jahr seinen Mut verloren. Als ich sie alle zusammengezählt habe, sind es 397 Striche. Kann das sein? Hält es ein Mensch dreihundertundsiebenundneunzig Tage in einer Dunkelzelle aus?

Ich versuche es mir vorzustellen. 397 Striche. Ich starre die graue Wand an. Wer war der Gefangene? Wie war sein Name? Wo ist er jetzt. Sagt er Gedichte auf? Singt er Lieder?

397 Striche. Dann wirst du verrückt, dachte ich. Wenn du nicht etwas tust, wirst du verrückt in dieser Zelle ...

Der Fieberkönig

B. D.

Die Stimmen waren immer da, und viele, viele fremde Gesichter, die sich über mich beugten. Es war Sommer, es
mußte Sommer sein, aber ich fror, wenn ich nur die Hand
unter der Decke hervorstreckte. Kalter Schweiß stand mir
auf der Stirn. Ich hatte brennenden Durst. Wo war ich? Wer
waren sie? Warum trugen sie weiße Kittel? Was redeten sie
andauernd? Ich mußte mich rühren, bewegen, ich mußte
etwas sagen, sonst glaubten sie noch, ich sei tot; ob sie
stimmten, die Geschichten von Scheintoten, die man lebendig begraben hatte?
Lebendig begraben! Ich versuchte, mich aufzurichten. Die
Stimmen wurden lauter, dann hörte ich lange nichts mehr.
Als ich wieder zu Bewußtsein kam, standen sie schon wieder
alle in meiner Zelle. Ich hatte noch immer nicht die Kraft
mich aufzusetzen, aber ich konnte die Augen aufhalten, ich
konnte die Lippen bewegen. Ich fragte: »Was ist mit mir?«
Einer der Männer sagte auf englisch: »Sie waren sehr krank.
Aber Sie haben das Schlimmste überstanden.«
Ich blickte auf den Mann; es war der mit dem weißen Kittel,
es war nur einer. Das Stethoskop schaute aus seiner Brust-
tasche heraus, er hielt eine Spritze in der Hand, und ich sah,
daß er verarbeitete Hände hatte. Ich versuchte wieder den
Kopf zu heben. »Was habe ich?«

»Vermutlich Malaria«, es ist der Arzt, der das zu mir sagt. Vermutlich? Diese Stümper! Können sie nicht einmal etwas anständig machen! Warum nehmen sie keine Blutprobe? Ich sah die vielen Einstiche auf meinem Handgelenk, es schillerte in allen Gelb- und Blautönen. Diese verdammten Stümper, nicht einmal das konnten sie! Und dabei habe ich so schöne Venen, jeder Arzt hat das immer gesagt, ganz leicht zu finden. Ich beobachtete, wie der Arzt eine Stelle am Arm mit einem Wattebausch abtupfte und einstach. Die Nadel war stumpf, wer weiß zum wievieltenmal gebraucht. Er spritzte eine Flüssigkeit ein, und dann, nachdem er fertig war, zog er die Nadel wieder an, zog Blut aus der Vene. Mir sträubten sich die Haare – was sollte das für ein Blutbild werden?

Aber ich fühlte mich zu schwach, um etwas zu sagen, um zu protestieren. Sie verließen meine Zelle; ich hörte, wie ein Schlüssel gedreht wurde, und falle in einen tiefen Schlaf.

Das Geräusch des Schlüssels – daran erinnerte ich mich sofort, als ich erwachte. Nein, ich hatte mich nicht getäuscht, ein Schloß befand sich an der Zellentür. Durch ein schmales vergittertes Fenster fiel Licht in die Zelle. Licht! Sie hatten mich aus meiner Dunkelzelle herausgeholt. Ich blickte mich um – eine fremde Zelle, und im ersten Augenblick glaubte ich, sie nie gesehen zu haben, aber dann setzt die Erinnerung ein, Bruchstücke fügen sich zusammen ... Ich bin in einem anderen Lager ...

Es ist Nacht, als sie uns aus den Dunkelzellen holen ... Ich habe kaum Zeit, meine Sachen zusammenzuraffen ... Sie bringen mich zu einem Jeep ... Monika ist auch da. Vier Mann bewachen uns ... Wir fahren durch die Nacht, durch eine große Stadt ... Hanoi? Eine asphaltierte Straße, Straßenbahnschienen, Radfahrer, ein einzelnes flackerndes Neonlicht über einem vergitterten Laden ... Wir sind wieder aus der Stadt heraus, holprige Straßen, eine halbe Stunde lang ... Eine lange Mauer, ein Tor mit einem pagodenförmigen

Dach ... Wachtürme ... Lange Zellenblocks ... Monika und ich werden wieder getrennt, jede in eine andere Richtung abgeführt.

Und dann?

Die Erinnerung wird immer klarer. Verhöre! Sie verhören mich sechs Tage; die alten Fragen, als ob man sie nicht schon hundertmal gestellt hätte. Keine Spur von Entlassung. Die Enttäuschung, und dann weiß ich nichts mehr ... Ich will schlafen, ich will vergessen, ich will nicht mehr daran denken, daß alles immer weitergeht, ohne Ende ...

Ich richtete mich langsam auf. Ich wunderte mich, daß ich es konnte. Das also war mein neues Gefängnis – eine Zelle, zweimal zwei Meter fünfzig, kahle Wände. Eine Tür aus Holz, mit einer Klappe, die jetzt geschlossen war. Darüber ein Fenster, vergittert mit Eisenstäben, aber offen, so daß Licht und Luft hereinkamen. Eine Holzpritsche, auf der ich liege, ein Toilettenkübel. An der Wand, mir gegenüber, hing ein Plakat.

Ich setzte die Füße auf den Betonboden, stand auf und ging mit wackeligen Beinen zu der Wand. Auf dem Plakat standen die Campregeln, in Englisch. Die Buchstaben waren ganz verschossen, so als hinge das Papier seit vielen, vielen Jahren dort.

Camp Regulations
American servicemen participating in the war of agression by U. S. in Vietnam and caught in the act while perpetrating barbarous crimes against the Vietnamese People, should have been duly punished according to their criminal acts ...

Aber so stand dort weiter, die Milde und Großmütigkeit des vietnamesischen Volkes garantierten den Gefangenen trotz ihrer »Verbrechen« ein *normal life*. Dann folgten zehn Punkte, die zu beachten waren. Es war das, was ich schon aus den anderen Camps und vor allem aus dem letzten Lager kannte. Mit einem Unterschied. Wir wurden hier nicht Gefangene genannt, sondern *detainees*, Häftlinge also, und wir befanden uns nicht in einem Gefangenenlager, sondern in einem *detension camp*, und meine Zelle war ein *detension room*, eine Arrestzelle. Sie hatten uns also unter die amerikanischen Gefangenen eingereiht.

Von draußen kamen Schritte näher. Die Tür wurde aufgesperrt. Und dann starrten sie mich an, wie einen vom Tode Auferstandenen. Sah ich wirklich so schlimm aus?

Er war einer der Männer, die immer mit dem Arzt gekommen waren; ich erinnerte mich an ihn, weil er einen goldenen Siegelring trug, ein großer Ring an seiner schmalen Hand mit einem eingravierten Pferd. Er war einer der Dolmetscher von K 77, wie das Lager hieß, und ich gab ihm später den Namen »Sonny Boy«. Das rührte daher, daß ich ihn – nach der Lektüre des dritten Bandes von Lenins ausgewählten Werken, des Kapitels über »Staat und Revolution« – nach dem Unterschied zwischen Sozialismus und Kommunismus gefragt hatte. Er hatte zuerst ein bißchen herumgestottert und es dann aufgegeben und mir mit strahlendem Lächeln verkündet, er sei ein »easy going person«, ein lässiger Kerl also, und ich solle ihn lieber fragen, wie man ein guter Tischtennisspieler werde, denn er sei »the champion of the region«; er hatte die letzte Regional-Meisterschaft im Tischtennis gewonnen.

Sonny Boy lächelte auch jetzt. »Sie scheinen das wirklich überstanden zu haben«, sagte er. »Wissen Sie, daß man Sie schon aufgegeben hatte?«

»Was für ein Datum haben wir heute?«

»Den 4. August«, sagte er.

Am 4. Juni 1970 waren wir im Lager Bao Cao eingetroffen, das wußte ich. »Seit wann bin ich hier?«

»Seit dem 11. Juni.« Wieder grinste er breit. »Wissen Sie, daß Sie jetzt der Fieberkönig sind?«

»Der was?«

»Sie haben es geschafft! Sie sind der Fieberkönig. Sie haben sie alle geschlagen! Alle Amerikaner und alle Vietnamesen. Sie hatten 41,9, und das ist absoluter Rekord hier im Lager. Sie sind der Fieberkönig, und ich denke, Sie werden den Rekord lange halten.« Er drehte an seinem Ring. »Wir sind jetzt zwei Champions, du und ich.«

Ich fragte ihn nach Monika. Ich fragte, warum man uns getrennt habe und ob man mir erlauben würde, sie zu sehen.

Sein Lächeln erstarb, und er antwortete einsilbig: »Sie ist hier.« Die Campregeln sähen nicht vor, daß Gefangene sich sehen dürften.

Ich dachte an die Verhöre und daran, daß man versprochen hatte, uns freizulassen. Ich fragte ihn, ob man mir erlauben werde, nach Hause zu schreiben. Er sagte nur: »Wissen Sie, daß man im Fieber spricht? Wissen Sie, was Sie alles gesagt haben? Sie haben sehr böse Dinge gesagt! Wenn Sie so etwas bei vollem Bewußtsein sagen würden, müßten Sie mit einer anderen Behandlung rechnen.«

Bluffte er? Wenn ich gesprochen hatte, so sicher in Deutsch. Verstand er oder ein anderer so viel Deutsch? Möglich war es, daß ich im Fieber Dinge voller Haß gesagt hatte. Eines war sicher, ich war immer noch ihr Gefangener, und von Hoffnung konnte keine Rede sein ...

In den nächsten Tagen flaute die Malaria langsam ab; das Fieber ging immer mehr zurück, die Temperatur wurde normal. Alle vierzehn Tage bekam ich einen leichten Rückfall, der ein paar Tage dauerte, mit Schüttelfrost. Dann bekam ich Spritzen, und ich erhielt vierzehn Tage lang jeden Tag eine Zitrone. Das Essen sonst war schlecht. Am Morgen gab es ein Stück Brot, ein Löffelchen Zucker und abgekochtes Wasser. Mittags und abends gab es eine dünne Kürbissuppe. Ich kam nur aus der Zelle, wenn die Wachen mich zum Waschen an den Brunnen führten und wenn ich den Toiletteneimer hinausstellte auf den Hof vor meine Zelle.

Dieser Hof gehörte sozusagen zu meinem Gewahrsam. Er war nicht größer als die Zelle, und von einer Mauer umgeben, drei Meter hoch und oben mit Stacheldraht bestückt. Manchmal sperrte man mich hinaus in diesen Hof; für eine oder zwei Stunden konnte man dann in der Sonne sitzen.

Eigentlich ging es mir hier nicht schlechter als im Süden, in den Dschungelcamps, oder? Und doch war die Situation vollkommen verändert. Dort war ich immer mit Monika zusammen gewesen, mit den anderen Gefangenen, ja selbst zu den Wachen hatte ein Kontakt bestanden. Hier war man allein, in Einzelhaft, in einer Zelle, die mit drei Schritten abzumessen war, in einem Hof, wo man nur die hohen Mauern anstarren konnte, die einen erdrückten, einen immer wieder daran erinnerten, daß man nichts war als ein gefangenes Tier.

In dem Camp in den Bergen, auf dem Marsch in den Norden, hatte man sich, so schien es mir jetzt, wie in Freiheit bewegen können. Im Grunde hatten unsere Bewacher dieselben Strapazen mitgemacht. Hier dagegen bewachten einen Männer, die gepflegt aussahen, die Ringe trugen wie Sonny Boy, die einem erzählten, daß sie über das Wochenende nach Hanoi fahren würden. Man spürte sie, die Nähe einer großen Stadt, die Nähe von vielen Menschen, und doch war man weiter weg von Menschen denn je.

Im Dschungel, da war die erste und einzige Frage gewesen: Wie überlebst du? Was ißt du? Wie hältst du dich warm? Wie erlebst du den nächsten Tag? Hier begann ich, mich zu fragen, wie wirst du nicht verrückt in dieser Einsamkeit? Dort hatte man alle Kraft gebraucht, um physisch zu überleben, hier brauchte man alle Energie, um nicht psychisch zu sterben, um nicht das Opfer seiner Gefühle und Gedanken zu werden, seines Selbstmitleids.

Ich lag wochenlang da auf meiner Pritsche, starrte gegen die Decke, ohne Interesse, mich mit irgend etwas zu befassen. Es war doch alles sinnlos. Sie würden uns nie entlassen. Ich hatte es als lächerlich empfunden, wieso man in einer Zelle sitzen und Gedichte hersagen und Lieder singen konnte, aber es hatte keine zwei Monate gedauert, und ich führte endlose Selbstgespräche. Ich mußte etwas tun, so wie Monika damals wieder das Laufen gelernt hatte, mußte ich wieder lernen zu denken. Ich wußte, wenn ich nicht etwas unternahm, würde ich wirklich verrückt werden.

Ich begann damit, daß ich mich auf all die Dinge besann, die ich in der Schule gelernt hatte. Ich setzte mir den Monolog des Faust zusammen, lief dann in der Zelle hin und her, drei Schritte hin, zwei zurück, und deklamierte die Verse vor mich hin. Ich rief mir die chemischen Elemente ins Gedächtnis zurück, die nicht mehr zerlegbaren Grundstoffe, bis ich fast alle 104 zusammenbekam. Dann kam ihre Einteilung, die gesetzmäßige Anordnung aufgrund ihrer physikalischen und chemischen Eigenschaften, Schmelzpunkt, Wertigkeit, elektrochemischer Charakter, Ordnung nach steigendem Atomgewicht, Aufteilung nach dem periodischen System. K Gruppe 2, L Gruppe 8, M Gruppe 18 ... das ließ sich tage- und wochenlang variieren, in immer neuen Kombinationen zusammenstellen. Aber das Wichtigste war, ich mußte sehen, daß ich an Bücher herankam, an Schreibpapier, an Tinte.

Meine ganze Hoffnung dabei war Sonny Boy, der Tischtennis-Champion, *easy going person*, der den Unterschied zwischen Sozialismus und Kommunismus nicht kannte. Ich war mir nicht ganz sicher, ob er die Befugnis hatte, solche Dinge zu entscheiden, denn die Hierarchie der Beamten im Camp K 77 war anders und viel komplizierter als im Süden.

Es gab im Grunde vier Kategorien: Der Campdirektor und seine beiden Stellvertreter; der Stab der englischsprechenden Dolmetscher; die, wie die Amerikaner sie getauft hatten, *turn-keys*, die Schlüsseldreher, die die Zellen auf- und zuschlossen; die Wachen. Ihre Kompetenzen überschnitten sich jedoch. Ein Dolmetscher wie Sonny Boy war mehr als ein *turn-key*, aber der konnte dem Dolmetscher jederzeit sagen, wann er die Zelle zu verlassen habe. Ein *turn-key* war mehr als eine Wache, aber die Wachen wiederum bestimmten, wann eine Zelle aufgeschlossen wurde oder nicht. Selbst der Direktor traf keine Entscheidungen, ohne seine stellvertretenden Direktoren und den Stab der Dolmetscher gehört zu haben. Es war ein System der gegenseitigen Kontrolle, das es fast unmöglich machte, daß einem Gefangenen von irgendeiner Seite ein Vorteil verschafft wurde.

Sonny Boy war eines Tages erschienen und hatte gefragt, ob ich bereit sei, ihm Deutschunterricht zu geben. Das war die Gelegenheit, auf die ich gewartet hatte. Ich machte ihm klar, daß *wir* dazu Schreibpapier bräuchten, Tinte, damit ich ihm Übungen aufschreiben könnte. Ein anderer Beamter des Lagers meldete sich ebenfalls. Er hatte zuvor nie ein Wort an mich gerichtet, war dann aber plötzlich sehr freundlich geworden, als er erfuhr, daß die Malteser in Quang Nam eine Dispensarienstation für die vietnamesische Bevölkerung unterhalten hatten; »Axel«, wie ich ihn nannte, war dort geboren und aufgewachsen, in einem Dorf in der Nähe von An Hoa.

Ich hatte plötzlich zwei »Schüler«. Ich bekam braune Bogen DIN-A-4-Papier, Tinte und Federhalter. Und ich bekam zu lesen. Es begann damit, daß ich das Nachrichtenblatt der VNA bekam, der *Vietnamese News Agence*; eine zensierte und besonders für die amerikanischen Gefangenen gedruckte Schrift. Es gab weiter den *Vietnam Kurier*, eine Propagandazeitung, die eigentlich zur Verteilung im Ausland gedacht war. Und es gab plötzlich Bücher. Als erstes brachte mir Sonny Boy jenen dritten Band von Lenins Werken. Ich bekam komischerweise immer den letzten Band zuerst. Die Werke von Mao – dritter Band. Die gesammelten Werke des Ho Tschi Minh, fünfter Band. Den ersten Band gab es immer erst zum Schluß. Ich bekam – alles in englischen Ausgaben – Scholochow, Maxim Gorkij ...

Ich konnte lesen! Ich lernte ganze Kapitel auswendig und sagte sie her. Ich konnte mir, mit Papier und Tinte, ein englisch-deutsches Wörterbuch herstellen, das schließlich einmal zweitausend Wörter umfassen sollte. Ich übertrug Marx, Engels und Hegel in Alexandriner; ein Abschnitt aus dem *Kapital* wurde zu einem Dreiakter in sechshundert Versen. Und ich schrieb eigene Gedichte – sechstausend Zeilen in zwei Jahren – alles, um meinen Geist zu trainieren, so wie wir damals mit einem Rucksack voller Steine herumgelaufen waren, um uns auf den Marsch in die Freiheit vorzubereiten.

Und, vor allem, ich lernte Vietnamesisch.

Sprechen Sie vietnamesisch?

B. D.

Nichts an meinem äußeren Leben änderte sich. Das Essen wurde nicht besser. Die Zelle wurde nicht größer, die Stunden, die ich im Hof verbringen durfte, nicht mehr. Ich hörte nichts von Monika, ich wußte nicht, ob man auch ihr Bücher gegeben hatte, Papier. Ich las, lernte auswendig, und ich schrieb – in meiner Zelle, auf der Pritsche, den Hocker vor mir, oder, wenn es gestattet war, im Hof.

Die Zellen mit ihren Höfen waren zu Blöcken aneinandergebaut. Holztüren führten von Zellenhof zu Zellenhof. Ich wußte inzwischen, daß ich in der Sektion A, Zelle 1, lag, und eine der beiden Holztüren ging auf den großen Gefängnishof hinaus, auf dem immer Wachen patrouillierten. Die Tür hatte einen Spalt, durch den man hinaussehen konnte, und immer wieder kam einer der Posten an die Tür und stellte eine Frage. Es klang wie *Anh lam chai chi*, und Sonny Boy hatte es mir übersetzt: »Was machen Sie da?« Alle fragten sie das, und ich hatte Sonny Boy gebeten, mir die Antwort auf vietnamesisch niederzuschreiben, so daß ich ihnen antworten konnte: »Ich kann ihnen nicht auf vietnamesisch sagen, was ich tue.« Sonny Boy schrieb es mir auf, aber es war ein schrecklich langer Satz, und er lächelte und sagte, ich solle in Zukunft einfach antworten: »Toi không thê nói duoc tiêńg viêt.« Das hieß: »Ich spreche kein Vietnamesisch.«

Übrigens waren meine Versuche, Sonny Boy Deutsch zu lehren, bald fehlgeschlagen, ebenso bei Axel. Ich hatte versucht, systematisch zu beginnen, mit Grammatik, was allein schon den hohen Papierverbrauch erklärte, aber ich hatte mit Sonny Boy einen schlechten Start. Ich erinnere mich, wir saßen draußen im Hof, und ich hatte mit dem Satz begonnen: »Ich bin bereit, Sie in Deutsch zu unterrichten.«

Ich übersetzte den Satz für ihn ins Englische, da sprang er auf, lief an die Holztür, um nachzusehen, ob uns auch niemand zugehört habe, und kam dann sichtlich wütend zurück. »Das können Sie nicht zu mir sagen!«

Ich verstand nicht, was los war. Was konnte ich nicht sagen? *To teach you German!* Das sei unmöglich! Ich, der Gefangene, könne ihm unmöglich etwas lehren, beibringen! Wenn das jemand höre! Das sei nicht höflich, nicht respektvoll einem Beamten gegenüber. Ich hätte zu sagen, ich sei bereit, *to help you understand German*, ihm *zu helfen*, Deutsch zu verstehen. *To teach* sei eine unmögliche Ausdrucksweise!

Von dem Augenblick an nahm sein Ehrgeiz, Deutsch zu lernen, schnell ab. Ich mußte ihm *helfen* zu sagen: »Guten Morgen«, »Guten Abend«, »Wie geht es Ihnen«, »Ich bin ein höherer Beamter«. Als er das gelernt hatte, war er zufrieden. Ich fürchtete um mein Papier. Wenn ich um Papier und Tinte für meinen eigenen Bedarf bat, bekam ich garantiert zur Antwort: Es ist kein Papier da. Der Lagerraum ist abgeschlossen. Wir haben kein Geld, um Papier zu kaufen. Die Tinte ist eingetrocknet. Aber wenn ich um Papier für die Übungen bat, die Deutschstunden, die immer ausfielen, dann bekam ich beides. Und zur Sicherheit hatte ich Sonny Boy gebeten, mich in Vietnamesisch zu unterrichten. Ein Beamter konnte einen Gefangenen *unterrichten*, in diesem Fall war das Wort korrekt.

Bis zu meiner Gefangennahme waren meine Kenntnisse der Landessprache praktisch gleich Null. In An Hoa hatte es für alles Dolmetscher gegeben. Chao ông – Guten Tag, der Herr. Chao ba – Guten Tag, die Frau. Cam ông – Dankeschön! Damit war ich schon am Ende. Die ersten Sprachkenntnisse erwarb ich mir dann im Camp der Amerikaner und vor allem im Camp in den Bergen. Das »Erlernen« ging dabei auf eine recht komplizierte Art und Weise vonstatten, und fast ausschließlich durch Zeichen. Ich erinnere mich an eine solche »Unterhaltung«, die ich mit dem Koch des Camps führte.

Ich hatte auf seine linke Hand gezeigt, an der die beiden Finger fehlten, und ihn gefragt, auf Deutsch: »Woher?« Er deutete daraufhin in den Himmel und sagte: »Máy bay My.« Ich wußte, *My*, das waren die Amerikaner, aber *Máy bay*? Da streckte er seine beiden Arme aus, wie zwei Flügel, ahmte dazu das Geräusch von Flugzeugmotoren nach, und ich wußte, *Máy bay*, das heißt Flugzeug. Dann zeigte er auf die linke Hand, dann erneut zum Himmel, dann schnell auf die Erde und machte dazu das Geräusch eines Maschinengewehrs; damit hatte ich schon fast die ganze Geschichte verstanden. Ein amerikanisches Flugzeug hatte ihn mit Bordwaffen beschossen, und dabei hatte der Koch zwei Finger der linken Hand verloren. Ich fragte ihn dann noch – eine Phrase, die ich aufgeschnappt hatte – »Bac Si lam chi?« Was hat der Doktor gemacht? Er antwortete: »Bac Si kat!« Da konnte ich mir zusammenreimen: »Der Doktor hat's abgeschnitten!«

Es war eine primitive Methode, aber derartige »Unterhaltungen« hatten ihren eigenen Reiz. Bisweilen brauchte man fünf bis zehn Minuten, bis man ein einziges Wort verstanden hatte, weitere fünf, bis man es richtig aussprach, und eine Stunde, bis man die Worte miteinander in Zusammenhang brachte. Die Vietnamesen gewöhnten es sich schnell an, zu uns in dieser bruchstückhaften Weise zu sprechen, und ebenso antwortete man.

Ich trete mit dem Pyjama auf dem Arm aus der Hütte und

gehe zu einer der Wachen. *Tôi in di tam?* Darf ich waschen gehen? – *Không Duoc!* Nein! – Mir fällt ein, daß ich während der Anrede nichts in der Hand halten darf. Ich lege meinen Pyjama auf den Boden und frage noch einmal: Darf ich waschen gehen? Die Antwort. Gefangener nicht gut. Sehr schlecht. Zu spät. Heute nichts drin mit Waschen. Zurück in die Hütte.

Ich trete am Morgen aus der Hütte. Ich frage: *Tôi in di tôi kia?* Darf ich das Buschmesser holen? *Di lam chi?* – Wozu? – Ich möchte Holz schlagen. – Nein! – Wir haben kein Holz mehr. – Heute nicht. Heute regnet es. Die Kleider werden naß. Nicht gut. Krank. Kopfschmerzen. Fieber. *Bac Si không có thuôć.* Der Doktor hat keine Medikamente.

Wir können keine Feuer machen. Wir frieren.

Gut. Nimm das Buschmesser. Geh!

»Hôm nay tôi di dao Hanôi.« Es war eine der Wachen im K 77, der mir das plötzlich verkündete. Wir standen im Zellhof, ich hatte den Toiletteneimer hinausgestellt. *Hôm nay*, das wußte ich inzwischen, hieß heute. *Tôi* war klar – ich. *Di* hieß gehen. Soweit war der Sinn klar. Heute gehe ich nach Hanoi. Aber *dao!*

Da drehte der Vietnamese sich um, lief gemächlich zwei Meter vor, zwei Meter zurück, er streckte den rechten Arm aus, so, als lege er ihn jemandem um die Schulter – spazierengehen! Der ganze Satz lautete also: Heute gehe ich nach Hanoi spazieren.

Ich frage ihn dann noch, was »um zwei Uhr« heiße, und als dann Sonny Boy einige Tage später zu mir in die Zelle kam, überraschte ich ihn auf vietnamesisch mit der Mitteilung: »Heute nachmittag um 2 Uhr gehe ich nach Hanoi spazieren.«

Worauf er nicht etwa in Lachen ausbrach, sondern sehr ernst wurde und mir erklärte, so könne ich das nicht ausdrücken. Er war eben ein Mann der feinen Unterschiede, und er

machte mir klar, daß gar nicht daran zu denken sei, daß ein Gefangener nach Hanoi spazierengehe. Ein Gefangener könne *nicht einmal dafür um Erlaubnis bitten!*
So lernte ich von Sonny Boy die feinen Unterschiede. Er konnte sich nicht dazu herablassen, *mir* Übungen zu schreiben, aber manchmal, draußen im Hof, malte er mir die Worte mit einem Stöckchen in den Sand, erklärte er die vielen – fünf – verschiedenen Akzente, die Satzstellung, wie ein und dasselbe Wort im Vietnamesischen ganz verschiedene Bedeutungen haben konnte. Ich lernte Worte, Satzfetzen, vor allem, was ich brauchte, um mich mit den Wachen und *turn-keys* zu verständigen. Ich machte mir Notizen, aber die wichtigsten Wörter hatte ich mir auf den Rahmen der kleinen Klapptür in meiner Zelle geschrieben.
giat – waschen, uông – trinken, lanh – kalt, dau – Schmerzen, thuôc – Zigarette, hút – rauchen, giây – Papier, múc – Tinte, tai sao – warum, xin lôi – Entschuldigung. Ich konnte auf vietnamesisch sagen, wobei das *Bao Cao* wieder jedesmal zur Geltung kam: Ich möchte um Feuer bitten. Ich möchte um etwas Wasser bitten. Ich möchte bitte einen Beamten sprechen, der Englisch versteht. Und ich verstand, was *sie mir* andauernd zu sagen hatten: *Máy bay My không tôt!* Amerikanische Flugzeuge nicht gut! – *Nixon không tôt!* Nixon nicht gut! – *Dông Duc tôt làm.* Westdeutsche nicht gut. – Ostdeutsche waren sehr gut, und gut waren die Volksrepublik China, die UdSSR, und sehr, sehr gut, Onkel Ho. Und *Chung tôi dánh My* – wir zerschlagen die Amerikaner. Ich konnte bald kurze Unterhaltungen führen, mit Axel, mit Sonny Boy, und da war noch Grisco, ein höherer Funktionär, der, der seinen Namen nach dem Tafelöl bekommen hatte.
»Was werden Sie machen, wenn Sie nach Hause kommen?« fragte Grisco auf vietnamesisch.
»Ich werde Medizin studieren.«
»Sind Sie verheiratet? Noch nicht? Warum nicht?«

»Ich bin noch keine vierundzwanzig. Das ist noch sehr jung.«

»Haben Sie Kinder?«

»Nein.«

»Warum haben Sie keine Kinder?«

»Weil ich noch nicht verheiratet bin.«

»Oh, in Vietnam geht das.«

»In Deutschland nicht.«

»Westdeutschland nicht gut. Vietnam sehr gut.«

Und eine andere Unterhaltung: »Heh, du da. Heute schneide ich dir die Haare!«

»Ich möchte bitten, daß Sie mir nicht die Haare schneiden!«

»Warum?«

»Weil Sie, Herr Beamter, nicht wissen, wie man Haare schneidet.«

»Was mache ich falsch?«

»Sie schneiden alle ab.«

»Gefangener ist ruhig. Ich weiß, wie man Haare schneidet.«

»Ich möchte sagen, Sie schneiden sie schlecht.«

»Gefangener spricht aber gar nicht höflich! Vietnamesischer Beamter schneidet sehr, sehr gut Haare.«

»Können Sie, bitte, meine Haare nicht morgen schneiden?«

»Banat unhöflich. Banat schlecht. Westdeutsche schlecht. Ich schneide Haare, aus, fertig. Vorwärts jetzt!«

Grisco kommt und fragt: »Du hast viel gelesen. Verstehst du jetzt Kac Mac?«

»Ich verstehe den Beamten nicht.«

»Du Banat, bist Deutscher und verstehst nicht Kac Mac!«

»Ich möchte bitten, es mir aufzuschreiben.« Er malte es in den Sand vor meiner Zelle: K a c   M a c. Ich schüttelte den Kopf.

»Kac Mac großer Deutscher! Du lesen Kac Mac die ganze Zeit!«

»Sie meinen Karl Marx!«

»Wie hast du gesagt? – Anh nói chái chi?«

»K a r l M a r x !«
Diesmal schüttelte er den Kopf. »Oh, Deutsch sehr schwer.
Sehr viel Ärger mit deutschen Gefangenen.«

Meine schönen braunen DIN-A 4-Bogen füllten sich, sonst
aber war alles wie immer. Die Wochen vergingen. Ich durfte
Monika nicht sehen, niemand sehen, außer denen, die mich
gefangenhielten. Und das waren immer nur Momente,
kurze Momente des Aufatmens. Meine Zelle wurde nicht
größer, die Mauer um den Hof nicht niedriger, und dann
waren da immer noch die langen Nächte in der Zelle.
Wenn ich nach Monika fragte, bekam ich kurze Antworten.
Es ginge ihr gut. Es ginge allen Gefangenen gut. Wir hatten
barbarische Verbrechen begangen gegen das vietnamesische
Volk, aber das Volk behandelte uns mit Güte und Milde!
So kam der zweite September 1970. Am Morgen wurde ich
von Sonny Boy aus meiner Zelle geholt. Ich wurde in ein
großes Bürogebäude gebracht, eine ehemalige Villa, und
Sonny Boy teilte mir mit, daß der Stellvertreter des »Herrn
Direktor« sich die Ehre gebe, mir eine Audienz zu gewäh-
ren. Konnte ich Fragen stellen? Nein, ich hätte nur zu ant-
worten. Der »Herr stellvertretende Direktor« erschien.
Sonny Boy dolmetschte.
»Haben Sie sich von Ihrer Krankheit erholt?«
»Ja, ich glaube.«
»Ist das Essen ausreichend?«
»Nein, das Essen ist nicht ausreichend. Außerdem ist die
Qualität schlecht.«
»Wir werden etwas tun, um das Essen zu verbessern.«
Ich wußte, daß er das sagen würde und daß sich doch nichts
am Essen ändern würde.
»Können Sie genug schlafen?«
»Ja, ich kann genug schlafen.«
»Denken Sie oft an zu Hause?«
»Ja, ich denke oft an zu Hause.«

»Tun Sie das nicht. Haben Sie noch Eltern? Wie geht es Ihren Eltern?«

»Das weiß ich nicht. Ich habe bisher nicht die Erlaubnis erhalten, Ihnen zu schreiben.«

»Wir werden etwas tun, damit Sie nach Hause schreiben können. Wissen Sie, was heute für ein Tag ist?«

»Ja, heute ist der 2. September, und ich bin seit 471 Tagen in Gefangenschaft.«

»Heute ist der Nationalfeiertag des vietnamesischen Volkes. In Hanoi ist heute eine große Militärparade und ein großes Feuerwerk. Wenn Sie aufpassen, können Sie es vielleicht sehen. Wir wollen Ihnen die Gelegenheit geben, Ihre Bekannte zu treffen, anläßlich des Nationalfeiertages.«

Sonny führte mich ab. Wachen begleiteten uns durch das Lager. Ich bekam zum erstenmal eine Vorstellung von der Größe, von der Lage der verschiedenen Zellblöcke. Gesehen hatte ich bisher von den amerikanischen Gefangenen noch nichts.

Sie brachten mich in den kleinen Raum, in dem ich damals verhört worden war. Ein Tisch, zwei Stühle, zwei Hocker. Monika war noch nicht da. Wir würden uns zum erstenmal wieder sehen, nach fast drei Monaten, und ich hatte viele Fragen. Wie würde sie aussehen, wie war es ihr ergangen, wie hatte sie die Einzelhaft ertragen?

Sonny wollte mir eine Zigarette anbieten, ließ es dann aber bleiben, als dieser Grisco hereinkam, eine Zigarette im Mundwinkel, Hände in den Hosentaschen. Er setzte sich auf einen der Stühle, verkehrt herum, die Arme auf der Lehne, und begann das bekannte Fragespiel. »Wie geht es Ihnen? Wissen Sie, was heute für ein Tag ist? Ein großes Fest für das heroische vietnamesische Volk, wissen Sie das?«

In diesem Augenblick kam Monika herein. Ich erschrak. Sie war noch schmaler geworden. Das Gesicht war eingefallen, sie hatte tiefe schwarze Ringe um die Augen. Aber es war gar nicht so sehr das Äußere. Sie machte, als man sie da hereinführte, auf mich den Eindruck eines Menschen, den man aus der Dunkelheit ans Licht gezerrt hat und der sich nach nichts anderem sehnte, als wieder in die Dunkelheit zurückzukehren.

Grisco stellte ihr nun dieselben Fragen. Monika sah mich an. »Sag ihnen, sie sollen mich in Ruhe lassen. Oder sag ihnen, was sie hören wollen.«

Sie ließen uns nicht allein. Ich fragte sie, ob sie Bücher bekommen habe? Nein. Hatte sie Papier und Tinte? Nein. Ich sagte ihr, sie müsse versuchen, sich zu beschäftigen. Zum erstenmal lächelte sie etwas und sagte, sie habe eine wunderschöne Beschäftigung, aber was es war, sagte sie nicht. Nach zehn Minuten hieß es, das sei jetzt genug, und sie führten uns getrennt in unsere Zellen zurück.

Es war der 2. September 1970, der Nationalfeiertag, der 471. Tag unserer Gefangenschaft, und am Abend sah man am Himmel wirklich das Feuerwerk ...

Traumhäuser

M. S.

Es war ein Traumhaus, eine weiße Fassade, viele Fenster mit weißgestrichenen Läden, einem großen Aufgang mit einem Vordach, das auf Säulen ruhte, und alles umgeben von grünen Bäumen. Es war wie das Haus der Scarlett O'Hara in »Vom Winde verweht«, nicht so groß, sondern kleiner und zierlicher, aber gerade das gefiel mir daran. Ein Haus im Kolonialstil, und ausgerechnet daraus hatte man ein Gefängnis gemacht, aus diesem schönen Haus, hatte es zum Bürogebäude der Direktoren und vietnamesischen Beamten gemacht, und vielleicht war sein Besitzer der erste Gefangene gewesen.

An dem Abend, als man uns aus dem Lager Bao Cao hierhergebracht hatte, da war es besonders schön gewesen – mit seinen vielen erleuchteten Fenstern. Vielleicht kam hinzu, daß es das erste richtige Haus war, das ich sah, nach dem einen Jahr im Dschungel, und daß Häuser für mich schon immer etwas Besonderes waren. Ich weiß noch, daß ich dachte, das ist ein Haus, in dem du leben möchtest.

Ich bekam es erst wieder zu Gesicht an jenem 2. September, als ich Bernhard sehen durfte. Das kam so überraschend, daß ich gar nicht viel zu sagen wußte; erst hinterher in meiner Zelle fiel mir ein, was ich alles hätte fragen und erzählen wollen. Wochen- und monatelang hatte ich mir den Kopf zerbrochen, wie kannst du erfahren, wie es Bernhard geht, wie kannst du ihm eine Nachricht zukommen lassen. Ja, manchmal habe ich mich gefragt – ob Bernhard noch lebt?

Das letztemal hatte ich ihn bei den Verhören gesehen, nur einen Augenblick, als man ihn heraus- und mich hineinführte. Es war dasselbe wie immer, es hieß, wir hätten hierzubleiben, bis »unsere Sache geklärt« wäre, und daß sie ganz bald geklärt werden würde, die »höheren Stellen« würden sich schon damit befassen, und in der Zwischenzeit ... ich wußte nur, daß ich ihnen *nie, nie* mehr etwas glauben würde. Ich war sicher, was immer ich auch tat, sie würden *nie* einen Grund angeben, warum sie uns gefangenhielten. Wir konnten tun, was wir wollten, davon hing unsere Freiheit nicht ab. Wenn ich manchmal noch darum bat, nach Hause schreiben zu dürfen, so nicht, weil ich glaubte, etwas damit zu erreichen, sondern um mir selber zu beweisen, daß ich überhaupt noch lebte, daß ich auf ihren Listen stand, daß ich wenigstens auf dem Papier noch für sie existierte ...

Meine Zelle war die letzte in einer Reihe von fünf. Um dorthin zu kommen, mußte ich durch die Höfe der vier anderen Zellen gehen, aber sie waren unbesetzt, Gerümpel lag herum, und ich sah und hörte nichts. Von Zeit zu Zeit wurde die Zelle neben der meinen zu Verhören benützt, dann hörte ich Stimmen. Sonst war ich allein. An der Wand hatte ich mit einem Nagel die Tage eingeritzt; mehr gab es nicht zu tun, und ich hätte *alles* getan, die schlimmste Arbeit im Lager, in der Küche, nur um mich beschäftigen zu können. Dann begann ich, Häuser zu bauen.

Der ummauerte Hof, der zu meiner Zelle gehörte, war früher einmal mit Fliesen ausgelegt gewesen. Es waren noch Reste davon da, weiße, hell- und dunkelgraue mit einem kleinen Muster, und ich hatte sie gesammelt, in verschiedene Stöße aufgestapelt und versucht, damit Häuser zu bauen. Alles andere hatte man mir abgelehnt, Bücher, Schreibzeug.

Zuerst hatte ich richtige Häuser gebaut, mit den Fliesen, mit Holzteilen, mit dem Sand; ich merkte aber bald, daß ich das alles nicht brauchte, daß meine Häuser viel größer und schöner wurden, wenn ich mich einfach in den Hof setzte, eine große Fläche Sand mit den Händen glattstrich, ein Bambusstäbchen nahm und den Grundriß aufzeichnete. Aber selbst mit den Grundrissen war das so eine Sache. Mein Bruder ist Hochbauingenieur, und ich merkte, daß er mir dauernd über die Schulter sah und etwas auszusetzen hatte. Er hatte Bedenken wegen der Tragfähigkeit von Decken, wegen der Statik. Ich beachtete keine Fluchtlinien und Bauvorschriften; er war immer da und hemmte mich und korrigierte mich, so wie es eben ein größerer Bruder mit seiner jüngeren Schwester tut. So baute ich nur noch in meiner Phantasie.

Von da ab ging es wunderbar. Ich baute hemmungslos, tage-, wochen-, monatelang. Ich brauchte nicht mal mehr den Hof dazu, jetzt genügte auch die Zelle. Ich hatte immer verschiedene Baustellen in verschiedenen Stadien, die ich zu betreuen hatte.

Zuerst hatte ich damit begonnen, als Übung sozusagen, alle die Häuser nachzubauen, die ich kannte, das Haus, in dem mein Bruder lebte, meine Verwandten. Dann bekam ich Aufträge, die Häuser umzubauen, einen Wintergarten hinzuzufügen, den Dachstock auszubauen. Aber dann wurde ich kühner, ich baute eigene Häuser, ich wagte mich an Großbauten. Ich baute Krankenhäuser, und besonders gern baute ich Hotels.

Ein Hotel zu bauen hatte vor allem den Vorteil, daß man dabei so viel zu bedenken hatte, besonders wenn man es zum Beispiel an eine einsame wilde Küste in Sardinien setzte. Bis man das richtige Grundstück gefunden hatte, bis die Finanzierung geregelt war. Und dann mußten Brunnen gegraben, Strom von weither geholt werden. Dann die vielen Gespräche mit dem Bauherrn, die unmöglichen Wünsche, die man ihm ausreden mußte. Ich baute ein Hotel von fünfhundert Betten, und das beste war, ich nahm nur Bauaufträge an, bei denen ich auch selber die Einrichtung übernahm.

Eigentlich war mir das Einrichten noch lieber als das Bauen. Dazu mußte man weite Reisen unternehmen, um wirklich etwas Besonderes zu finden, ein besonderes Bild, eine Holzverkleidung, einen Gobelin für die Eingangshalle, am besten im blauen Grundton. Und natürlich das Geschirr für die verschiedenen Restaurants, das Besteck, die Wäsche, alles mit einem bestimmten Muster.

Ich hatte immer mehrere Bauten und Einrichtungen in Auftrag, aber dann machte ich manchmal Fehler in meinem Terminplan. Es gab dann Tage, wo ich schon fertig war mit dem Bau und der Einrichtung, und ich hatte noch keinen neuen Plan – das waren dann immer furchtbare Tage!

An den Tagen, wenn die Wirklichkeit wiederkam, wenn die Zellendecke mir auf den Kopf zu fallen schien, an solchen Tagen blieb mir nichts, als zu beten. Ich betete dann, wie ein Mensch in seiner Not nur beten kann. Ich betete ja nicht erst wochenlang – ich betete ja schon fast zwei Jahre. Nie hörte oder fand ich eine Antwort, und an diesen schlimmen Tagen war es dann doppelt bitter.

Ich habe wirklich gezweifelt, daß es ihn gibt, diesen Herrgott, von dem sie alle sprechen. Ich lag da in meiner Zelle und sagte ihm: Ich bete nun wirklich aus tiefster Seele, und nie bekomme ich eine Antwort von dir, nie höre ich etwas, nie tut sich etwas, nicht das kleinste Zeichen gibst du mir. Wenn ich schon gefangen bin, warum kannst du mir diese Tage nicht ein wenig erleichtern? Ich komme hier wirklich um meinen Verstand! Letzten Endes kommt es noch soweit, daß ich mich umbringe! Wundere dich nicht! Es ist furchtbar, einen Menschen wie ein Tier einzusperren und ihm nichts zu tun zu geben, und das über Monate hinweg.

Und manchmal habe ich gedacht, ich müßte die letzte Kraft, die ich hatte, dazu benutzen, um alles zu zerschlagen, den

Hocker, das Bett, um die Mauern einzureißen. Die einzige Antwort, die Gott mir dann gab, war, daß er mich beruhigte, daß ich betete und wirklich ruhiger wurde und neue Kraft fand ...

So verging die Zeit. Ich baute hin und wieder noch meine Traumhäuser, aber wenn man an Gott zweifelt, stürzen sie zusammen, noch ehe sie fertig sind. An Schlaf war nicht zu denken, man dämmerte dahin, ob es Tag oder Nacht war. Zweimal kamen die Wärter und brachten das Essen. Einmal leerte man seinen Toiletteneimer aus. Einmal bekam ich ein Stück Stoff, Schere, Faden und Nadel, und ich durfte mir eine Bluse nähen, aber als ich darum bat, mich für Kinder Kleider nähen zu lassen, wurde das abgelehnt. Der Sommer verging, der Herbst, der Winter kam. Im Januar wurde ich in eine neue Zelle verlegt.

Der Hof, der dazu gehörte, war größer, und er hatte einen Baum. Es sah aus wie auf einem Müllplatz, Scherben und Abfall, Schmutzhaufen lagen herum, und überall wucherte das Unkraut. Jetzt hatte ich wenigstens wieder eine Zeitlang etwas zu tun. Ich räumte nach und nach den Hof auf, nur mit meinen Händen. Ich wühlte den ganzen Tag im Dreck herum, ich machte kleine Häufchen, hier die Holzreste, dort die Scherben, hier den anderen Schmutz und das Unkraut. Der Baum stand erhöht in Erde, das von einem Mäuerchen umgeben war, fast dreiviertel Meter hoch. Wenn ich den Hocker dort hinaufstellte, konnte ich den Stacheldraht oben auf der Mauer abbiegen, und so habe ich mir ein Kreuz gemacht, das Kreuz aus Holz und der Herrgott aus Stacheldraht.

Ich legte ein Beet an, ich zog Unkraut. Einer der *turn-keys* hatte die Angewohnheit, in meinem Hof die Kerne von Melonen auszuspucken; ich sammelte sie, säte sie aus und zog mir kleine Pflänzchen. Mitte Januar bekam ich von einem der *turn-keys* einen Pfefferstock geschenkt, und ich hab' ihn liebevoll großgezogen; er bekam schöne herzförmige Blätter und schöne Blüten, aber ich meinte es besonders gut und goß ihn zuviel, so daß er keine Früchte bekam.

Nur einmal hatte ich Bernhard in dieser ganzen Zeit wiedergesehen, an Weihnachten. Es war derselbe Raum, nur stand jetzt dort ein Bäumchen mit Papiergirlanden, und an der Wand hing ein Bild mit Santa Claus, von einem Amerikaner gemalt. Ich hatte einmal vier Bogen Papier bekommen, um meine Personalien aufzuschreiben, und ich hatte einen davon für einen Brief an Bernhard verwandt. Mit Nadel und Faden hatte ich in eine alte Zigarettenschachtel einen doppelten Boden genäht und den Brief dort versteckt. Aber ich kam nicht dazu, ihn zu übergeben. Sie paßten höllisch auf und ließen uns keinen Augenblick aus den Augen. Nach zehn Minuten wurden wir in unsere Zellen zurückgeführt.

Ein neues Jahr hatte begonnen, 1971, das dritte Jahr unserer Gefangenschaft. Ich klammerte mich an zwei Daten; den 31. März, der Tag, an dem »Monsieur« uns entlassen hatte, und an den 27. April, den Tag unserer Gefangennahme. Nicht daß ich große Hoffnungen hatte, ich dachte nur: Ein Jahr warst du dann im Süden im Dschungel, ein Jahr im Norden, ich bin gespannt, was dann geschieht.

Wirklich wurde die Behandlung besser. Die Wachen und *turn-keys* sprachen jetzt schon mal mit mir. Das Essen wurde besser, es gab einmal in der Woche Fleisch, ich bekam Bananen. Ich wehrte mich, und doch machte ich mir langsam Hoffnungen.

Der 31. März verging. Der 27. April kam. Ich saß den ganzen Tag da, mit klopfendem Herzen, und starrte auf die Tür und war überzeugt, gleich tut sie sich auf und sie sagen, ich bin frei. Aber nichts geschah. Einen Tag später war die Behandlung gerade umgekehrt: ich konnte kaum das Essen vor meiner Zellentür wegnehmen, da knallten sie auch schon die Tür hinter mir zu. Es war so deutlich, dieser Wechsel so auffällig, daß es kein Zufall sein konnte. Aber was bezweckten sie damit? Wollten sie, daß ich meine Nerven verlor, daß ich etwas tat, für das sie mich bestrafen konnten, noch mehr bestrafen. Oder wollten sie erreichen, daß ich mich ihnen vor die Füße warf und um Gnade winselte?

Ich überlegte, zerbrach mir den Kopf. Irgend etwas mußte geschehen. So ging es nicht weiter. Zwei Jahre Gefangenschaft, vierundzwanzig Monate, 731 Tage deines Lebens, und es ist kein Ende abzusehen.

Nicht, daß ich mich töten wollte. Das brauchte es nicht. Ich mußte mich ja nur in meine Zelle legen, brauchte nur die Augen schließen, nichts mehr zu essen, einfach dort liegenbleiben, dann würde ich auch so sterben; die Vietnamesen haben es mir selbst einmal gesagt, wie leicht man stirbt, wenn man sich einfach hinlegt. War es nicht das Beste, was mir geschehen konnte, der Tod? Nur der Tod konnte noch eine Überraschung sein. Das Leben? War das noch ein Leben, eine Welt, in der ich nicht einmal mehr an die Häuser glauben konnte, die ich mir erträumte ...

Zwei Herren aus Sachsen

M. S.

Die Holztüre ging auf, und der *turn-key* stand da mit seinem großen Schlüsselbund und rief: »An Com! – Essen!«
Ich lag auf meiner Pritsche und rührte mich nicht. Er klimperte mit seinen Schlüsseln und rief noch lauter: »An Com!«
Er kam in die Zelle, trat an mein Bett und wiederholte, fast flehend: »An Com!« Und ich sagte, weil ich ihn an der Stimme erkannte: »Toô Com An! – Ich esse nicht!«
Es tat mir leid, daß es ausgerechnet ihn traf, denn er war bei weitem der freundlichste von allen *turn-keys,* und er hatte mir schließlich den Pfefferbaum geschenkt. Er war ein Mann von fünfzig, wie er mir gesagt hatte, aber er sah älter aus, viel älter; er hatte einen Teil seiner Zähne verloren, das Haar ging ihm aus, er war klein, abgemagert und ging gebückt. Ich hatte ihn *ba cham* getauft, Vater Hundert, denn wirklich sah er wie ein Hundertjähriger aus, auch jetzt, wie er dort stand, mit seinem faltigen, ledernen Gesicht. Ganz unglücklich war er, spielte mit seinem Schlüsselbund und sagte noch einmal: »An Com?« Dann drehte er sich um, gebeugt, sperrte hinter mir zu.
Ich hörte ihn draußen mit den Wachen reden. Ich wußte, was geschehen würde, und ich brauchte nicht lange zu warten. Sie kamen diesmal gleich zu dritt, der Direktor an der Spitze mit seiner Himmelfahrtsnase und den Geheimrats-

ecken. Er lächelte ganz siegesbewußt. Ich konnte es ertragen, wenn sie mich anschrien, aber wie immer, wenn ein Vietnamese lächelte, hatte ich Angst.

Ich wollte nicht essen? Warum nicht? Ich hätte kein Recht, das Essen zu verweigern! Ich hätte die Campregeln zu befolgen. Er gebe mir den Befehl zu essen, jetzt sofort!

Ich gab ihm darauf keine Antwort. Es lohnte sich nicht, irgend etwas zu sagen. Ich drehte mich zur Wand um und schwieg.

Seltsamerweise fing er nicht an zu schreien und zu drohen. Er sagte, ich solle nur meine Wünsche äußern, er würde alle erfüllen. Ich solle sie nur sagen. – Ich wußte längst, daß sie einem alles versprachen, um einen weich zu machen. Aber ich dachte, versuchen kannst du es. Ich verlangte Papier und Tinte.

Wozu ich das wolle? Ich wolle mich beschweren! Worüber? Über ihn? Über das Lager? Noch kein Gefangener hätte sich bei ihm beschwert. Ich sagte, ich wolle nur eine Eingabe machen, ich wolle, daß man mir endlich die Wahrheit sage, warum man mich gefangenhalte. Ich wolle hören, was man mir vorwerfe. Ich wolle vor ein Gericht. Ich wolle mich verteidigen. Ich wolle, daß mein Fall entschieden werde, so oder so.

»Sie bekommen Papier und Tinte. Sie können Ihre Eingabe machen. Ich werde sie weiterleiten. Ich werde dafür sorgen, daß Ihr Fall entschieden wird. Ich verspreche es. Sie bekommen Ihre Verhandlung. Werden Sie jetzt essen?«

»Nein«, sagte ich. »Ich glaube nichts von dem, was Sie gesagt haben.« Ich sah, daß er nicht mehr lächelte, ja er schien unsicher. Sie hatten zu oft gelogen, als daß ich ihnen auch nur ein Wort glaubte. Ich setzte meinen Hungerstreik fort. Ich bekam wirklich, gleich am ersten Tag, Papier und Tinte. Ich schrieb meine Eingabe. Ich verlangte unsere Freilassung oder ein sofortiges Verfahren vor einem neutralen Gericht, die Erlaubnis, nach Hause schreiben und Briefe empfangen zu dürfen. Eine ausreichende medizinische Versorgung. Aber ich erhoffte, wie gesagt, nichts.

Einige Tage später – ich rührte immer noch kein Essen an – sperrte einer der *turn-keys* die Zelle auf, er sagte, ich bekäme Besuch, ich hätte mir doch immer gewünscht, mich mit jemandem zu unterhalten. Draußen stand eine Vietnamesin, und sie kam dann in die Zelle herein, lächelnd und sehr freundlich.

Ich hatte schon zuvor bemerkt, daß es in dem Zellenblock, in den man mich verlegt hatte, andere gefangene Frauen geben mußte, denn manchmal hatte ich ihre Stimmen gehört; das war immer ein großer Wunsch von mir gewesen, daß einmal eine Frau kommen möge, mit der ich reden konnte. Ich bot ihr den Hocker an. Die Verständigung war zuerst schwer, denn sie sprach nur ein klein bißchen Französisch und ein paar Worte Englisch, aber mit Zeichen und Gesten kam eine Unterhaltung zustande.

So viel verstand ich, daß sie Krankenschwester sei, achtundzwanzig Jahre, seit fünf Jahren verheiratet. Ihr Mann sei seit vier Jahren tot; er war ein Bac Si gewesen und in Südvietnam auf der Seite des Vietkong gefallen.

Warum war sie dann in diesem Lager, eine Gefangene?

Sie habe in Hanoi im deutsch-vietnamesischen Freundschafts-Hospital gearbeitet ...

Ein deutsches Hospital in Hanoi?

Ja, ein ostdeutsches. Sie habe dort, aus der Not heraus, Vitamine und Medikamente gestohlen, für Angehörige ihrer Familie. Sie sei dabei erwischt worden und habe dafür zwei Jahre Gefängnis bekommen.

Inzwischen war es 11 Uhr geworden. Das Essen wurde gebracht; obwohl ich es nicht anrührte, stellten sie es mir jeden Tag weiter in die Zelle. Es war eine Wache, die ich nie zuvor gesehen hatte, und mir fiel auf, daß die Vietnamesin recht vertraulich mit ihm sprach. Sie sagte mir hinterher, das wäre ein Freund von ihr, aber ich dürfe das niemandem verraten.

Aber ich war mißtrauisch geworden, und ich sah sie mir genauer an. Sie trug ganz neue Wäsche, ganz weiß; wie konnte eine Gefangene weiße Wäsche haben? Mit dem schmutzigen Wasser, das wir immer zum Waschen bekamen, immer voller Dreck und Tiere? Ich sah, daß sie gekämmt war, woher hatte eine Gefangene einen Kamm? Und sie hatte ihre Augenbrauen gezupft! Ich nahm Papier und Tinte und zeichnete eine Pinzette auf. Sie erklärte mir, das hieße *dip* auf vietnamesisch. Ich fragte sie, ob sie mir ihre Pinzette leihen würde. Sie sagte, sie habe keine. Wie konnte sie dann ihre Augenbrauen frisch gezupft haben?

Wenig später ertappte ich sie bei einer neuen Lüge. Sie erzählte, sie habe mit neunzehn geheiratet; ja, wieso, dachte ich ... fünf Jahre verheiratet, und jetzt ist sie achtundzwanzig. Sie hatte ihre Geschichte schlecht gelernt! Am Nachmittag, als sie sich verabschiedete, sagte sie, sie hoffe, in wenigen Tagen entlassen zu werden; ich solle einen Brief schreiben, sie werde ihn herausschmuggeln und dafür sorgen, daß er nach Deutschland käme. Da wußte ich vollends Bescheid, daß sie ein Spitzel war und daß man sie mir nur in die Zelle geschickt hatte, um zu spionieren.

Sie tat mir fast leid. Sie war so ungeschickt mit ihren Lügen. Vielleicht war sie wirklich eine Gefangene, hatte ihren Mann verloren, hatte wirklich ein paar Medikamente gestohlen und war dafür zwei Jahre eingesperrt worden. Aber daß sie sich dazu hergab, andere Mitgefangene zu bespitzeln? Was versprach sie sich davon? Vielleicht hatte man ihr wirklich versprochen, sie dann freizulassen, aber ob sie ihr Versprechen halten würden? Ich bezweifelte es. Und wenn sie nichts erreichte bei mir? Sie tat mir wirklich leid. Sie saß in der Zwickmühle, wie ich.

Sie kam auch die nächsten Tage wieder. Sie war weiter sehr nett, und sie drängte mich weiter, daß ich einen Brief schreiben sollte. Ich tat so, als verstünde ich sie nicht. Sie nahm ein Stück Papier, zeigte mir, ich solle schreiben. Sie brachte mir Bonbons mit, sie besorgte mir Buntstifte, damit ich Bilder malen konnte; ich malte ihr einen Rosenzweig, denn Rosen sind meine Lieblingsblumen. Es war schon traurig; da war mein Wunsch erfüllt worden, ich hatte endlich jemanden, mit dem ich sprechen konnte, und nun mußte ich mir jedes Wort zweimal überlegen. Ich schrieb den Brief nicht. Aber ich brach den Hungerstreik nach acht Tagen ab, weil ich einfach nicht genug Willenskraft mehr aufbrachte und weil damit die Vietnamesin wenigstens einen Erfolg für sich verbuchen konnte ...

Mein Hungerstreik hatte noch eine zweite Folge. Der Herr Direktor bemühte sich höchstpersönlich. Er kam plötzlich und völlig überraschend, und ich hatte keine Zeit zum Überlegen, es hieß einfach, ich solle meine blaue Bluse, die ich mir genäht hatte, anziehen, ich bekam Seife und Handtuch, was mir dann beides wieder weggenommen wurde. Er sagte nicht, was geschehen würde.
Ich wurde in die Villa geführt, kam in einen Raum, der durch einen Vorhang abgeteilt war, hinter dem ein Bett stand. Es gab einen breiten Tisch, eine Fahne an der Wand, einen Ventilator an der Decke. Aber das nahm ich kaum wahr zuerst, denn hinter dem Tisch saßen zwischen zwei Vietnamesen – zwei Weiße! Ich war völlig überrumpelt.
Sie hatten blaue Augen, der eine helle, der andere dunkelblonde Haare, beide trugen Hemden mit offenem Kragen und kurzen Ärmeln. Der eine war hager, mit einem eingefallenen Gesicht, tiefen Augenringen und einer ungesunden Hautfarbe. Der andere, der Jüngere, war ein Fettkoloß, mit dicken Haarbüscheln, die aus dem Brustausschnitt quollen, und richtigen Brüsten. Der eine sagte: »Nehmen Sie schon Platz«, und der andere meinte: »Wie Sie hören, sind wir der deutschen Sprache mächtig.« Sie sächselten beide.
Ich hatte alle Hoffnungen abgeschrieben, bis auf eine, die heimlich immer dagewesen war, die ich monatelang in mir

aufgebaut hatte, seitdem ich wußte, daß es in Hanoi eine Ostdeutsche Botschaft gab. Ich hatte einmal darum gebeten, mir doch deutsche Bücher zu besorgen, aber man hatte mir darauf geantwortet, die Beziehungen zu der Botschaft der Ostdeutschen in Hanoi seien nicht die besten! Ja, ich hatte daraufhin schon Pläne geschmiedet, wie ich es anstellen könnte, aus dem Lager zu fliehen, um dort in der Botschaft Hilfe zu suchen. Ich traute mir zu, aus dem Lager herauszukommen. Bis Hanoi konnten es nicht mehr als dreißig Kilometer sein, die konnte man gut in einer Nacht laufen. Aber dann? Wie findet man eine Botschaft, wenn man niemanden fragen kann? Wer immer die beiden Männer waren, sie waren Deutsche, und ich hatte plötzlich eine ganz unsinnige Hoffnung ...

»Nu hören Sie mal zu«, sagte der Hagere, Ältere, »also als erstes möchte ich mal feststellen, Hungerstreik, das gibt es nicht! Und Proteste noch weniger! Also, haben wir uns da verstanden! Unterlassen Sie derlei Dinge in Zukunft! Sie haben nichts zu verweigern, und Protestbriefe schreiben Sie besser auch nicht. Ist das klar! Solche Fisimatenten nützen Ihnen gar nichts! Im Gegenteil. Damit schaden Sie sich nur. Und nun beantworten Sie uns mal schön ein paar Fragen ...«

Ich habe als Kind Kartenhäuser gebaut, und ich konnte Tränen vergießen, wenn ausgerechnet immer mit der letzten Karte das schöne Gebäude einstürzte. So war es auch jetzt. Mein ganzes schönes Kartenhaus brach zusammen. Ich wußte, daß ich wieder etwas vergeblich erhofft hatte.

Sie wollten nun auch wieder all das wissen, was ich immer wieder gefragt worden war, nur daß sie noch genauer waren. War Ihr Vater in der Partei, in der Nazi-Partei? War er Soldat. Wo war er Soldat? Welches war seine Feldpostnummer?

Ich sagte ja und nein, und dann sagte ich nichts mehr. Sie rauchten nervös, zündeten sich eine Zigarette an, machten ein paar Züge, drückten sie wieder aus. Der Dicke fing an zu schreien, aber damit erreichten sie das genaue Gegenteil bei mir. Sie unterbrachen die »Verhandlung«. Man brachte mich in meine Zelle zurück. Aber sie holten mich wieder. Bernhard sah ich nicht. Ich erfuhr erst später von ihm, daß sie es am vorangegangenen Tag mit ihm genauso gemacht hatten.

Ich weiß nicht, was ich beim zweitenmal antwortete. Ich hatte viele Verhöre überstanden, aber dies war das schlimmste, einfach, weil es in Deutsch geführt wurde, in meiner Sprache, *in unserer gemeinsamen Sprache!* Einmal habe ich versucht, sie daran zu erinnern, an sie zu appellieren, daß wir doch gemeinsam Deutsche seien. Worauf sie beide im Chor sagten: »Gemeinsam ist gar nichts bei uns. Nicht mal die Sprache ist mehr dieselbe!« Sie waren für mich schlimmer als die Vietnamesen.

Von da an konnte ich sie nicht mal mehr ansehen. Ich hab' auf die Fahne gestarrt, die dort an der Wand hing, über dem Bett des Direktors. Es war ein rotes Tuch, mit Gold bestickt, aber es war keine neue Fahne, wie man sie an einem Mast aufzieht oder aus dem Fenster hängt. Das Tuch war alt und verwaschen, die Stickerei verblichen, das untere Ende hing in Fetzen; sie sah aus wie die Fahne eines Regiments, einer kämpfenden Truppe.

Ob sie dem Direktor gehörte? Er hatte eine Narbe an der linken Schläfe. Ob er im Krieg gewesen war? Ob das die Fahne seiner Truppe gewesen war, mit der er gekämpft hatte? Haßte er diesen Posten hier im Gefängnis, und dachte er, wenn er hier abends unter seiner Fahne schlief, zurück an die Zeit, da er keine Gefangenen bewachte, sondern Gefangene gemacht hatte?

Was ging das mich an, was gingen mich die Vietnamesen an! Was ging mich dieses Volk an! Nein, ich wollte sie nicht verstehen, sie, die mich auch nicht verstanden ...

Ich hörte den Dicken schreien. Ich müsse ihnen schon antworten, wenn sie meinen Fall wohlwollend weiterleiten sollten. Es stellte sich heraus, daß sie nur darauf aus waren, von mir eine Stellungnahme gegen den »schmutzigen Krieg der US-Aggressoren« zu erhalten. *Wohlwollend.* Sie widerten mich an. Ich konnte nicht mehr. Ich war fix und fertig. Ich zitterte am ganzen Körper. Ich konnte sie nicht mehr hören und ertragen. Mir wurde schlecht; es blieb ihnen nichts übrig, als mich in meine Zelle zurückzubringen; draußen vor der Tür sackte ich zusammen.

Am anderen Tag sperrten sie die Vietnamesin noch einmal in meine Zelle. Sie wußte genau Bescheid. Sie versuchte, mich zu trösten; was ich denn habe, die beiden Deutschen meinten es doch nur gut mit mir. Sicher käme ich jetzt bald nach Hause. Und sie fing noch einmal an von dem Brief, den sie für mich aus dem Lager schmuggeln werde; ich könne darin ganz unbesorgt meine Meinung schreiben.
Diesmal gab ich das Versteckspielen auf. Ich sagte ihr, sie würde nie einen Brief von mir bekommen und ich würde ihr nichts mehr sagen, denn ich sei überzeugt, daß sie den Brief sofort abliefern und über jedes meiner Worte Bericht erstatten würde. Ihre Reaktion war überraschend. Sie lachte und war plötzlich ganz heiter und sagte, daß sie ganz erleichtert sei, daß sie mich nicht zu verraten brauche.
Was für ein Volk war das? Anstatt es zu begreifen, verstand ich es immer weniger. Ein Spitzel, der sich freute, daß er einen nicht zu verraten braucht. Ein Direktor, der unter einer Fahne schlief. Ein *turn-key*, der traurig war, wenn man nichts aß. Ich kam mir verloren vor, in einer Welt, die nicht zu verstehen war. Woran konnte man sich noch klammern?
Dann geschah etwas Seltsames, eigentlich nur eine Winzigkeit, die mir wieder Mut gab. Eine der Zellen in meinem Block war neu belegt worden, denn an einem dieser Tage hörte ich zum erstenmal das Pfeifen. Es wiederholte sich, und immer war es die gleiche Melodie, die der Gefangene in seinem Hof pfiff, ein paar Takte aus *My fair lady.*

Es mußte ein Amerikaner sein, und ich dachte mir, wenn ich ihn doch nur einmal sehen könnte, denn sein Pfeifen klang immer so fröhlich und lustig. Das wollte ich unbedingt sehen, einen fröhlichen und lustigen jungen Amerikaner.

Aber er lag nicht in der Zelle nebenan, sondern in der übernächsten, eine Zelle lag dazwischen, in der niemand war; und ich überlegte mir die ganze Zeit, wie stellst du es an, daß du diesen Amerikaner einmal siehst. Ich paßte jetzt immer auf, und eines Tages sah ich, daß der *turn-key* vergessen hatte, die Holztür zum Nebenhof abzuschließen. Ich wartete, bis ich das Pfeifen hörte, dann nahm ich meinen Hocker und lief in den anderen Hof. Ich stellte ihn vor die Tür. Oben war ein Spalt, durch den man hindurchsehen konnte.

Ich sah ihn dann. Er stand da, an dem Wassertrog im Hof, mit nacktem Oberkörper, und rasierte sich gerade. Ich hatte mir einen jungen Mann vorgestellt; was ich sah, war ein lebendes Skelett. Er war abgemagert, man sah jede einzelne Rippe und die weit heraustehenden Schlüsselbeinknochen. Sein Haar war grau und fast kahl geschnitten. Und als er sich umwandte, so, als spüre er, daß ich ihn beobachtete, sah ich sein Gesicht, grau und eingefallen, die Augen in tiefen Höhlen ... und doch pfiff er auch jetzt vor sich hin, und es klang wirklich ganz lustig und fröhlich.

Es war das erstemal, daß ich im Norden einen amerikanischen Gefangenen sah, und ich dachte, sieh ihn dir nur gut an. Wer weiß, wie lange *er* schon gefangen ist, wer weiß, was *er* durchgemacht hat.

Seither ging es mir immer gleich besser, bekam ich neuen Mut, wenn ich ihn dort hörte, in seinem Hof, über die hohen Mauern hinweg, wenn er seine Melodie pfiff – *My fair lady*. Ich war nicht allein!

Frachten ...

B. D.

Ich saß draußen im Zellenhof. Es war Abend, die Sonne kam kaum noch über die drei Meter hohe Mauer. Da hörte ich ein kurzes Pochen an der Holztür, die zur Nachbarzelle führte. Im gleichen Augenblick sah ich den Zettel, der durch den oberen Spalt hindurchgeschoben wurde. Es war ein winziges Zettelchen, und es war ein Glücksfall, daß ich es sofort entdeckte. Ich sprang auf, nahm es an mich und hatte gerade noch Zeit, es in den Saum meiner Pyjamahose zu schieben, als die andere Tür, die in den Gefängnishof führte, aufgeschlossen wurde. Meine Zeit war um, und der *turn-key* brachte mich in meine Zelle zurück. Ich stand da, mit meinem Zettel, mit Herzklopfen; es war die erste schriftliche Nachricht, die ich von jemandem in diesem Lager erhielt, die erste nach einem Jahr im Camp K 77, und schon dieser erste Kontakt wäre beinahe schiefgegangen, und das hätte wie ich später erfahren sollte, drei Monate Einzelhaft unter verschärften Bedingungen bedeutet.

Ich wartete, bis alles ganz still war. Dann schaute ich meinen Zettel an, winzige Buchstaben auf Toilettenpapier. Auf englisch stand dort: Wir sind Amerikaner. Zunächst keine Namen. Wir haben von Dir gehört. Wenn Du antwortest, würden wir uns freuen. Wenn nicht, ist das auch o. k. Sei vorsichtig. Benütze das Papier dazu, wofür des gedacht ist.

Ich lag auf meiner Pritsche und behütete den Zettel wie eine große Kostbarkeit. Seit einigen Tagen war ich innerhalb des Camps verlegt worden. Dies war Sektion C, Zelle 1, und ich hatte nebenan schon manchmal Stimmen gehört. Zelle 2 mußte eine Gemeinschaftszelle sein; ich hatte eine tiefe, sonore Baßstimme heraushören können und eine weiche hohe Fistelstimme, fast weiblich, die, so wenigstens meinte ich, Zahlen hersagte – eine Stimme, die ich nie vergessen sollte, auch nicht den Mann, dem sie gehörte. Aber in dieser Nacht las ich nur meinen Zettel, immer und immer wieder. Was für eine Frage, ob ich ihnen antworten wollte!

In der Sektion A, in der ich bisher meine Zelle gehabt hatte, war ein Kontakt mit den amerikanischen Gefangenen praktisch unmöglich gewesen. Das oberste Ziel der Vietnamesen war es, uns in völliger Isolation zu halten. In Sektion A hatten sie entweder jede angrenzende Zelle leer gelassen oder mit einem Vietnamesen belegt: Nummer 1 war ich, Nummer 2 leer, Nummer 3 ein Amerikaner, Nummer 4 ein Vietnamese, Nummer 5 wieder ein Amerikaner. Wurde einer der Gefangenen durch die einzelnen Höfe zum Waschen an den Brunnen im Gefängnishof oder zum Verhör geführt, mußten alle anderen in ihren Zellen sein und die Klappfenster wurden vorher geschlossen. Es war schon ein Ereignis, wenn man dabei, was ich immer wieder versuchte, durch eine undichte Stelle ein paar Füße, ein paar Hände, einen Kopf zu sehen bekam.

Ich hatte nur einmal in der ganzen Zeit mit einem Amerikaner Kontakt aufnehmen können. Ich war draußen im Hof, als ich plötzlich jemand rufen hörte: »Happy birthday, Ton!« Und der Gefangene aus der Zelle 3 rief zurück: »Thank you, Frank!« Ich nahm die Gelegenheit sofort wahr und rief leise über die Mauer hinweg: »Happy birthday, Number 3.«

Ich fragte ihn nach seinem Namen. Er antwortete, aber die Verständigung war schlecht, das »Rufen« war mehr ein ängstliches Flüstern. Ich bat Number 3, mir seinen Namen mittels des NATO-Alphabets durchzugeben. Ich hörte:

Tango, October, November ... *Ton*.

Romeo, Uniform, Sierra, Hotel, Tango, October, November ... *Rushton*.

Und die Adresse?

Papa, Alpha, Romeo, Kilo, Ecco, Romeo ... *Parker Street*.

Und die Stadt?

New ...

New what?

November, Ecco, Whisky, Delta, Ecco, Delta, Foxtrott, October, Romeo, Tango ... *New Dedfort, Massachusetts*. Got it?

Ich bedankte mich, gab meinen Namen und meine Adresse durch und sagte, daß wir in Kontakt bleiben würden. Aber daraus wurde nichts; es ergab sich nie mehr die Gelegenheit, mit Nummer 3 zu sprechen.

Ich lauschte in meiner neuen Zelle auf die Stimme von nebenan. Ob Ton Rushton mit dort drüben war? Es schien wahrscheinlich, da auf dem Zettel gestanden war, man habe von mir gehört. Ich konnte kaum den nächsten Tag erwarten.

Ich hatte Glück. Am Nachmittag durfte ich wieder in meinen Hof, was ziemlich ungewöhnlich war, zwei Tage direkt hintereinander. Ich saß dort und formulierte in Gedanken meinen Antwortbrief; ich war nervös und aufgeregt, ob alles klappen würde. Ich hatte den Brief noch nicht geschrieben, weil ich nicht damit gerechnet hatte, schon wieder in den Hof zu kommen. Ich hörte ein Geräusch. Ich blickte zur Tür, sah aber nichts. Dann hörte ich es wieder, ein leises *ssst*, direkt über mir. Ich blickte auf. Ich sah ihn dann, ein Gesicht über der Mauer, hinter dem Stacheldraht, ein kahl geschorener Kopf, große, abstehende Ohren, ein Mund, der breit lächelte und die Zähne zeigte.

Ich sprang auf, Schweiß auf der Stirn, starrte den Amerikaner an, zog mir dann das Wasserfaß heran, stieg hinauf, und es gelang mir wirklich, seine Hand zu fassen ... es ist unbeschreiblich, was es bedeutete für mich in diesem Augenblick, jemandem die Hand zu geben, der mein Schicksal teilte. Es dauerte nur Sekunden. Ich flüsterte: »Go back!« Denn ich hatte gleichzeitig Angst, weil ich wußte, daß man uns jederzeit beobachten konnte.

Da war diese andere Holztüre, die auf den Gefängnishof hinausging, und sie hatte einen großen Spalt in der Mitte. Die Wachen hatten es sich angewöhnt, wenn sie meine Tür passierten, immer einen Blick in meinen Hof zu werfen, und das konnte jederzeit geschehen. Die Tür war ein Problem. Es mußte gelöst werden, wenn wir unsere Zettel gefahrloser austauschen wollten.

Wie wichtig es war, vorsichtig zu sein, erfuhr ich gleich an diesem Abend. Sonny Boy kam in meine Zelle. Er kam gleich zur Sache: »Sie wissen, daß Sie keinen Kontakt mit der Nachbarzelle aufnehmen dürfen! Lassen Sie sich nicht darauf ein! Das gibt Ärger.« Ich leugnete natürlich, weil ich dachte, er kann dir nichts beweisen, aber Sonny Boy winkte ab und sagte: »Wir erfahren es bestimmt. Ich warne Sie. Wir wissen es am nächsten Tag.«

Ich schenkte seinen Worten damals keine Beachtung, so wild war ich darauf, den Kontakt mit den Amerikanern nicht mehr abreißen zu lassen. Aber zuerst galt es, das Problem mit der Tür zu lösen.

Es war einfacher, als ich dachte. Immer, wenn ich jetzt in meinen Hof gelassen wurde, postierte ich mich an die Tür und schielte durch den Spalt nach draußen. Ich tat es immer so auffällig, daß die Wachen es sofort bemerkten, und die Reaktion war entsprechend. Sie kamen, beschimpften mich, drohten, mich zu melden, mich sofort in meine Zelle einzusperren. Ich ließ mich nicht beirren. Ein paar Tage später war es dann soweit: Die Tür wurde ausgehängt, ich saß eine Woche lang in meiner Zelle, bis die neue Tür angefertigt war, eine nagelneue, solide, *ohne* Spalt. Die Vietnamesen waren ganz stolz, mich ausgetrickst zu haben, aber sie hatten sich selbst die Möglichkeit genommen, *mich* weiterhin in meinem Hof zu beobachten. Ich hatte erreicht, was ich wollte.

Gleich an dem Abend, als die neue Tür eingesetzt war, schrieb ich meinen Brief an die Amerikaner. Ich nahm keinen Zettel, sondern den großen vierseitigen DIN-A4-Bogen. Ich mußte mir alles von der Seele schreiben, denn dies war mein erster Brief seit meiner Gefangennahme vor über zwei Jahren! Der erste Brief! Und ich konnte sogar sicher sein, daß er seinen Empfänger erreichen würde!

Ich schrieb alles nieder, was ich seit langem hatte sagen wollen, ich schrieb es mir vom Herzen, ich, anders kann ich es nicht sagen, kotzte meine ganze Wut gegen die Vietnamesen aus, ich tobte; ich wußte nicht, daß dieser Brief oder sein Inhalt die Runde im Lager machen und mir meinen Namen unter den amerikanischen Gefangenen eintragen sollte – *y. g. t., young guideless tiger,* junger führerloser Tiger.

Ich wurde den Brief drei Tage später los – auf dem bekannten Weg. Ich bekam bald Antwort. Sie gaben mir ihre Namen durch. Ich hatte richtig vermutet, auch Ton Rushton war in der Gemeinschaftszelle nebenan. Der Mann mit der Baßstimme war ein Neger, Don Rander. Der Mann mit dem kahlgeschorenen Kopf war ein Captain Thompson. Es lag noch ein vierter Mann in der Zelle, der mit der hohen Fistelstimme, aber seinen Namen gaben sie mir seltsamerweise nicht durch. Ich fragte zurück, aber sie übergingen das einfach, gaben mir den Namen nicht preis, und ich dachte, ich müsse mich getäuscht haben ...

Unsere Korrespondenz ging auch in den nächsten Wochen weiter. Ich erfuhr, daß die Amerikaner diese Zettel *Cargos* nannten, Frachten, und daß es davon zweierlei Sorten gab. Die einfachen Mitteilungen über allgemeine Dinge im Lager,

Grüße von Zelle zu Zelle, Zettel, die man dann in kleine Fetzen zerriß und dem Toilettenkübel anvertraute. Daneben gab es die *hot Cargos*, die heißen Frachten, die sofort über der Petroleumlampe zu verbrennen waren. *Hot Cargos* waren alle Nachrichten, die irgend jemand von draußen erfahren hatte, und vor allem Namen.

Namen von anderen Gefangenen waren immer »heiß«. Es war immer das, was man als erstes durchgab, Name, Adresse. Wer kam neu ins Camp? Wer wurde verlegt? Die Namen mußte jeder kennen, denn immer war das die Hoffnung, daß doch einmal einer entlassen werden könnte, und dann hätte er davon Mitteilung machen können. Immer wenn ein Name zu mir kam, prägte ich ihn mir sofort ein, ehe ich den Zettel verbrannte. Ganze Nächte verbrachte ich so, ging in der Zelle auf und ab und wiederholte die Namen, die Anschriften. Es waren die Namen von Toten und von Lebenden ...

James Divernardo, Leutnant, Television Station Hué; wurde zum letztenmal gesehen im April 1968 in einem Camp in Nordvietnam. Andre Anderson, Television Station Hué; gefangengenommen 1968, zum letztenmal gesehen nahe des 19. Breitengrades am 3. 7. 1968. Don Doin, Sergeant, TV Hué; zum letztenmal gesehen im April 1968 in einem nordvietnamesischen Camp. Harry Ettmüller, Sergeant, gleiche Einheit, gleiches Schicksal. Tom Rekstale, Agrikulturexperte, CORDS Hué; starb im März 1968 in einem Camp in der Provinz West Quang Tri, nahe der Laosgrenze. Sol Godwin, CORDS Hué; starb am 25. 7. 1968. Ernie Brace, 1965 über Laos abgeschossen, seit 1968 in Nordvietnam, gilt als tot ...

Ohne daß man jemanden je sah, jemanden je sprach, allein durch die *Cargos*, erfuhr man Geschichten, Detail um Detail setzte sich, oft über lange Zeiträume hinweg, ein Schicksal zusammen. Ich wußte bald von Captain Floyd Thompson; er war bereits seit dem Jahre 1964 in Gefangenschaft, seit

sieben Jahren, davon die ersten drei im Dschungel in Einzelhaft. Er war in einer U 2 zu einem Erkundungsflug aufgebrochen, und kurz vor dem Start hatte er noch erfahren, daß
seine Frau unmittelbar vor der Geburt eines dritten Kindes
stand. Der Pilot der Maschine war getötet worden, und
Thompson galt zu Hause ebenfalls als vermutlich tot, als
MIA/SD, wie das offiziell hieß, *missed in action, supposed
dead*. Aber das sollte Thompson erst kurz vor seiner Entlassung erfahren, daß seine Familie neun lange Jahre in Un-
gewißheit gelebt hatte!

Ein Mann zeichnete seine *Cargos* mit t.b.r. Jeder im Lager
benutzte meist Decknamen; t.b.r., das bedeutete *the black
ram*, der schwarze Widder, Sturmbock, und der Mann, der
ihn trug, der Oberstleutnant Ben Purcell, war im Camp so
etwas wie eine Legende, denn er war der einzige Gefangene,
der versucht hatte, zu fliehen.

Den ersten Fluchtversuch hatte der schwarze Sturmbock im
Dezember 1968 im Camp K 77 unternommen. Er sammelte
seinen Zucker, röstete Brotstückchen über einer Petroleumlampe, als Reiseproviant. Er trennte seinen schwarzgrauen
Gefängnis-Pyjama auseinander und nähte sich einen »Aus-
gehanzug« daraus, und er bastelte sich in monatelanger Arbeit einen Schlüssel für sein Zellenschloß. Er hatte ihn gerade
fertig, da wurde das Zellenschloß ausgewechselt, aber es gelang ihm, das Schloß auszubauen. Er warf einen Zettel in die
Nachbarzelle zu Phil, auf dem stand: »Sollte mir etwas
passieren, so sage meiner Frau Ann, in Maryland, meine
Liebe. Ich tue es für sie.«

Er kam aus seiner Zelle. Er irrte fast eine Stunde durch das
Lager, bis er eine Stelle fand, wo er über die Mauer kam
und lief dann in die Reisfelder. Er wußte, daß er im Grunde
keine Chance hatte durchzukommen, aber wie Purcell vermutete, daß man ihn zu Hause für tot hielt, und er hoffte,
daß es ihm irgendwie gelingen würde, soviel Aufmerksamkeit zu erregen, daß man über seine Flucht berichten würde.

... und heiße Frachten

B. D.

Ich glaube, über nichts wurde so viel nachgedacht, an nichts anderes wurde so viel Energie von den Gefangenen gewandt, wie an diese *Cargos* und *hot Cargos*; jeder war immer am Überlegen, wie man sie auf neuen Wegen weiterleiten konnte, wie eine Verbindung aufrechterhalten, eine andere neu errichtet werden konnte. Jeder zerbrach sich den Kopf, damit der Strom ja nicht abriß. Er floß ohnehin manchmal nur spärlich, denn die Wachen und *turn-keys* waren auf der Hut.

Die Gelegenheit zum Beispiel, sich von Zellenhof zu Zellenhof einfach Zettel zuzuschieben, wie wir es am Anfang praktiziert hatten, war beschränkt. Es vergingen manchmal bis zu vierzehn Tage, bis ich und die Amerikaner *gleichzeitig* draußen in den Höfen waren, und nur dann war ein Austausch möglich. Wir mußten also andere Wege suchen.

Jeden Morgen wurde ein großer Toiletteneimer von Hof zu Hof gereicht; die einzelnen Gefangenen entleerten dann ihre Nachttöpfe in dieses Faß. Wir steckten Zettel unter den Deckel – zuerst einen unbeschrifteten Testzettel –, aber dieser Weg funktionierte nicht immer, weil die Wachen hinter einem standen, wenn man seinen Topf ausleerte. Außerdem mußte man erst in seine Zelle zurück, ehe der Nachbar den großen Eimer in seinen Hof weiterschleppte.

Einer der Amerikaner hatte festgestellt, daß eine Ratte den unteren Teil meiner Zellentür angenagt hatte; das Loch war groß genug, um einen Zettel hindurchzuschieben. Er hatte mir angekündigt, daß er bei der nächsten sich bietenden Gelegenheit versuchen werde, mir auf diese Weise eine Nachricht zukommen zu lassen.

Ich wartete. Tage vergingen, nichts geschah. Da hörte ich eines Morgens draußen Geschrei, meine Türe wurde aufgesperrt, einer der *turn-keys* kam hereingestürzt, gestikulierte, schrie. Ich verstand nur »Giáy«, Papier, und dann kam auch schon Grisco dazu: »Wo haben Sie den Zettel?«

»Ich habe keinen Zettel! Was meinen Sie überhaupt mit Zettel?« Ich konnte mir nur zusammenreimen, daß der Amerikaner den Versuch gemacht hatte, mir eine Nachricht unter der Tür durchzuschieben, und dabei erwischt worden war. Aber das hätte ich eigentlich hören müssen. Ich wußte jedenfalls, jetzt wird es heiß, denn ich hatte wirklich keinen Zettel bekommen, aber ich hatte mich meinerseits auf den Austausch vorbereitet: ich trug einen in diesem Augenblick beschriebenen *Cargo* im Saum meiner Hose.

»Sie lügen! Sie lügen einen Beamten an. Das wird Sie teuer zu stehen kommen!«

Ich versicherte noch einmal, daß ich nicht wisse, wovon er rede, und ich hatte Glück. Sie ließen mich allein, ich hörte sie in der Nachbarzelle, aber ich wußte, die kommen wieder! Ich konnte nur eines tun, den Zettel schlucken; mein Pech war es, daß der *Cargo* diesmal ein Stückchen Pappe war, der Teil einer Zigarettenschachtel, und wie immer hatte ich viel geschrieben. Ich kaute und würgte und brauchte fünf Minuten, bis ich das Ding weich hatte und schlucken konnte. Da kamen sie auch schon wieder.

Diesmal fragten sie erst gar nicht. Sie stellten die Zelle auf den Kopf, ließen keine Ecke aus; ich mußte mich bis auf die Haut ausziehen, dann machten sie sich über meine Kleider her. Sie fanden natürlich keinen Zettel. Sie schienen das gar nicht zu verstehen. Wütend gingen sie 'raus. Mein Mittagessen wurde gestrichen. Um 12 Uhr holten sie mich und brachten mich ins Verhörzimmer.

Es war Sonny Boy, dem ich gegenübersaß, aber alle Hoffnungen waren fehl am Platz. Ich erkannte ihn kaum wieder, so war er in Wut. Er schrie mich an, machte mich herunter, bis ich endlich sagen konnte: »Ich habe keinen Zettel bekommen. Ich kann folglich keinen haben. Außerdem haben die Wachen keinen bei mir gefunden. Was wollen Sie also!« Aber er war schlau: »Natürlich haben Sie keinen Zettel mehr, wenn man Sie eine halbe Stunde allein läßt.«

Leider waren es nur fünf Minuten, dachte ich. Ich spürte ihn noch immer im Magen. Ich bat um ein Glas Wasser.

Er sagte, ich könnte zehn Minuten Bedenkzeit haben. »Aber ich rate Ihnen, geben Sie alles zu. Sie werden es sonst bereuen.«

Er hatte sich etwas beruhigt, als er zurückkam. Er legte eine volle Schachtel Zigaretten vor mich hin und meinte, sie würden mir gehören, wenn ich reden würde, und schließlich seien wir doch alte Freunde.

»Ich kann nichts anderes sagen. Ich habe keinen Zettel.«

»Gut, Sie haben keinen Zettel. Aber Sie kennen die Namen. Mit wem standen Sie in Verbindung? Welche Namen kennen Sie? Nennen Sie mir alle Namen. Seien Sie vernünftig. Denken Sie an die Bücher, die Sie bekommen. Denken Sie an das Papier und an das Schreibzeug. Also, wollen Sie reden?«

»Ich kann nichts anderes sagen.«

Wieder begann er zu schreien. »Sie sind undankbar. Und Sie sind dumm! *Ich* kann Ihnen genau sagen, mit wem Sie in Verbindung standen. Wollen Sie die Namen hören!« Er zählte sie wirklich auf. »Ich brauche Sie gar nicht! Ich habe alle Informationen, die notwendig sind. Ich gebe Ihnen noch eine Chance.«

Ich sagte nichts, sondern schüttelte nur den Kopf.

Die Zigaretten verschwanden vom Tisch. Er holte Grisco, und sie verkündeten meine Strafe: Einzug aller Bücher und Schreibutensilien. Kürzung der Essensration. Und ich dürfe für drei Monate nicht mehr aus meiner Zelle in den Hof.

Sie hielten ihr Wort. Ich blieb drei Monate in meiner Zelle, bis auf die wenige Male, wo ich mich waschen durfte. Die *turn-keys* und Wachen befolgten mir gegenüber ein striktes Sprechverbot. Ich hörte nichts, nichts von Monika, nichts von den anderen. Die Stimmen in der Zelle nebenan waren verändert, offensichtlich waren die Amerikaner verlegt worden.

Ich wußte, die drei Monate würden vorübergehen; nach zweieinhalb Jahren Gefangenschaft waren drei Monate nicht viel, sie erschreckten mich nicht mehr. Was mich erschreckte, was mich in Zorn versetzte, war der Gedanke, daß mich jemand verraten hatte! Sonny Boy hatte nicht geblufft. Dazu hatte er zu gut Bescheid gewußt. Er kannte alle Namen, und sie stimmten. Ich war sicher, daß ich verraten worden war, und ich hatte auch einen bestimmten Verdacht: Der Mann aus der Zelle nebenan, jener Amerikaner mit der hohen Fistelstimme, dessen Namen mir die anderen immer verschwiegen hatten.

Sein Name war Ted Gostas, Captain Intelligence Service US Army, ein Mann des Geheimdienstes also, und ich haßte ihn, bis zu dem Augenblick, da ich seine Geschichte hörte. Und ich schämte mich meines Hasses, als ich ihm dann zum erstenmal gegenübersaß, im Hanoi-Hilton, kurz vor der Entlassung. Aber die lag damals noch in weiter Ferne.

Ich wußte im übrigen nicht, daß es zwischen uns schon einen Berührungspunkt gab zu dieser Zeit; immer wieder, wenn ich die Propagandazeitschriften bekam, hatten sich an den Rändern hingekritzelte Bemerkungen befunden. Geheime Nachrichten konnten es nicht sein, da diese Blätter ja ganz offiziell von den *turn-keys* von Zelle zu Zelle gereicht wurden. Die Schrift war dünn und krakelig, Worte, Satzfetzen, die absolut keinen Sinn ergaben, und Zahlen, immer wieder Zahlen. Wenn ich das betrachtete, lief es mir kalt über den Rücken. Das konnte nur von jemandem stammen, der völlig durchgedreht hatte. Es stammte von Ted Gostas, und ich sah später, die »Bücher«, die er schrieb, sie waren noch schrecklicher, »Bücher«, die bis zu 2000 Seiten hatten und von denen nicht eine Zeile einen Sinn ergab.

Ich hatte ihn sogar einmal ganz kurz gesehen, ohne damals zu wissen, wer er war, beim Waschen draußen, ein Mann von großer Statur, der dennoch irgendwie gebeugt schien, dem die Gefängniskleidung am Leib schlotterte. Ich hatte gehört, wie er mit einer der Wachen sprach, sich dabei verneigte, mit gefalteten Händen, und ich hatte mich über die Stimme gewundert, die Unterwürfigkeit, mit der er seine Worte an den Vietnamesen richtete. Ich hatte es hier nicht mit einem normalen Menschen zu tun, etwas mußte diesen Mann gebrochen haben.

Dann hörte ich seine Geschichte. Ted Gostas war während der Tet-Offensive 1968 gefangengenommen worden. Er war in den Norden gebracht worden, in das Camp Farenceworth übrigens, das wir Camp Bao Cao nannten und in dem wir elf Tage in der Dunkelzelle verbracht hatten. Dort hatte man begonnen, ihn zu verhören. Aber Gostas war nicht nur ein verhaßter My, er war ein Geheimdienstmann, und das ließen sie ihn spüren.

Der Oberstleutnant Ben Purcell hatte damals in der Zelle neben Gostas gelegen und alles mitbekommen. Gostas wollte nicht reden. So banden sie ein Seil um sein linkes Handgelenk und hingen ihn in seiner Zelle an der Decke auf. Sie ließen ihn eine Stunde dort hängen, und sie taten es achtzehnmal. Als er nicht redete, nahmen sie Draht, wickelten ihn um sein Handgelenk und wiederholten das Ganze.

Purcell hörte ihn schreien. Nächtelang schrie Ted Gostas

immer dasselbe: Er flehte sie an, ihn endlich umzubringen, ihn endlich sterben zu lassen.

Sie wollten ihn nicht sterben lassen. Sie wollten, daß er »redete«. Nach einem Monat hatten sie ihn soweit. Ted Gostas sagte die Dinge, die sie von ihm hören wollten, nur, er verstand nicht mehr, was er sagte ...

Das war der Mann, den ich gehaßt und verachtet hatte. Später im Hanoi-Hilton lagen wir lange Bett an Bett in einer Gemeinschaftszelle. Ich versuchte, mit ihm zu reden. Jeder versuchte es. Aber Ted saß nur da, spielte mit seinen Händen, wie Kinder es tun, und sprach mit sich selber. Er sprach den ganzen Tag, oder er schrieb, schrieb, schrieb, füllte Seite um Seite. Und wenn man des Nachts aufwachte, saß er auf seiner Pritsche und redete wieder mit sich.

Er war ein seelisches Wrack, ein lebender Toter dieses Krieges ... es gab keine Worte dafür ... vielleicht das Wort von dem Amerikaner Phil, das ausdrückte, was wir alle empfanden. »Wir haben zu Hause ein Sprichwort«, sagte Phil, »das heißt: ›Ich habe mich immer bemitleidet, denn ich hatte keine Schuhe und mußte barfuß gehen, bis ich einen Menschen traf und sah, er hatte keine Füße.‹«

Die drei Monate waren vorbei. Sie waren schnell vorbeigegangen. Sonny Boy stand plötzlich in meiner Zelle, lächelnd, *easy going as ever*, wollte wieder einmal eine Deutschstunde nach langer Zeit. Ich blickte an meine Wand und sah an den Zeichen, daß wirklich drei Monate vorüber waren. Er sagte, für ihn sei die Sache vergessen. »Reden wir über etwas anderes.« So waren sie eben. Wer wollte sie verstehen.

Die *Cargos* kamen wieder zu mir, spärlich, aber sie kamen. Ich wußte bald die Namen der neuen Amerikaner aus der Nebenzelle. Dann, Anfang Dezember – wir waren jetzt eineinhalb Jahre in diesem Camp – kam ein *hot Cargo* in meine Zelle. Es ginge das Gerücht, wir würden verlegt.

Gerüchte wurden immer sehr ernst genommen. Jeder war wild auf Gerüchte. Etwas anderes erfuhr man sowieso nicht, und meistens war an den Gerüchten etwas dran. Später, im Hanoi-Hilton, wurde eine richtige Manie daraus, ein Spiel unter den Gefangenen. Traf einer den anderen, fragte er immer dasselbe: »Got a new rumor? – Weißt du ein neues Gerücht?« Und die Antwort, die man darauf gab, lautete immer gleich: »Ja, ich weiß ein schönes neues Gerücht: Wir werden bald entlassen!«

Sobald das Gerücht das Camp K 77 durchwandert hatte, wurden überall Vorbereitungen getroffen. Das Geschäft mit den *Cargos* florierte wilder denn je, und die Wachen schienen die Anweisung erhalten zu haben, ein Auge zuzudrücken. Noch einmal wurden Namen ausgetauscht, sich eingeprägt. Und es wurde ein Zeichen verabredet: Der erste, den man wegbringen würde, sollte ein bestimmtes Lied pfeifen, die ersten Takte von *Good bye, my love.*

Am 10. Dezember hörte ich jemanden pfeifen. Selbst jetzt erkannte ich den tiefen Baß von Donald Rander. Laut und fröhlich pfiff er *Good bye, my love*, als er draußen an der Mauer vorbei über den Gefängnishof geführt wurde.

Es ging also weiter. Wir wurden wieder einmal verlegt. Etwas Gutes hatte es eigentlich nie bedeutet.

Méo, das heißt die Katze

M. S.

Man sagt, wenn Katzen Gras fressen, kommt es zum Regnen, oder wenn die Hühner abends nicht in ihren Stall wollen. So fühlte ich auch, daß etwas geschehen würde. Man lernt in der Gefangenschaft zu fühlen wie ein Tier. Und wie ein Tier klammerte ich mich an meine Zelle. Ich wollte nicht weg. Die Zelle und der Hof waren ein Käfig, aber es war der Käfig, an den ich mich gewöhnt hatte.

Am Spätnachmittag holten sie mich dann, es mußte alles ganz schnell gehen, sie breiteten eine Decke aus, schmissen meine Sachen hinein, drückten mir das Bündel in die Hand; der Jeep wartete schon. Es war der 11. Dezember 1971, und ich war jetzt 32 Monate in Gefangenschaft.

Der Jeep stand da mit laufendem Motor, und Bernhard war da, hinten auf dem Rücksitz. Sie hatten zwei richtige kleine Käfige auf den Jeep aufgebaut, durch Blech und Gitter voneinander getrennt, und sie transportierten uns wie zwei Tiere von einem Zoo zum anderen. Sie gaben uns vier Zoowärter mit, damit wir ja nicht entsprangen. Es war schon kalt gewesen, aber während der Fahrt wurde es immer noch kälter, und so überlegte ich mir, daß es in die Berge hinauf ging. Ich überlegte mir auch, daß es keinen Sinn hatte, sich Hoffnungen zu machen und daß ich wieder in den Hungerstreik treten könnte; etwas hatte ich damals damit erreicht.

Während der Fahrt konnte ich kein Wort mit Bernhard sprechen. Aber dann, in dem neuen Camp, ehe sie uns wieder trennten, konnte ich ihm zuflüstern, was ich vorhatte. »Du mußt mich unterstützen. Sag ihnen, wenn sie nicht eine Tote haben wollen, müssen sie meine Wünsche erfüllen. Ich will Papier und Schreibzeug, ich will, daß sie dir eine Zelle neben mir geben und daß wir uns sehen können.«

Wir waren fast zwei Stunden gefahren, das Camp lag wirklich höher in den Bergen, und die Kälte hatte ich als erstes gespürt; es war eisig kalt. Mountain Village tauften die Amerikaner das Lager, was für ein romantischer Name, aber als ich vor meiner Zelle stand, dachte ich, am besten fängst du gleich mit dem Hungerstreik an.

Es waren fünf aneinandergereihte Zellen mit Höfen wie in K 77. Sie waren funkelnagelneu gebaut, und sie waren offensichtlich noch nicht ganz fertig geworden. Die ganze Zelle war naß, die grauen Wände, der Boden glänzten vor Nässe. Es gab eine Pritsche aus Holz, einen Tisch, Hocker und eine nackte Glühbirne. Die Tür war eine schwere doppelte Holztür mit Eisenbeschlägen. Das übliche Klappgitter und über der Tür ein offenes, aber vergittertes Fenster. Ich konnte nicht mehr. Das war zuviel. Ich konnte mich nicht mal setzen, alles war klatschnaß, die Kälte. Ich stand da, und die Tränen liefen mir herunter, und ich dachte, so, jetzt mußt du etwas tun. Ich stand da mit meiner Decke, und dann sah ich das Brot auf dem Tisch und ein Stück Speck.

Ich hatte schrecklichen Hunger, und ich hatte Angst gehabt, vor meinem Entschluß, wieder einen Hungerstreik zu machen. Es war nicht nur eine körperliche Sache, dazu mußte man vor allen Dingen innerlich stark sein; aber jetzt, als ich diese Zelle sah, spürte ich so viel Trotz, daß ich zu dem Tisch ging, das Brot und den Speck nahm und dem *turn-key* in die Hand drückte. Er legte es auf den Tisch. Ich nahm beides und legte es vor die Zelle. Er brachte es zurück. Ich ließ es liegen. Ich dachte, ihr werdet schon merken, wer der Stärkere ist ...

Die Nacht war sehr kalt. Ich hatte alles angezogen, was ich besaß, aber ich fror jämmerlich. Ich hatte mir vorgenommen, mich diesmal auf nichts einzulassen; ich blieb einfach liegen auf meiner Pritsche, mit dem Gesicht zur Wand.

Sie kamen dann auch bald, zwei Dolmetscher, der Direktor, die Zelle war voll von ihnen. Ich sah sie überhaupt nicht, ich gab keine Antworten. Ich verstieß gegen sämtliche Campregeln. Sie mußten unverrichteter Dinge wieder abziehen.

Ich blieb dabei, ich rührte nichts an, aber das Schlimme dabei war: Es war ein sehr gutes Essen, das beste, was wir bisher überhaupt bekommen hatten! Wenn sie weg waren, stand ich auf und sah es mir an. Es war jedesmal Fleisch dabei, es gab ein gebackenes Ei! Es gab Gemüse! Ich weiß nicht, ob es Bosheit von ihnen war, ob die anderen Gefangenen auch dieses Essen bekamen, jedenfalls bei mir stand es in der Zelle auf dem Tisch, und es fiel mir von Tag zu Tag schwerer, es anzusehen und zu riechen. Ich hatte den ersten Schock der neuen Umgebung überwunden. Die Zelle trocknete. Sie war größer als meine alte. Sie hatte Tisch und Hocker. Die Latrine und der Waschtank waren abgeteilt. Und dieser Hunger! Aber ich wußte ja, die ersten Tage waren bei einem Hungerstreik immer die schlimmsten.

Sie waren raffinierter als im Camp K 77. Sie kümmerten sich einfach nicht um mich. Sie stellten mir jeden Tag das Essen in die Zelle. Sie nahmen es auch nach einer Stunde nicht wieder weg. Sie ließen es stehen, wechselten es nur aus, schweigend, wenn es neues gab. Sie ließen es auch die ganze Nacht dort. Und es blieb immer gleich gut, wurde eher noch besser; Sachen, die ich ja seit Jahren nicht mehr bekommen hatte. Ich konnte das Ganze wirklich nur mit meinem ganzen Trotz durchhalten, und ich fragte mich, ob ich Erfolg haben würde.

Ich hielt die erste Woche durch. Ich trank Wasser, ich nahm auch schon einmal zwei Löffelchen von dem Reis; die Portion war immer so groß, daß sie das gar nicht merken konnten. Ich machte in den ersten Tagen auch noch Gymnastik, wenn ich unbeobachtet war; denn ich hungerte ja nicht um des Hungerns willen, sondern um etwas zu erreichen. Aber sie reagierten nicht. Dann, nach zehn Tagen, konnte ich meinen ersten Erfolg verbuchen.

Es war schon dunkel, eine Zeit, in der gewöhnlich niemand mehr kam. Ich lag auf meiner Pritsche, das Gesicht zur Wand, wie immer, wenn ich sie kommen hörte. Einer sperrte auf, ein zweiter kam in die Zelle. Er stellte etwas auf den Boden. Er sagte nichts. Da hörte ich das leise Schnurren. Ich konnte nicht anders, ich drehte mich um. Auf dem Boden stand ein kleiner Bambuskäfig. Ich kannte ihn. *Ba cham*, Vater Hundert, hatte mir einmal darin einen Vogel gebracht, den er eingefangen hatte, den ich aber sogleich wieder freiließ; es genügte, wenn ich gefangen war.

Da stand nun dieser Käfig, und ich sah etwas Graues hinter den Bambusstäbchen. Der Vietnamese beugte sich herab, bog einen Draht beiseite, ein Türchen sprang auf, und aus dem Käfig kam meine Katze, mit kleinen unsicheren Schritten ...

Auch das Kätzchen war ein Geschenk von Vater Hundert, der wirklich der einzige »Mensch« unter den Wachen war. Ich hatte in Camp K 77 seit Tagen ein Kätzchen gehört, das irgendwo schrie, und ich hatte *ba cham* gebeten, es mir zu bringen, wenigstens für kurze Zeit. Er kam dann damit an, hielt es mit zwei Fingern an den Ohren, so klein war es, so verhungert, erst wenige Wochen alt.

Ich hab' das Kätzchen gefüttert; ich habe ihr den Reis vorgekaut, denn es konnte nicht einmal allein fressen. Ich habe meinen Hocker umgedreht, ein paar Kleider von mir 'reingelegt, den Hocker neben mein Bett gestellt, und dort schlief das Kätzchen die erste Nacht. Daß sie dann bei mir bleiben konnte, das verdanke ich *ba cham*, der es einfach immer wieder vergaß, sie zurückzubringen.

Ich habe die Katze richtig verwöhnt, und die Vietnamesen

haben geschimpft, daß ich ihr zu fressen gebe, daß ich sie auf den Baum in meinem Hof hebe und wieder herunternehme. Eine Katze suche sich selber ihr Fressen und klettere selber auf Bäume! Aber sie war doch noch so klein!

Dann, als ich verlegt wurde, da saß die kleine Katze unter meinem Bett und sah mich so an. Sie hatte sich in den zehn Tagen, die sie bei mir war, so an mich gewöhnt. Nachts lag sie unter meiner Decke, tagsüber saß sie auf meinem Schoß. Es war sehr kalt, es war ja Dezember, und auch auf meinem Schoß hatte ich sie in eine Decke eingewickelt. Sie schrie schon, wenn ich mich wusch und sie nicht auf den Arm nehmen konnte. Und nun ging alles ganz schnell, und ich mußte das Kätzchen zurücklassen. Ich hatte gebetet und gebetet, aber vergeblich ...

Niemand kann ermessen, was mir die Katze bedeutete. Und jetzt war sie wieder da, sprang auf mein Bett, rollte sich zusammen. Ich war überglücklich, daß ich sie wieder hatte!

Der Mann, der sie mir gebracht hatte, stand immer noch da, und er sagte: »Werden Sie jetzt wieder essen?« Ich dachte an die schönen großen Portionen, die das Kätzchen nun allein bekommen würde. Ich schüttelte den Kopf.

»Wir haben extra jemanden weggeschickt, um die Katze für Sie zu holen.« Der Dolmetscher war richtig gekränkt. Er schien zu überlegen, was er mir noch versprechen könne. »Wollen Sie Sand haben für Ihren Hof und Steine?« Er habe gehört, daß ich im Camp K 77 immer so schöne Beete angelegt habe. »Sie bekommen Sand und richtige Bausteine, wenn Sie wieder essen.«

Aha, dachte ich, das ist also doch die richtige Methode, und beschloß, weiter zu hungern. Und ich brauchte ja nichts, ich war so glücklich, daß ich meine Katze wieder hatte. Ich gab ihr jetzt einen Namen – Méo, das heißt die Katze auf vietnamesisch, weil sie mir ja nun wirklich gehörte ...

Ich hungerte weiter. Ich hielt es zwanzig Tage aus, bis zum 31. Dezember. Dann konnte ich einfach nicht mehr, ich war am Ende meiner Kraft. Ich lag nur noch auf meiner Pritsche, und sobald ich aufstand, wurde mir schwarz vor den Augen. Außerdem verbuchte ich einen weiteren Erfolg: Bernhard lag in der Nachbarzelle, wir bekamen die Erlaubnis, uns zweimal in der Woche je eine halbe Stunde zu sehen.

Am meisten von dem Hungerstreik profitiert hatte aber Méo. Die Katze war groß und stark geworden. Ich konnte sie nicht mehr den ganzen Tag in meiner Zelle halten; ich zerbrach mir den Kopf, wie ich ihr einen Auslauf verschaffen konnte. Wir fanden dann eine Lösung.

Es war ja Frühjahr, es regnete viel, und oft stand das Wasser fußhoch in unseren Höfen. Die Vietnamesen hatten die einzelnen Mauern durchbohrt, damit das Wasser abfließen konnte, aber das waren ganz dünne, bleistiftdicke Löcher. Nur in Bernhards Hof, der äußersten Zelle, hatte man ein schönes großes Wasserloch gemacht. Immer, wenn ich Bernhard besuchte, schlüpfte die Katze dort hinaus. Aber das war nur einmal oder höchstens zweimal in der Woche, und so machte ich es so, daß ich abends, wenn keine Wachen mehr zu erwarten waren, die Katze durch das Fenster über meiner Zellentür hinausließ. Es gab dort einen Balken, der direkt von meiner Tür zu der Bernhards führte. Diesen Weg benutzte die Katze in Zukunft, über den Balken in Bernhards Hof, durch das Wasserloch ins Freie, und so kam sie dann auch immer wieder zurück.

Das brachte Bernhard auf eine Idee. Er hatte mir von den *Cargos* erzählt. Wie wäre es, wenn wir der Katze einen Zettel mitgaben? Denn obwohl wir Zelle an Zelle lagen, war es tagsüber streng verboten, auch nur ein Wort miteinander zu sprechen. Das gab sofort Strafen, und man hatte uns bereits damit gedroht, uns wieder auseinander zu legen und die Besuchsstunden zu streichen.

Ich nähte also ein kleines Täschchen für unsere Zettel, und das bekam die Katze abends umgebunden, ehe sie sich auf ihren Weg machte. Es ging nur abends, aber von nun an hatten wir eine eigene Postlinie. Es funktionierte phantastisch. Ich klopfte an die Wand, dann wußte Bernhard, Achtung, jetzt kommt die Katze. Er nahm sie dann an seinem Zellenfenster in Empfang, nahm ihr das Täschchen ab und ließ sie in den Hof. Dann wartete er, bis Méo zurückkam, hing ihr wieder das Täschchen mit seinen Nachrichten um und klopfte, Achtung, es ist wieder soweit.

Wir konnten uns nun täglich schreiben. Die Zettel wurden größer, die Briefe länger. Méo erledigte alles. Ich schickte sogar ein Päckchen zu Bernhard, Zuckerstückchen, Brot. Méo bekam die Sachen umgebunden, immer auf die linke Seite, denn die hätten die Wachen nicht sehen können, wenn sie zufällig einmal hingesehen hätten; sie hätten einfach eine streunende Katze gesehen.

Leider ging das nur ein Vierteljahr, bis Ende April, dann mußten wir unsere schöne Postverbindung einstellen. Es lag nicht daran, daß unser Schleichweg entdeckt worden war; es lag an Méo. Sie war so gewachsen, daß das Wasserloch in Bernhards Hof nicht mehr groß genug war für sie.

Aber Méo brauchte das Loch nicht mehr. Die Katze hatte sich als Kater entpuppt, mit einem großen Freiheitsdrang, aber das hatte ich von einer Katze, die mir gehörte, nicht anders erwartet. Méo sprang die dreieinhalb Meter hohe Mauer hinauf, und er war sich auch zu gut, um mit lächerlichen Täschchen herumzulaufen. Er verschwand jetzt jeden Abend, aber er kam immer wieder zurück. Punkt 5 Uhr, wenn das Camp wach wurde, schnurrte es neben mir, und dann kroch er müde unter die Decke.

Aber damals, Ende April, Anfang Mai, bekamen Bernhard und ich einen neuen Korrespondenzpartner. Plötzlich, eines Morgens hatte ich wieder das Pfeifen gehört. Bernhard hatte die Zelle Nummer 5, ich war in Zelle 4. Das Pfeifen kam aus dem Zellenhof Nummer 3, direkt neben mir. Es klang wieder ganz fröhlich und lustig, und es war dieselbe Melodie. Er war zurück, und er pfiff *My fair lady.*

Der Garten der Wünsche

M. S.

Er war es, der mir später die Rose pflückte, der mir das Schachspiel schenkte. Er hatte die Figuren aus Brotteig, der wegen des Ungeziefers nicht zu essen war, geknetet, in der Sonne getrocknet, ein komplettes Spiel. Die weißen Bauern und Türme waren mit Zahnpasta gefärbt, die schwarze Königin mit ihren Bauern mit Tinte. Und er schrieb mir ein Gedicht zu meinem Geburtstag.

> On this day I send a bunch of roses,
> Gathered from my garden of best wishes,
> In the center there's a big carnation,
> Chosen by my heart's imagination.
> Never think you are alone.

Er war also zurück, in der Zelle nebenan; es war fast ein Jahr vergangen, seit ich ihn damals für einen kurzen Augenblick gesehen hatte. Ich wußte noch immer nicht, wer er war, wie er hieß. Sobald ich sein Pfeifen gehört hatte, schrieb ich einen Zettel, ein *Cargo*, wie Bernhard sagte. Ich habe lange gebraucht, bis ich genug Englisch konnte, um mich auszudrücken. Ich schrieb meinen Namen, seit wann und wo ich in Gefangenschaft gekommen war; den trug ich nun schon seit vielen Wochen mit mir herum. Ich hatte nicht den Mut, ihn am Tag über die Mauer zu werfen, und Bernhard hatte mir geraten, vorsichtig zu sein; er hatte noch immer nicht vergessen, daß ein Amerikaner ihn einmal verraten hatte.

Eines Morgens, ich hatte gewaschen und hängte meine Kleider im Hof auf, da bemerkte ich, daß ich diesen Zettel verloren hatte. Ich trug ihn immer am Körper, aber er war weg. Ich suchte fieberhaft alles ab und fand ihn dann glücklich, direkt auf der Stufe zu meiner Zelle, ganz offen lag er da.

Mir brach der Schweiß noch nachträglich aus. Ich dachte, das hätte dir Kopf und Kragen kosten können, nun sieh zu, dachte ich, daß du den Zettel schleunigst loswirst. Ich holte mir den Hocker, stellte ihn an die Mauer. Dann klopfte ich einmal, und wirklich hörte ich nebenan die Zellentür aufgehen. Ich holte tief Atem und warf das Zettelchen, das ich um einen Stein gewickelt hatte, über die Mauer.

Mit großem Herzklopfen wartete ich; was passiert nun? Zunächst geschah nichts. Doch auf einmal klopfte es an die Mauer, und schon flog ein Zettel zu mir herüber. Ich lief in meine Zelle und strich ihn glatt. Es war dunkles Toilettenpapier, und er schrieb in ganz winzigen Buchstaben.

Er teilte mir seinen Namen mit, Philipp Manhard. Er war 1968 während der Tet-Offensive in Gefangenschaft geraten. Er war verheiratet, hatte drei Kinder. Der Zettel enthielt seine Heimatadresse. Und er schrieb dann: »Sie wissen zu Hause nicht, daß ich lebe. Bitte, gib Nachricht, wenn Du hier früher herauskommen solltest. Vielen Dank. Verbrenn diesen Zettel. So long, Phil.«

Ich habe dann alles auswendig gelernt, ich hab' Bernhard bei meinem nächsten Besuch in seiner Zelle unterrichtet, und so fing dann ein reger Schriftwechsel an. Es war etwas Eigenartiges: Man sah sich nie, sprach nicht miteinander, und doch lernte man sich kennen im Laufe der Wochen und Monate, kam man sich so nahe, wie vielleicht Menschen, die immer zusammenleben und sich nicht nahe sind. Man bekam eine Vorstellung voneinander, die aus Wirklichkeit und Unwirklichkeit bestand. Es war so, wie ich meine Traumhäuser gebaut hatte, wie ich einen Garten mir anlegte, voller Blumen, die es nicht gab und die doch da waren. Manchmal, wenn er drüben in seinem Hof war, starrte ich auf die Mauer, und wenn ich lange genug dasaß, dann wurde sie zu Glas, durch das ich hindurchsehen konnte ...

Phil Manhard oder der »Diplomat«, wie die anderen Amerikaner ihn nannten, war kein Soldat, sondern vor seiner Gefangennahme der Chef von CORDS Hué. Er war davor in anderen amerikanischen Botschaften in Asien, in Korea und Japan, tätig gewesen, eine große Zeit davon in China, wo es seine Aufgabe gewesen war, nach der Revolution von 1948 amerikanische Staatsangehörige aus dem kommunistischen China auszuschleusen. Der »Diplomat« war also ein Mann, der sich mit Asiaten und mit Kommunisten auskannte, und er war die Quelle der meisten *hot Cargos*, die im Lager umhergingen; er war der bestinformierte Amerikaner im ganzen Camp, und ich glaube, manchmal wußte er mehr als die vietnamesischen Wachen, weil er besser die Informationen, die er erhielt, deuten konnte.

Phil bekam jeden Monat zweimal »Besuch« von einem Beamten aus Hanoi. Es war ein junger unerfahrener Vietnamese aus dem Außenministerium, der Phil aushorchen sollte, aber hinterher hatte Phil mehr erfahren, als er gesagt hatte. Für uns waren die Zeitungen, die wir erhielten, reine Propagandaschriften, mit denen wir nichts anfangen konnten, Phil las zwischen den Zeilen. Während wir von der erfolgreichen Tet-Offensive 1972 lasen, sandte er einen *Cargo* herum, daß die Vietnamesen dabei hohe Verluste gehabt hätten. Während wir nur lasen, daß Podgorny und Tschou En-lai in Hanoi mit großen Ehren empfangen worden seien, vermutete er sofort, daß China und die Sowjetunion die Nordvietnamesen zum Einlenken gegen die Amerikaner ermuntert hätten. Und einmal »versandte« er im Lager Auszüge aus der französischen Zeitung *Le Monde* über Nixons Besuch in Moskau – der Beamte aus Hanoi hatte Phil eine Dose Büchsenmilch mitgebracht, die in eine erst wenige Tage alte Zeitung eingewickelt war.

Aber der »Diplomat« informierte uns nicht nur über politische Tagesereignisse; er gab uns Tips, wie wir uns gegenüber den Wachen und *turn-keys* verhalten sollten, während wir unseren ganzen ohnmächtigen Zorn gegen die Vietnamesen endlich jemandem anvertrauen konnten. Vor allem Bernhard, der zuerst so sehr gegen die Korrespondenz gewesen war, schrieb nun seitenlange Briefe. Die beiden stritten über Literatur, stritten über Politik, und es war Phil, der Bernhard immer wieder bremste und dämpfte.

Dabei war der »Diplomat« selber ein schwerkranker Mann, mit einem schweren Magenleiden und Zysten, und es war fast ein Wunder, daß er die ganzen Jahre überlebt hatte. Es war so schlimm mit ihm, daß die Vietnamesen ihn sogar einmal für acht Tage nach Hanoi in ein Militärhospital brachten. Er kam lachend zurück und meinte in seinem nächsten Brief, daß das einzige, was ihm fehle, ein zu kleiner Magen sei; die Ärzte hätten ihm eine Röntgenaufnahme gezeigt, von der sie zuerst glaubten, sie sei verwechselt worden: der Magen eines vietnamesischen Kindes in einem amerikanischen Körper.

Manchmal, wenn ich Bananen bekam, warf ich sie ihm über die Mauer, denn es war praktisch das einzige, was er essen konnte. Bernhard saß dann oft in seinem Zellenhof und schwitzte, wie er sagte, Blut und Wasser. Er war ganz und gar dagegen; er meinte, zwei oder drei Bananen in der Woche seien es nicht wert, daß wir riskierten, daß unsere florierende Korrespondenz unterbrochen und wir auseinander gelegt würden. Das ging so weit, daß er dem »Diplomaten« einen Brief schrieb, *er* möge *mir* sagen, ich solle das bleibenlassen. Bernhard hatte den Brief in Französisch geschrieben, weil ich ihn ja weiterbefördern mußte und weil er dachte, ich könnte ihn nicht lesen. Das Problem löste sich dann auch von selbst, weil es einfach keine Bananen mehr gab.

Es war wieder fast so wie damals im Camp in den Bergen und auf dem Marsch in den Norden: Bernhard dachte an Entlassung in diesem Sommer 1972. Er hatte sich die ganzen Jahre von Hoffnung zu Hoffnung geschwungen. Wenn ich in jener Zeit von Bernhard träumte, dann sah ich ihn immer, wie er wie ein Trapezkünstler hoch unter einer Zirkuskuppel von Seil zu Seil sprang; und ich rannte immer unten in der Manege herum und versuchte, ganz allein das große, schwere Netz unter ihm auszubreiten ...

Am 16. September hatte Phil mir das Geburtstagsgedicht geschickt, meinem vierten Geburtstag in der Gefangenschaft. Aber von da an enthielten Phils *Cargos* immer mehr und mehr politische Nachrichten.

Hatten wir bemerkt, daß sich im Vietnam-Kurier die Nachrichten über die Privatgespräche zwischen Kissinger und Le Duc Tho häuften? Hatten wir zwischen den Zeilen herausgelesen, daß General Giap sich beklagt hatte, daß Moskau nicht daran dachte, die amerikanische Seeblockade zu brechen? Hatten wir verstanden, daß Moskau und Peking Nordvietnam die Militärhilfe gekürzt hatten, und wußten wir, was das bedeutete! Und dann kam ein Zettel, auf dem nur stand: In vier Wochen sind in Amerika Wahlen. Mit zwei Ausrufezeichen. Die Wahlen gingen vorüber, ohne Friedensvertrag. Es gab überall große Enttäuschung, aber schon kam Phils nächste Nachricht: Nixon mit 63 Prozent wiedergewählt. Diesmal drei Ausrufezeichen.

Aber es gab andere Anzeichen, Dinge, die mir mehr sagten. Ende Oktober gingen die *turn-keys* von Zelle zu Zelle und verteilten die reinsten Wunderdinge: Ich bekam ein Stück Toilettenseife! Eine Waschschüssel. Kamm und Spiegel. Eine Thermosflasche zum Warmhalten nicht von Wasser, sondern von Tee. Sechs Ausrufezeichen.

Nachdem wir über den Sommer hinweg viereinhalb Monate täglich zweimal das gleiche Essen bekommen hatten – ein bißchen Reis und verkochten »Spinat à la Vietnamienne«, das war einfach eine Art Gras –, wurde das Essen wieder so gut wie zur Zeit meines Hungerstreiks. Wir bekamen plötzlich täglich sechs Zigaretten. Und man legte uns jedesmal ein Heft vor, in dem genau eingetragen war, was wir alles zum Essen bekommen hatten, das mußten wir dann durch unsere Unterschrift bestätigen. Hoppla, dachte ich, die fangen an, sich abzusichern und uns schnell hochzupäppeln.

Dann kamen die Bombenangriffe auf Hanoi, und man begann wieder zu fürchten. Manchmal in der Nacht hörten wir die Geräusche von Flugzeugmotoren und die fernen Detonationen. Eine eigenartige Spannung lag über dem Lager. Dauernd gingen die wildesten Gerüchte herum. Man hatte den Amerikanern erlaubt, sich seit Mitte November einmal wöchentlich zu treffen, in einer Halle innerhalb des Lagers. Sie konnten dort Tischtennis spielen, und dort wurden Zettel ausgetauscht. Wir blieben in unseren Zellen, aber wir hörten alles von Phil.

Weihnachten kam, das neue Jahr, 1973, aber jeder war mit seinen Gedanken in Paris, bei den Friedensverhandlungen. Phil meldete, am 8. Januar habe es ein Privattreffen zwischen Kissinger und Le Duc Tho gegeben. Ben Purcell trat in den Hungerstreik: Er wollte die Erlaubnis erzwingen, nach Hause schreiben zu dürfen.

Die Spannung wurde immer größer. Man lebte sozusagen nur noch mit angehaltenem Atem. Es kam der 25. Januar. Ein Dolmetscher kam, verteilte Briefpapier und Luftpostumschläge. Wir könnten nach Hause schreiben. Es war unser zweiter Brief in vier Jahren Gefangenschaft, aber nicht einmal der sollte befördert werden.

27. Januar. Die Briefe waren abgeholt. Ich war draußen im Hof; man durfte nun den ganzen Tag draußen sein. Méo lag in der Zelle und schlief sich von seinem nächtlichen Streifzug aus. Der Tag verging, ohne daß etwas Besonderes geschah. Wieder ein Tag. Seltsam, zuvor hatte man in Mona-

ten und Jahren gerechnet, jetzt zählte man schon wieder in Tagen.

Am Spätnachmittag hörte ich, daß man die Amerikaner aus ihren Zellen herausholte. Seltsam – das war nicht der Tag, an dem sie sich sonst trafen. Ich hörte sie draußen außerhalb der hohen Mauer vorbeigehen. Wenn man genau hinhörte, merkte man, wie schwer ihnen das Gehen fiel. Oder bildete ich mir das ein? *Du und deine gläserne Mauer!* Jetzt bräuchtest du sie.

Eine halbe Stunde verging. Was war das? Es klang wie Gebrüll. War es ein Freudengebrüll? Mein Gott, dachte ich, erkennst du nicht einmal mehr, wenn Menschen sich freuen. Dann hörte ich die Amerikaner zurückkommen. Sie liefen und sprangen, oder bildete ich mir das wieder ein? Jemand pfiff ein Lied, direkt vor unserer Mauer, eine Melodie, die ich nicht kannte, aber Bernhard wußte Bescheid. Das Lied hieß *Good bye, my love*, und es bedeutete, daß die Amerikaner das Lager verlassen würden.

Wenig später flog ein Papier über die Mauer. Es war unser letzter *Cargo*. Aber es war nicht ein kleines Zettelchen, und nicht die winzige Schrift, die man sich angewöhnt hatte. Es war ein großer Zettel mit großen Buchstaben. Darauf stand: Frieden. Heute in Paris unterzeichnet. Sie haben Listen mit allen Namen der Gefangenen übergeben. Wir verlassen das Camp in dreißig Minuten. Kopf hoch! Viel Glück! Ich hoffe, wir sehen uns in Freiheit.

Frieden. Eine Liste mit den Namen der Gefangenen. Und ich fragte mich, standen wir auch darauf?

Behalten Sie uns in guter Erinnerung

M. S.

Sie waren honigsüß und lächelten. Der Direktor hatte extra ein Jacket über das weiße Hemd gezogen. Er lächelte hinter seiner Goldrandbrille. Der Dolmetscher lächelte. Die Wachen im Hintergrund lächelten.

Ich wolle meine Katze mitnehmen? Aber selbstverständlich! Sie gehöre ja mir. Sie würden mir einen Korb mitgeben! Sie würden einen Brief schreiben, der Herr Direktor höchstpersönlich, über die Katze, eine Bestätigung, daß sie mir gehöre und daß wir alles so vorfänden, daß ich meine Katze behalten könne, daß sie ihr Essen bekomme, ihren Auslauf. Auslauf sei ja so wichtig für einen Kater. Alle lächelten.

Wie, ich wolle die Katze mit nach Deutschland nehmen? Aber natürlich! Das sei eine großartige Idee. Eine deutsche Krankenschwester nimmt ein vietnamesisches Kätzchen mit in die Heimat, das sollten wir sofort den Presseleuten sagen. Er würde das alles in seinen Brief hineinschreiben, damit es ja keine Schwierigkeiten gebe. Wir sollten doch das vietnamesische Volk in guter Erinnerung behalten; natürlich ihn auch, den Herrn Direktor.

Er prostete uns mit Aprikosenlikör zu. Er trank auf unsere neue Freundschaft. Wir sollten die vergangenen Jahre vergessen. Er hob sein Glas.

Wir tranken nicht. Wir lächelten auch nicht. Aber das

brachte ihn nicht aus der Fassung. Natürlich, sagte er, er verstünde, daß unser Gesundheitszustand das nicht zulasse. Ja, die Winter seien hart in Vietnam. Die Winter, sagte er, nicht die Gefängnisse. Er lächelte. Sie lächelten alle. Es war ja Frieden. Alles war gut. Auf die Freundschaft!

Da standen sie und lächelten, und ich fürchtete sie wie am ersten Tag. Ich mußte plötzlich an den Reisbauern denken, wie er da aus dem Reisfeld herausgekommen war, lächelnd – und uns lächelnd in die Falle gelockt hatte. Und ich hatte gedacht, es ist schon traurig, daß du ihre Sprache nicht sprichst und so wenig weißt von diesem Land und diesen Menschen.

Wußte ich heute, nach fast vier Jahren, viel mehr? Einige Dinge verstand ich besser. Ich verstand, wieviel Feinde dieses Volk hatte, angefangen von der Natur, dem Dschungel, dem Regen. Überschwemmungen und Trockenheit waren Feinde, der Hunger, bis zu den Mys. Aber die Amerikaner waren ja nur ihre letzten Feinde, nicht die ersten. Tausend Jahre zuvor waren es die Chinesen gewesen, dann die Japaner, und die letzten hundert Jahre die Franzosen. Das verstand ich, und daß ein Volk, das so lange nur Feinde kennt, sich mit Feindschaft wehrt.

Ich verstand es – aber es half mir wenig. Es half mir in diesem Augenblick, sie nicht zu hassen für das, was sie mir angetan hatten, aber weiter nicht. Wenn sie lächelten, hatte ich immer noch Angst ...

Dieses Treffen hatte in der sogenannten Meetinghall der Vietnamesen stattgefunden. Es war schon dunkel, als wir in unsere Zellen zurückgeführt wurden, zum Packen. Die Amerikaner hatten das Lager bereits am Spätnachmittag verlassen. Wir waren die letzten, und auch wir sollten weggebracht werden; dort sei alles sehr komfortabel und gut, hatte der Direktor uns noch versichert, und wir würden ja auch nur kurz dableiben, bis zu unserer Entlassung.

Als ich in meinen Hof zurückkam, saß Méo oben auf der Mauer. Sie war recht ungeduldig; sie konnte sich gar nicht erklären, warum ich so lange weggeblieben war. Friedensfeier hin, Friedensfeier her, sie wollte weg auf ihren nächtlichen Streifzug, und sonst hatte ich sie doch auch immer zuvor noch gefüttert. Was war heute anders? Méo war ein ausgewachsener Kater, und sie hatte eine Freundin im Camp gefunden – bekam sie jetzt ihr Essen oder nicht?

Was war mit dem Korb, mit dem ich da ankam? Was, sie sollte in diesen lächerlichen Korb? Wir hatten über eine Stunde Verspätung, bis wir endlich losfahren konnten, alles wegen diesem Kater.

Wir fuhren in einem Jeep, der Fahrer, ein Dolmetscher, Bernhard und ich mit Méo, meinem Kater. Ich hielt den Korb auf meinem Schoß. Es war kalt, und ich hatte Méo mit einer Decke zugedeckt, aber das alles paßte der Katze nicht, der Korb, die Dunkelheit, daß man sie wegbrachte. Ich hatte Verständnis dafür – sie war vielleicht eine richtige Lagerkatze, stammte von anderen Lagerkatzen ab und hatte es im Blut, von ihren Vorfahren, daß es niemals besser wurde, wenn man in ein anderes Lager kam.

Die Fahrt dauerte drei oder vier Stunden. Es war fast Mitternacht, bis wir nach Hanoi kamen, in das Lager mitten in der Stadt, das die Amerikaner Hanoi-Hilton nannten; Amerikaner waren einfach unverbesserliche Optimisten.

Das alte Spiel ging wieder los. 'Runter vom Jeep, 'rein in eine Zelle. Es waren zwei nebeneinanderliegende Räume, ebenerdig, mit winzigen vergitterten Luken. Die Zellen strotzten vor Dreck. Der Direktor war zur Begrüßung erschienen. Er lächelte nicht. Wir sollten uns an die Campregeln halten. Wer hatte gesagt, daß wir entlassen seien? Der Direktor? Hier sei er der Direktor! Er wußte nur, daß die Amerikaner entlassen werden.

Méo strich unzufrieden durch die dunklen Räume ohne Tageslicht. Sie sprang gegen die Holztür, kratzte sich die Pfoten wund. Warum ließ man sie nicht heraus? Warum brachte man sie um ihren nächtlichen Rundgang. Méo tat mir leid. *Ich* wußte ja, daß Frieden war, daß es nach Hause geht, aber der Kater wußte nur, daß er eine Freundin verloren hatte ...

Wir kamen die nächsten acht Tage nicht aus unserer Zelle heraus. Durch die Lagerlautsprecher wurde immer wieder das Abkommen von Paris verlesen, aber wir saßen in der verdreckten Zelle, bekamen dreimal Essen, dreimal einen Becher Wasser. Méo lief von Tür zu Tür – es gab im hinteren Raum eine zweite, verschlossene –, aber wenn es Abend wurde, war es erst richtig schlimm für sie. Am vierten Tag konnte ich die Quälerei nicht mehr mitansehen. Méo fraß auch nicht mehr; am Abend, als sie uns das Essen brachten, habe ich sie nach draußen schlüpfen lassen.

Am frühen Morgen kam sie zurück, Punkt 5 Uhr, so wie sie es im Mountain Village gewohnt gewesen war. Ich hörte ihr Kratzen und Schreien an der hinteren Tür. Ich konnte ihr nicht aufmachen. Ich lief zur vorderen Zellentür. Es war fünf, und die Camp-Radios fingen gerade mit ihren Propagandanachrichten an. Ich rief eine der Wachen, ich bat ihn, er solle doch bitte die hintere Tür aufsperren, der Direktor hätte es mir ausdrücklich zugesagt. Zum erstenmal in all den vier Jahren, bat ich wirklich, ich flehte ihn an. »Was kümmert dich eine Katze«, sagte er, »es gibt hier Dutzende von Katzen, es gibt viel zu viele.« Er dachte nicht daran, die Tür aufzusperren.

Ich hörte Méo dann die ganzen nächsten Tage. Pünktlich morgens um 5 Uhr erwachte ich von dem Kratzen an der Tür. Man sagt, daß Katzen freie Tiere sind, daß sie einen Menschen sofort vergessen; Méo kam immer wieder, und sie schrie an der Tür, schrie richtig, aber ich brachte es nicht fertig, daß einer der Wachen aufsperrte. Und dann, als wir innerhalb des Hanoi-Hilton verlegt wurden, in ein anderes »Stadtviertel«, fand Méo mich nicht mehr. Andere haben sie mal gehört; sie wußten ja bereits alle im Lager, daß die Katze mir gehörte, das hatte sich herumgesprochen, daß da ein Mädchen angekommen war, mit einer Katze in einem Korb, und daß dieses Mädchen die Katze mit nach Deutschland nehmen wollte. Amerikaner kamen zu mir und sagten: Ich habe die Katze gehört, ich habe deine Katze gesehen. Ich habe sie dann losgeschickt. Ich habe die Katze selber immer wieder gesucht. Ich habe Méo nicht mehr gefunden ...

Im Hanoi-Hilton lagen 476 amerikanische Gefangene. Sie waren aus allen Camps des Nordens dort zusammengeholt worden. Es war sozusagen ein vollbesetztes Hotel. Die meisten lagen zusammen in großen Gemeinschaftszellen, zwanzig bis dreißig Männer, und nach unserem »Umzug« nach zehn Tagen war Bernhard in eine dieser Zellen gekommen. Ich bekam eine Einzelzelle.
Wir konnten uns nun innerhalb unseres »Viertels« frei bewegen. Die ersten, denen wir über den Weg liefen, waren die Amerikaner aus unserem zweiten Dschungelcamp. Dr. Kuschner, der amerikanische Arzt, der immer noch die Gefechtsbrille trug; Frank, der Chopperpilot, der nachts immer diese schrecklichen Alpträume hatte, auch hier; Gus, der mich immer noch mit seinem wenigen Deutsch unterhielt. Aber Little John war nicht dabei, Little John, der allen immer die Haare geschnitten hatte, der so zufrieden gewesen war, mit seinem Kamm, seinem Jeep-Rückspiegel und seiner Schere; was er hier hätte für Haare schneiden können! Aber John Young war tot, an Hunger gestorben.
Es waren viele tot, und man erfuhr es erst hier. Die anderen, die Überlebenden, reichten sich die Hände, fielen sich in die Arme; viele hatten sich nie zuvor gesehen, kannten sich nur von den Zetteln, die von Zelle zu Zelle gegangen waren. Jetzt gingen sie aufeinander zu, alle ein bißchen unsicher auf den Beinen, alle grau im Gesicht, alle abgemagert. Andere gingen an Stöcken, schleppten sich an Krücken dahin. Ich

sah viele weinen, wenn sie sich umarmten. Und alle sahen ein bißchen verstört aus, als sei auch die Freiheit etwas, vor dem man zuerst die Augen schließen müsse, wie vor einem zu grellen Licht.

Nach vierzehn Tagen wurde die erste Gruppe Amerikaner entlassen. Nach vier Wochen, Ende Februar, verließ eine zweite Gruppe das Lager. Wir waren wieder nicht dabei, obwohl es im Friedensabkommen geheißen hatte, daß Frauen als erste zu entlassen seien. Das Hanoi-Hilton leerte sich. Standen wir nicht auf der Liste der Gefangenen?

Wir hatten neue Kleider bekommen, Bernhard einen Anzug aus der Sowjetunion, weißes Hemd, Krawatte, Schuhe; ich eine Bluse, Sandalen, Jacke und ebenfalls eine Hose, keinen Rock. Wir wurden der Presse vorgeführt, aber zuvor ermahnt, nichts zu sagen, was uns schaden könne. Man erlaubte uns, »Stadtrundfahrten« zu machen, in Begleitung eines Dolmetschers. Sie zeigten uns das von amerikanischen Bomben zerstörte *Bach May Hospital*, das Revolutions-Museum und seinen wertvollsten Besitz, die Sandalen, die Kleidung, die Ho Tschi Minh bei der Ausrufung der Republik getragen und, unter Glas, das Mikrophon, durch das er gesprochen hatte. Sie zeigten uns den Unabhängigkeitspark, und sie zeigten mir den Zoo, obwohl ich genug von Gefangenen hatte, auch wenn es gefangene Tiere waren.

Wie sehr hatte ich mich nach einer großen Stadt gesehnt, wie hatte ich mir das ausgemalt, durch die Straßen zu gehen, ein Geschäft zu betreten, mich frei zu bewegen, unter Menschen ... frei? Nein, ich fühlte es nicht; wenn mir jemand entgegenkam auf der Straße, wich ich ihm aus, ich zuckte erschreckt zusammen, wenn jemand hinter mir plötzlich laut sprach.

Dann kam der 4. März. Am Abend sagte man uns, morgen sei unsere Gruppe an der Reihe, 36 Gefangene ... Wenn das Wetter entsprechend sei, wenn das amerikanische Flugzeug eintreffe, wenn es starten könne ... Wenn!

Ich hatte eine große Tasche bekommen für meine Sachen. Ich trennte das Innenfutter auf und legte die Dinge hinein, die sie nicht zu sehen brauchten, Adressen von Amerikanern, Briefe, Notizen. Ich nähte das Futter wieder fest. Ich ließ mir ganz viel Zeit, aber dann war das getan, ich hatte meine Sachen gepackt, und dann blieb mir nichts, als zu warten. Es war die längste und kürzeste Nacht meiner Gefangenschaft.

Dann kam der Morgen. Was für ein Wetter es war? Ich müßte mich doch erinnern! Ich erinnere mich nur, daß ich nach draußen trat und dachte, lieber Herrgott, laß jetzt nichts mehr geschehen. Ich weiß nicht, ob ich überhaupt geatmet habe. Sie kamen, um mich zu kontrollieren. Ich sagte ihnen, sie hätten mich nicht zu kontrollieren, dazu hat nur die Befreiungsfront ein Recht. Wir stritten uns eine Weile hin und her, bis sie nachgaben.

Draußen im Hof stand der Jeep schon, mit laufendem Motor. Und Bernhard war da, und er stritt sich mit dem Direktor. Ich hatte meine Notizen und Papiere einfach behalten, aber Bernhard in seinem grenzenlosen Optimismus und in seinem Glauben, daß alle Dinge ihre Ordnung haben mußten, hatte alle seine Papiere gleich zu Beginn dem Direktor übergeben wollen, um eine offizielle Genehmigung, sie mitnehmen zu dürfen, zu erhalten; man hatte ihm die Sachen weggenommen.

Jetzt waren die Papiere nicht da, die Notizen, seine Hefte, seine Gedichte. Und er wollte nicht gehen ohne sie. Herrgott, dachte ich, laß ihn vernünftig sein. Aber nein, er wollte seine Papiere! Ich solle ruhig schon vorausfahren mit dem Jeep. Er würde bleiben.

So fuhr ich los, allein. Ich hörte, wie der Fahrer den Gang einlegte. Er fuhr an, und vor uns, am Ende der schmalen Straße zwischen den Zellen sah ich das Tor, das sich gleich öffnen würde.

Das ist nun die Freiheit, dachte ich. Eine Stunde noch, vielleicht zwei, dann berühren deine Füße nicht mehr diesen Boden, dann schwebst du hoch in der Luft. War das Flugzeug nicht schon am Himmel zu sehen? Und ich hoffte immer noch, Méo zu finden. Ich hätte alles zurückgelassen, einen ganzen Sack voll Gold, wenn ich meine Katze gehabt hätte. Ich hatte ihr so viel versprochen! Wie es sein würde in Deutschland, wie gut sie es haben würde, und nun ging ich allein.

Warum schreist du nicht, dachte ich. Du müßtest doch schreien vor Freude. Ich hatte mir immer vorgestellt, in diesem Augenblick, da fällt alles von dir ab, da löst sich alles, da fällt dieser Panzer von dir ab, der dich einschnürt, diese Schale zerspringt. Ich dachte, was ist los mit dir, du bist ja wie ein Stein.

Plötzlich hörte ich das Pfeifen, *My fair Lady*, und es klang so fröhlich und lustig wie immer. Ich beugte mich vor, legte dem Fahrer die Hand auf die Schulter, und er hielt wirklich an.

Ich drehte mich um, und da kam er schon angelaufen, Phil, der »Diplomat«. Ich stand ihm zum erstenmal gegenüber. Er trug einen dunklen Anzug, Krawatte, schwarze Schuhe, aber die grauen Haare waren immer noch sehr kurz und die Falten in seinem Gesicht immer noch sehr tief. Er streckte mir die Hand hin und sagte: »Monika, wir haben sie besiegt.« Er sagte nur diese Worte.

Und da war ein kleiner Vorgarten vor einer der Zellen. Da stand ein Rosenstock, direkt neben der Zellentür. Der hatte zwei Blüten. Und er ging hin und bückte sich, und als er zurückkam, brachte er mir eine dieser Rosen.

Die Rose – es war die erste Rose, die ich geschenkt bekam, und sie duftete nach Freiheit.

Vietnam, wo liegt das?

B. D.

Sie müssen mich alle für verrückt gehalten haben. In dem
Hof, von dem die Jeeps abfuhren, standen eine Menge Reporter, und amerikanische Soldaten, die noch nicht an der
Reihe waren, die uns beneideten. Und da weigerte sich ein
Mensch einzusteigen, wegen ein paar Gedichten, die man
ihm abgenommen hatte! Einer der Amerikaner schüttelte
den Kopf und fragte dann laut, daß es auch alle wirklich
mitbekamen: »Weißt du, daß hier im Hanoi-Hilton in einer
Dunkelzelle ein Franzose sitzt? Der sitzt hier schon seit
Dien Bien Phu gefallen ist! Und weißt du warum?« Er
machte eine Pause, Aufmerksamkeit erheischend, und ich
fragte brav: »Nein, warum?« Und er sagte, brachte die
Worte vor Lachen kaum heraus: »Der hat auch seine Ge-
dichte verloren!«
Alle um mich herum lachten. Auch der Direktor lachte.
»Nun, wie ist es?« fragte er. »Wollen Sie entlassen werden,
oder wollen Sie zu dem Franzosen in die Dunkelzelle?«
»Ich will meine Gedichte und Papiere zurück, so wie sie es
mir versprochen haben.«
Er hörte auf zu lachen.
»Abführen!« sagte er.
So fand ich mich wieder in einer Zelle. Die Tür fiel hinter
mir zu. Es wurde abgeschlossen. Warum riskierte ich, wegen

einiger Aufzeichnungen und Gedichte hier zurückgehalten zu werden? Vielleicht war es ein Versuch, ein letzter Versuch, sie zu zwingen, einmal wenigstens ihr Wort zu halten. Wie viele Versprechen hatten sie uns die ganzen Jahre hindurch gemacht, bis zu unserer »Entlassung« hin. Nicht eines hatten sie gehalten. Einmal, so hatte ich vielleicht gehofft, würden sie mich nicht anlügen.

Nach einer halben Stunde kamen sie zurück, eine ganze Delegation, der Direktor an der Spitze. Er lächelte wieder. Er hoffe, ich habe mich abgekühlt und sei zur Vernunft gekommen. »Also, wollen Sie hierbleiben, oder wollen Sie entlassen werden?«

»Sie haben mir meine Papiere und Gedichte weggenommen, und Sie ...«

»Bitte«, unterbrach er mich, »machen Sie doch keine Schwierigkeiten im letzten Augenblick. Gehen Sie! Ich bitte Sie, gehen Sie. Sie sind frei! Fahren Sie nach Hause. Grüßen Sie Ihre Eltern von mir.«

Es war verrückt! Dieser Vietnamese, der mich, den Gefangenen inständig *bat*, ich solle doch mein Gefängnis verlassen. Ich solle, bitte, gehen!

»Sie haben mir versprochen, meine Gedichte zurückzugeben«, sagte ich.

»Ich habe sie nicht. Ich kann sie Ihnen nicht zurückgeben.«

»Wer hat sie?«

»Der Staatssicherheitsdienst.«

»Meine Gedichte?«

»Ich mußte sie vorlegen.«

»Dann haben Sie mich angelogen, als Sie sagten ...«

»Gehen Sie!« schrie er mich an. »Ich fordere Sie ein letztes Mal auf, gehen Sie!«

Es war sinnlos. Ich sah es ein. Ich erkannte, daß es sinnlos war. Ich folgte ihnen nach draußen. Er bat mich noch einmal, meine Eltern zu grüßen, in aller Freundschaft. Ich stieg in den Jeep ...

Monika wartete auf mich im Büro der Vertretung der NFL, der Befreiungsfront, wo wir einem Vertreter der Deutschen Botschaft in Saigon übergeben werden sollten. Er war noch nicht eingetroffen, aber wenig später hörten wir ein Auto vorfahren. Ein junger Mann betrat den Raum, mit dunklen Haaren, hellem Anzug, schwarzer Krawatte. Er ging auf uns zu. Er sei von der Deutschen Botschaft in Saigon.

Ich sah ihn an. Sein Deutsch war perfekt, aber was sagte das schon. Ich kämpfte gegen mein Mißtrauen, aber das andere war stärker. Ich sagte: »Würden Sie sich bitte ausweisen! Sicher haben Sie Dokumente, die Sie legitimieren, uns zu übernehmen.«

Er blickte mich verdutzt an, betroffen. Verstand er mich nicht? Offenbar nicht. Warum eigentlich nicht? War er noch nicht lange in diesem Land? »Sie könnten sonstwer sein«, sagte ich, »das müssen Sie verstehen.«

Er öffnete sein schwarzes Diplomatenköfferchen. Er zeigte mir seinen Diplomatenpaß, ein Fernschreiben. Es kam aus Bonn und war an die Deutsche Botschaft in Saigon gerichtet. Ich war zwar nicht vollkommen beruhigt, aber mehr konnte ich nicht tun ...

Protokolle lagen auf dem Tisch. Sie wurden durchgesehen, unterzeichnet. Es gab eine Rede, von einem Vertreter der Freiheitsfront. Dann lud man uns in die Stadt zum Essen ein. Der Mann von der Deutschen Botschaft aus Saigon protestierte. Das Flugzeug wartete, wir hatten bereits Verspätung. Aber unsere Proteste nützten nichts. An einem solchen Tag könne man ihnen nicht abschlagen, daß wir »in aller Freundschaft« noch einmal gemeinsam essen würden.

So fuhren wir wirklich in die Stadt hinein, in ein großes Hotel. Es gab ein französisches Restaurant, es gab viele Trinksprüche, es gab ein großes Essen, und unser Mann aus Saigon war sehr besorgt und ermahnte uns immer wieder: »Essen Sie nicht zuviel ...« Wir brachten sowieso keinen Bissen herunter.

Die Maschine, die auf dem Flughafen wartete, war eine amerikanische, eine umgebaute C 142, »Starlifter«. Ich kannte den Typ. Sonst waren darin Jeeps, Waffen und Truppen nach Vietnam geflogen worden, jetzt, als sie abhob, befanden sich neben der Besatzung 32 Amerikaner, zwei Philippinos, ein deutscher Diplomat und zwei Malteser-Helfer an Bord. Unser Ziel war Clark Air Base, ein amerikanischer Luftwaffenstützpunkt auf den Philippinen.

Dort, das erzählte uns unser Begleiter, war alles zum Empfang hergerichtet. Dort warteten Kleidung, Ärzte. Dort könnten wir einkaufen, was unser Herz begehrte, Kameras und tragbare Fernsehgeräte und Parfum und, und ... schließlich kehrten wir als reiche Leute zurück, unser Gehalt für die ganzen Jahre hatte sich angesammelt. Sie kamen eben doch aus einer anderen Welt. Sie kannten die unsere nicht. Und was wußten wir, nach vier Jahren, von der ihren? Wir wußten nicht einmal, daß Männer die Haare länger trugen; wir waren völlig verblüfft gewesen, als ein paar französische Reporter mit ihren langen Haaren im Hanoi-Hilton aufgetaucht waren.

Und, so hieß es, von Clark Air Base aus dürften wir zum erstenmal nach Hause telefonieren; jedem Gefangenen stand ein Anruf mit seinen nächsten Angehörigen zu, Dauer fünfzehn Minuten.

Wie waren sie nur gerade auf fünfzehn Minuten verfallen? Was konnte man in fünfzehn Minuten schon sagen. Es war so wenig Zeit – und so schrecklich viel. Ich stellte es mir vor, ich hörte förmlich das Knacken in der Leitung, die verschiedenen Stimmen der Vermittlungen, und schließlich: »Bitte, sprechen Sie jetzt!«

Hallo Mutter! Und dann ein langes Schweigen. Und ihre Stimme: Bernhard! Mein Gott ... mein Junge! Hallo Mutter, verstehst du mich? Wie ist die Verbindung? Junge, bist du es wirklich? Ja, Mutter, ich bin es. Mein Gott, Junge, war das eine lange Zeit! Ja, Mutter, es war eine lange Zeit. Wie geht es dir? Mir geht es gut, Mutter. Wirklich? Ja, Mutter, wirklich. Wie geht es euch? Gut, gut, hier sind alle gesund. Du wirst sehen, es wird alles gut, Junge. Natürlich, Mutter ...

Wie lange fünfzehn Minuten waren. Und niemand würde uns fragen, wie war es denn? Damit würde man vorsichtig sein, am Anfang wenigstens. Es gab auf Clark Air Base sogar einen Befehl an alle, die mit den Gefangenen in Kontakt kommen konnten: Fragt die Gefangenen nicht, wie war es denn so in Hanoi?

Und ich konnte mir auch das andere vorstellen, die Ankunft zu Hause, die Fragen der Reporter, die Empfänge, die Auszeichnungen. Natürlich würden wir geehrt werden, ein paar Tage, ein paar Wochen. Wie tapfer wir doch gewesen waren, was für ein leuchtendes Beispiel. Ja, sie würden uns reklamieren als Zeugen für die Grausamkeit und Unmenschlichkeit eines Systems, mit dem *sie* nichts zu schaffen hatten, denn bei ihnen herrschte die Freiheit, uneingeschränkt.

Und ich dachte daran, was ein Freund mich gefragt hatte, als ich ihm damals gesagt hatte, ich würde nach Vietnam gehen. Vietnam? Sag mal, wo liegt das, wie kommt man dort hin? Und ich fragte mich jetzt, Deutschland, wo liegt das?

Dreimal brach an Bord der C 142 Jubel unter den Gefangenen aus. Das erstemal, als wir von der Piste abhoben. Das zweitemal, als der Kapitän über die Bordsprechanlage verkündete, wir hätten das Hoheitsgebiet der Demokratischen Republik Nordvietnam verlassen. Das drittemal, als wir auf Clark Air Base aufsetzten.

Aber der Jubel war jedesmal verschieden. Das erstemal war es ein lautes Gebrüll, das zweitemal klang er schon gedämpfter, und das drittemal, da war es nicht mehr Freude allein, etwas anderes hatte sich in den Jubel gemischt. Es war ganz deutlich zu spüren, es war mit den Händen greifbar, ein Schweigen breitete sich in der Maschine aus, wurde immer tiefer, beklemmender.

Wir rutschten tiefer in die Sitze, zogen die Köpfe mehr ein, jeder blickte vor sich hin, die lebhaften Unterhaltungen brachen ab. Es war in uns allen, und es war in mir ganz stark, das Wissen, daß die erste so stark empfundene Euphorie der Freiheit vorübergehen würde, ja, daß sie schon vorbei war; wir hatten Angst vor der Freiheit, die wir gewonnen hatten.

Ich wandte den Kopf, blickte Monika an, die neben mir saß. Auch sie war ganz tief in ihren Sitz gesunken. Sie hielt die Rose in der Hand. Ihre Hände schienen sie festhalten zu wollen, für immer. Und ich wußte, diesmal fühlten wir beide dasselbe.

Zeittafel

1945 Am 2. September Ausrufung der »Demokratischen Republik Vietnam« durch Ho Tschi Minh in Hanoi.
Wiederbesetzung Vietnams durch französische Truppen.

1946 Haiphong wird durch die Franzosen bombardiert. Beginn des Indochinakrieges.

1954 Schlacht von Dien Bien Phu. Vietnam wird geteilt. Ngo Dinh Diem wird Präsident von Südvietnam.

1955 Präsident Diem ruft die Republik Vietnam aus.

1956 Die USA entsenden Militärberater nach Saigon.

1958 Erste Unruhen in Südvietnam.

1959 Erste Kämpfe mit dem Vietkong.

1960 Gründung der »Befreiungsfront (NFL)«.

1961 Präsident Diem bittet Präsident Kennedy um »beträchtliche« Verstärkung amerikanischer Streitkräfte.

1963 Militärputsch in Saigon. Diem wird ermordet.

1964 Neue Militärregierung unter General Nguyen Khan. Eskalation der US-Hilfe und erstes Bombardement Nordvietnams durch US-Flugzeuge.

1965 US-Truppenstärke 184 000 Mann. Luftmarschall Nguyen Cao Ky wird Präsident von Südvietnam.

1968 Am Tet-Fest, dem 31. Januar, überfällt der Gegner die US-Botschaft in Saigon, greift Dutzende wichtiger Orte und alle größeren Städte an. Die US-Streitkräfte betragen zirka 300 000 Mann. In Paris Beginn amerikanisch-nordvietnamesischer Vorgespräche zu Friedensverhandlungen.

1969 Nguyen Van Thieu, Staatspräsident von Südvietnam, spricht sich gegen Abzug der amerikanischen Streitkräfte aus Südvietnam aus. Amerikanische Truppenstärke fällt unter 500 000 Mann.

1970 Madame Nguyen Thi Binh, »Außenminister« der Provisorischen Revolutionsregierung, legt bei der 84. Vietnamsitzung in Paris ein 8-Punkte-Programm vor, das von den Amerikanern abgelehnt wird.

1971 Starke Infiltration starker nordvietnamesischer Verbände in den Süden trotz pausenloser Bombenangriffe.

1972 Nordvietnamesische Großoffensive; Präsident Nixon befiehlt, um den Waffennachschub zu unterbinden, die nordvietnamesische Küste zu verminen. Verstärkte Bombardierung Nordvietnams.
Präsident Nixon berichtet über Geheimverhandlungen mit Nordvietnam zur Beendigung des Krieges. 18. 12. 1972 Abbruch der Verhandlungen in Paris.

1973 Am 27. 1. wird in Paris das »Abkommen über die Beendigung des Krieges und die Wiederherstellung des Friedens in Vietnam« unterzeichnet. Nordvietnam liefert die Kriegsgefangenen aus.

a – bá – cã – sã – ã – f – gã – hat-
r – s – dã – ŭ – wã – wã dúp – ici

i – ji – ka – l – m – n – o – pã
ihlăt – făt. \ ／ ? ?
huyền sắc nặng ha...
[hüen]

1 Đong = 10 Hão	1 Hão = 10 xŭ	**Mein Vater ist tot**	tôi Bố chế...
Vielen Dank	camoi. niŭ lam	Meine Mutter lebt	tôi Me sống
Ich schneide die Haare	tôi cắt tóc	Die Mutter schlägt d. Kind	Me đánh Em
Ein Päckchen Zigaretten	một Bao thuốc la	Ich wasche die Jacke	tôi giặt áo...
Hund komm her	con cho đến chơi	Ich wasche meine Hände	tôi rửa tay
Ich schließe die Augen	tôi nhắm mắt	Ich trockne meine Hände ab	tôi chùi tay
Ich öffne die Augen	tôi mở mắt	Wir Beide gehen fort	Hai chúng ten...
Wie alt sind Sie?	bao nhiêu tuổi?	Ich bin verlobt	tôi người y...
Wohin gehst du so schnell?	chạy đi đâu?	Wir Beide sind verheiratet	hai vợ cho...
Wie heißen sie?,	tên nó là gì?	Ich ziehe den Ehering an	tôi Đeo nhà...
Wie ist ihr Name?	"	Ich ziehe den Ehering aus	tôi tháo nhà...
Ich frage sie nach	tôi hỏi tên là gì?	Ich besitze ein Haus	tôi có nhà
ihrem Namen?	"	hin und her	đi đi – lại la...
Ich bin zu Hause	tôi có ở nhà	Es ist Winter	tháng nay L...
Ich schalte das Licht an	tôi mở Đèn	Heute regnet es	hôm nay mu...
Ich schalte das Licht aus	tôi tắt Đèn	Meine Haare glänzen nicht	tôi tóc kha...
Ich erschrecke	tôi đặt mình	Ich höre Radio	tôi nge Đà...
Ich verkaufe	Bán tôi	Ich höre den Gong	tôi nge co...
Das Mädchen ist gut	chị tốt	Ich umarme das	tôi ôm chi...
Ich gehe schnell	tôi Đi nhanh	Mädchen	"
Viele Menschen träumen	nhiều người nghủ mê	Ich gehe gerade	tôi Bước ta...
Ich träume schlecht	tôi nghủ mê không tốt	Ich gehe quer	tôi Bước ng...
Heute ist Alarm	hôm nãy có Báo Động	Ich springe	tôi nhảy
Heute war Alarm	Lúc nãy tam giáo có	Der Mann trägt schwer.	Ông cầm n...
"	Báo Động	Das Mädchen trägt leicht	chi cầm nhe...
"	vừa rồi có Báo Động	Ich gehe weg	tôi đi chơi
Ich werfe einen Brief ein	tôi gửi thư	Die Kinder spielen	em chơi
	tôi Bỏ thư	Wohin gehst Du?	đi đâu?
Ich fotografiere	tôi chụp Ảnh	Ich bin betrunken	tôi xay đi...
Der Herr fotografiert	Ông chụp Ảnh	Das Kind trommelt	em đánh...
Ich bin verheiratet	tôi có chồng		
Teurer Reiswein –	Bổ Sâm		
enthaltend ginseng und	"		
4 and. media Substanzen	"		